Frühe ästhetische Bildung –
mit Kindern künstlerische Wege entdecken

Thomas Heyl

Lutz Schäfer

Frühe ästhetische Bildung – mit Kindern künstlerische Wege entdecken

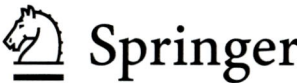

Springer

Thomas Heyl
Institut der Bildenden Künste
Pädagogische Hochschule Freiburg
Freiburg
Baden-Württemberg

Lutz Schäfer
Institut für Kunst
Pädagogische Hochschule Karlsruhe
Karlsruhe

ISBN 978-3-662-48104-2
DOI 10.1007/978-3-662-48105-9

ISBN 978-3-662-48105-9 (eBook)

Die Deutsche Nationalbibliothek verzeichnet diese Publikation in der Deutschen Nationalbibliografie; detaillierte bibliografische Daten sind im Internet über ► http://dnb.d-nb.de abrufbar.

Springer Medizin

Planung: Marion Krämer
Einbandabbildung: Lutz Schäfer
Satz: Crest Premedia Solutions (P) Ltd., Pune, India

Gedruckt auf säurefreiem und chlorfrei gebleichtem Papier

Springer-Verlag ist Teil der Fachverlagsgruppe Springer Science+Business Media
(www.springer.com)

Vorwort

Das vorliegende Buch ist das Ergebnis unserer langjährigen Praxis als aktive Kunstpädagogen sowie als Hochschullehrer. Seit vielen Jahren unterrichten wir Studierende im Bereich frühe Bildung und Primarstufe. Dabei achten wir auf die enge Verzahnung fundierter Theorie, aktueller Forschung und intensiver Praxis. Viele der hier vorgelegten Beispiele entstanden in unseren hochschuleigenen »Kunstwerkstätten« mit Kindergruppen im Kindergarten- und Grundschulalter.

Dieser Band führt nun erstmals alle relevanten Theorie- und Praxisaspekte zusammen. Damit liegt nun ein umfassendes Werk zur frühen ästhetischen Bildung vor, das sich an alle richtet, die Kindern eine kreativitätsorientierte ästhetische Bildung ermöglichen möchten: Studierende, Erzieherinnen und Erzieher, Grundschullehrerinnen und Grundschullehrer sowie diejenigen, die überzeugt sind, dass ästhetische Bildung mehr ist als Schablonen zu schneiden und auszumalen.

Dass dieser lebendige Band entstehen konnte, ist vielen Mitwirkenden zu verdanken: Allen voran den vielen Kindern, deren kreative Handlungen Ausgangspunkt und Ziel dieses Bandes waren und die uns Fotografien ihrer Handlungen und ihre Arbeiten für dieses Buch zur Verfügung stellten. Besonders genannt seien alle Kinder des Evangelischen Kindergartens Arche Noah (Karlsruhe), die seit Jahren regelmäßig in unsere Kunstwerkstatt kommen.

Unser Dank gilt auch allen Studierenden und Kunstpädagoginnen und -pädagogen, die uns einen Einblick in ihre ästhetische Bildungsarbeit gewährten, interessante Projekte und spannende Experimente durchführten und uns die Möglichkeit einräumten, dabei entstandene Abbildungen einzusetzen. Namentlich genannt seien Lena Fritz, Marlene Gauß, Nina Gräfl, Stina Johfur, Nora Klausmann, Michael Klein, Anke Krauß, Vera Kunert, Victoria Lamprecht, Vanessa Löffler, Martina Meding, Elena Schlegel, Olga Schwabbauer, Cindy Vilcape, Nicolas Weisenburger und Ines Mehlhorn.

Danken möchten wir schließlich auch unseren Hochschulkolleginnen und -kollegen für ihre vielfältige fachliche Beratung. Dieser Dank gebührt in besonderer Weise Katrin Höhne (Kunstschule Gärtnerei, Karlsruhe) und Johanna Huber (Pädagogische Hochschule Freiburg) für die stets anregenden und konstruktiven Auseinandersetzungen über Fragen der kindlichen künstlerischen Bildung.

Wir hoffen dass das Buch hilfreich ist, die Bedeutung ästhetischer Bildung zu verstehen – vor allem aber, dass es Lust macht, sich auf eine lebendige und abwechslungsreiche Kunstpädagogik einzulassen.

Freiburg/Karlsruhe März 2016

Inhaltsverzeichnis

Anthropologische Grundlagen ästhetischer Bildung

T. Heyl, L. Schäfer, *Frühe ästhetische Bildung – mit Kindern künstlerische Wege entdecken*,
DOI 10.1007/978-3-662-48105-9_1, © Springer-Verlag Berlin Heidelberg 2016

1.1   Von sinnlichen Wahrnehmungen und ästhetischen Erfahrungen

Romy (1, 3) sitzt auf dem Küchenboden und spielt mit zwei Metall- und einer Plastikschüssel (◘ Abb. 1.1). Sie dreht die kleinere der beiden Metallschüsseln um und setzt sie sich auf den Kopf. Die Schüssel verrutscht auf den Haaren, verbleibt aber auf dem Kopf. Sie nimmt die zweite, größere Schüssel in beide Hände und schlägt sie leicht gegen die kleinere, wodurch diese klingt. Sie legt die größere Schüssel zwischen ihre Beine und wendet sich wieder der kleineren zu. Sie nimmt sie vom Kopf ab und setzt sie wieder auf. Die Schüssel verrutscht Richtung Hinterkopf, was das Mädchen zu stören scheint. Es gelingt ihm aber nicht, die Schüssel auf seinem Kopf weiter vorn zu positionieren. Nach wenigen Versuchen nimmt Romy die größere Schüssel und wiederholt die oben geschilderte Aktion, indem sie mehrfach mit der großen gegen die kleine Schüssel schlägt. Die systematisch erzeugten Geräusche scheinen sie zu erfreuen; sie lächelt. Nach einigen Schlägen rutscht die kleinere Schüssel von ihrem Kopf und dreht auf dem Küchenboden Kreise, zunächst größere, bald kleinere. Ehe die Schüssel zum Stillstand kommt, erzeugt sie auf dem Boden zunächst gedehnte, später schnellere Klanggeräusche. Romy verfolgt den Prozess konzentriert, bis die Schüssel zur Ruhe kommt. Anschließend greift sie sich wieder die kleinere Schüssel, setzt sich diese auf den Kopf und wiederholt das Schlagen der Schüsseln aufeinander. Sie kommentiert das Geschehen verbal. Nachdem die kleinere Schüssel vom Kopf fällt, steht sie auf, holt sich die Schüssel und versucht die beiden Metallschüsseln übereinanderzustapeln. Dies misslingt im ersten Versuch, gelingt ihr aber im zweiten. Sie nimmt nun die dritte Plastikschüssel hinzu und setzt diese auf die beiden Metallschüsseln. Kurz verbleibt die Schüssel auch dort, doch nach weiteren Hin- und Herbewegungen der oberen Schüssel fällt diese zu Boden. Romy lässt die Plastikschüssel wie die beiden aufeinandergestapelten Metallschüsseln unbeachtet liegen und bricht die Situation abrupt ab.

In der beschriebenen Situation zeigt sich exemplarisch der Modus kindlicher Wahrnehmung. Das Mädchen erkundet die Welt, indem es sich in ihr bewegt und bei seinen Erkundungen vielfache Sinneswahrnehmungen macht. Es nimmt die Schüsseln und ihre Bewegungen im Raum mit seinen Augen wahr, es hört die lauten Geräusche, die sie machen, wenn sie auf den harten Küchenboden fallen, und die leiser werdenden Geräusche der ausschwingenden Schüsseln. Es spürt die unterschiedlichen Materialqualitäten von Metall und Plastik mit seinen Händen und die Stabilität der drei Schüsseln. Dabei untersucht es diese auf unterschiedliche Weise. Zunächst ist Romys Verhalten explorativ, d. h., sie nähert sich den Schüsseln durch Fühlen, Klopfen und Fallenlassen. Im Laufe des Prozesses werden ihre Untersuchungen spezifischer, d. h., sie werden gezielter auf den konkreten Gegenstand bezogen. Wenn sie die Schüssel aufsetzt, erfasst sie neben der Glätte und Schwere des Materials auch die formale Korrespondenz der Schüsseln mit ihrem Kopf. Aus dem offenen Vorgang des Untersuchens entwickelt sich fließend ein Gestaltungsprozess, als sie die Schüsseln aufeinanderstapelt. Wenn Romy Analogien zwischen den Formqualitäten der Schüsseln und ihres Kopfes erkennt, geht das Erfassen der Welt fließend in ein ästhetisches Handeln über: *Der Mensch kann die Welt nicht nur untersuchen, aufnehmen und verstehen, er kann sie auch gestalten.*

Es wird in dieser alltäglichen Szene deutlich, warum der Psychologe Jean Piaget diese Phase der Entwicklung die *sensomotorische Phase* genannt hat und sinnliche Wahrnehmungen der äußeren Wirklichkeit und Bewegungen als zentrales Moment der Entwicklung der kindlichen Wahrnehmungsfähigkeit verstand. »Sensomotorisch« beschreibt dabei die Art, der Welt zu begegnen mit dem Ziel, ein Verständnis dieser aufzubauen. Die Konstruktion von Bedeutung ist aber kein linearer Weg, der äußere Reize empfängt, die über das zentrale Nervensystem an das Gehirn weitergeleitet werden, wo sie schließlich in finale Sinnkonstruktionen überführt werden. Menschliche Wahrnehmung ist ein komplexes Zusammenspiel vielfältiger, simultaner Aktivitäten.

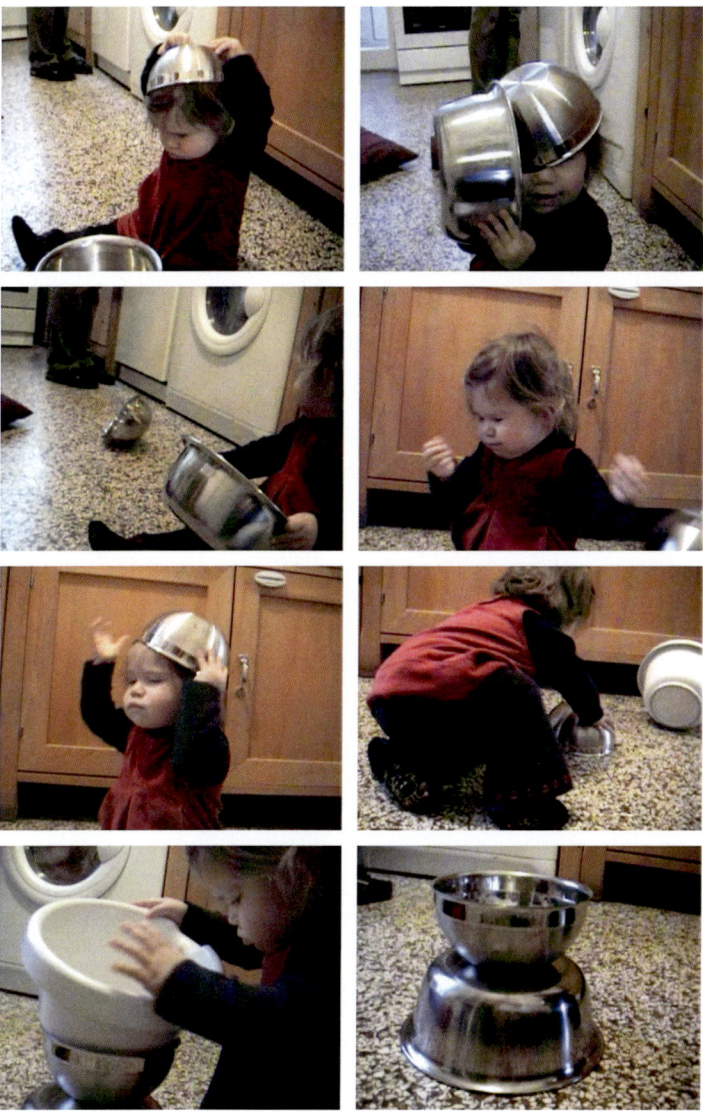

◧ **Abb. 1.1**   Romy (1;3): Ästhetische Erfahrung (Videostandbilder)

1.1.1   Der sinnliche Mensch

Unter sinnlicher Wahrnehmung wird zunächst die Wahrnehmung mittels der fünf Sinnesorgane verstanden, die aufgrund ihrer spezifischen Beschaffenheit in Nah- und Fernsinne
unterschieden werden. Als Nahsinne werden die taktile (Haut) und die gustatorische Wahrnehmung (Zunge und Nase), als Fernsinne die visuelle (Augen), die auditive (Ohren) und die
olfaktorische (Nase) Wahrnehmung verstanden. Sind bei den Nahsinnen die Sinneseindrücke
unmittelbar organisch verknüpft (»schmecken auf der Zunge«), gibt es bei den Fernsinnen keine direkte organische Verbindung, sodass diese Sinne eher der räumlich-distanzierten Wahrnehmung dienen.

Für diese äußeren Sinne hat René Spitz (2005, S. 151) den Begriff der diakritischen Wahrnehmungsorganisation eingeführt und sie als den sekundären Orientierungsvorgang des Kindes bezeichnet. Die primäre Orientierungsform ist ihm zufolge die Wahrnehmung innerer Zustände, die er *coenästhetisch* nennt. Diese »inneren«, leibgebundenen Sinnesorgane geben dem Menschen Rückmeldung über die Befindlichkeit des eigenen Körpers. Ihnen kommt in der frühen Entwicklung des Kindes eine besondere Bedeutung zu. Es sind der Gleichgewichts- und Lagesinn (vestibulärer Sinn), der Temperatursinn (Thermorezeption), der Schmerzsinn (Nozizeption) und der Sinn der eigenen, allgemeinen Körperempfindung (Propriorezeption).[1]

Die inneren Sinnesorgane können organisch nicht genau zugeordnet werden, was das Verständnis ihrer Funktion und ihrer Bildung erschwert. Bei Darstellungen der Funktion der menschlichen Wahrnehmung werden diese oft nicht thematisiert. Wie die anderen beteiligten Instanzen ist die Körperwahrnehmung aber auch lebenslange Grundlage menschlicher Erkenntnis.

Wahrnehmung ist kein autonomer Prozess, sondern ein dynamisches System wechselseitiger Beeinflussung zwischen Sinnesorganen und geistiger Verarbeitung. Erst dadurch werden Sinneswahrnehmungen wirksam und »sinnvoll«. Die Begegnung der Welt findet stets in Relation mit dem Inneren des Wahrnehmenden und in Abhängigkeit zu seiner individuellen subjektiven, körperlichen Disposition statt. Für das wahrnehmende Subjekt ist Wirklichkeit also immer etwas subjektiv Konstruiertes. Wahrnehmung ist kein »Strahl«, der auf ein Ding geworfen wird, sondern ein komplexer geistiger Konstruktionsprozess.

Diese Auffassung unterscheidet sich von älteren entwicklungspsychologischen Modellen, die von einer Subjekt-Objekt-Polarität ausgehen. Die sinnliche Wahrnehmung des Menschen hat in diesen Modellen die Funktion, die Außenwelt aufzunehmen und der Innenwelt zu vermitteln. Entscheidend für die Bildung des Menschen sind demnach die sich anschließenden logisch-rationalen Denkvorgänge. Inzwischen ist in vielen Untersuchungen die Bedeutung der körperlich-sinnlichen und emotionalen Dimensionen in Bildungsprozessen nachgewiesen. Für das Menschenbild unserer Gesellschaft hat dies noch wenig Auswirkung. Einer allgemeinen Vorstellung nach vollzieht sich die Entwicklung des Menschen noch immer vom sinnlich-körperlichen zum logisch-rationalen Wesen.

1.1.2 Ästhetische Erfahrungen

Alltagssprachlich verbindet man mit dem Wort »ästhetisch« die Bedeutungen »geschmackvoll« oder »schön«. In diesem Sinne gelten Kunstwerke gemeinhin als ästhetisch. Die wörtliche Übersetzung des griechischen Terminus *aisthesis* lautet »sinnliche Wahrnehmung«. Demnach ist all das ästhetisch, was die menschlichen Sinne anregt – damit beschränkt es sich nicht auf Kunst. Ästhetik bedeutet wörtlich »die Lehre von der Wahrnehmung«.

Sinnliche Wahrnehmungen sind elementarer Teil *ästhetischer Erfahrungen*. Ausgangspunkt ästhetischer Erfahrungen sind Momente des sinnengeleiteten Aufmerkens auf ein Phänomen, das sich von einer beiläufigen, alltäglichen Wahrnehmung abhebt. Ein rein sinnliches Erleben

---

1   Bei der Entwicklung der Wahrnehmungsfähigkeit vom Säugling zum Kind spielt die Bedeutung der Entwicklung der inneren Sinne zunächst die zentrale Rolle. Sie werden schon in der 12. bis 15. Woche der Schwangerschaft gebildet und bieten dem Neugeborenen erste Orientierung. Die sekundäre Orientierungsform der diakritischen Wahrnehmungsorganisation, die Wahrnehmung der Außenwelt durch die äußeren Sinnesorgane, entwickelt sich erst gegen Ende der Schwangerschaft und rasant im ersten Lebenshalbjahr.

kann aber noch nicht als Erfahrung bezeichnet werden. Eine Erfahrung erfordert immer eine Änderung oder Überwindung bekannter Denk- und Handlungsweisen. Von einer ästhetischen Erfahrung kann dann gesprochen werden, wenn es zum Wechselspiel zwischen sinnlichen Wahrnehmungen und Bedeutungskonstruktionen kommt.

Aufgrund seines weniger dichten Erfahrungshorizonts sind dem Kind Momente solcher intensiven Wahrnehmungen der äußeren Welt alltäglich – nicht alle Phänomene, die es erlebt, sind unmittelbar anschlussfähig an den Kanon des bisher Erfahrenen. Ludwig Duncker (1999, S. 10) erkennt in diesem ersten Aufmerken ein zentrales Merkmal der ästhetischen Erfahrung, die er durch insgesamt vier »Strukturmomente« beschreibt. Dem staunenden Aufmerken (1) folgt in der ersten Begegnung ein multisensueller Untersuchungsmodus. Wenn Kinder unbekannten Gegenständen begegnen, aktivieren sie alle Sinne, begreifen und befühlen, riechen und schmecken: Sie nehmen Gegenstände auch in den Mund, um sich ein »Bild« von ihnen zu machen. Das sinnliche Erfasstsein zeigt sich dabei in weitgehender Distanzlosigkeit.

Mit den Momenten der Wahrnehmung und des Staunens beginnt ein reflexiver und deutender Prozess der »symbolischen Verarbeitung« (2) (Duncker 1999, S. 12). Hierbei stellt das Kind eine Verbindung zwischen dem äußeren Geschehen und seinen inneren Vorstellungen her. Im eingangs skizzierten Beispiel wird deutlich, dass Bedeutungskonstruktionen nicht nur sprachlich-begrifflich anzunehmen sind. Auch auf andere Weise, z. B. in bildlichen Vorstellungen, können Phänomene reflektiert werden. Möglicherweise entdeckt das Mädchen bei seiner Exploration Formanalogien zwischen ihrem Kopf und dem Volumen der Schüssel. Alle Formen symbolischer Verarbeitung sind dabei durch die Phantasie getragen. Damit kann das Kind das Ereignis mit seinem Vorwissen verknüpfen. Gerade etwas ältere Kinder begeben sich dabei gerne auf einen gemeinsamen Weg, um ihre Entdeckungen mit anderen Kindern zu teilen und kommunikativ abzugleichen. Analogiebildungen (z. B. »Schau mal, das sieht aus wie…«) zeigen, wie die Phänomene in einer gemeinschaftlichen, meist verbalen Kommunikation symbolisch verarbeitet werden.

Ästhetische Erfahrung ist in besonderer Weise durch konzentrierte Aufmerksamkeit gekennzeichnet. Aus der ersten Begegnung entsteht ein dialektischer Wechsel zwischen Selbst und Welt, in dem sich der Erfahrende häufig »verliert«. Der »Genuss erfüllter Gegenwart« (3) (Duncker 1999, S. 13) gehört damit zu den konstituierenden Momenten ästhetischer Erfahrung und lässt sich auch mit dem Begriff »Flow« beschreiben (▶ 1.2.3).

Schließlich implizieren ästhetische Erfahrungen ästhetische Handlungen – bildhafte, sprachliche oder gestische Entäußerungen folgen unmittelbar. Kinder fangen sofort an, aus den unmittelbaren Gegebenheiten heraus gestaltend aktiv zu werden. So gewinnt die Erfahrung eine spezifische Form. Dabei manifestiert sich »kultureller Ausdruck« (4) (Duncker 1999, S. 16), der deutlich macht, dass ästhetische Handlungen nie voraussetzungslos geschehen, sondern immer kulturell geprägt sind. Mit jedem Satz, jeder Geste und jedem Bild transformieren die Kinder das Bestehende und schaffen Formen, die von bekannten und gewohnten Ausdrucksformen ihres Umfelds – ihrer »Kultur« – mitbestimmt sind. Jede ästhetische Setzung birgt dann wieder einen neuen Anlass zu weiteren Ereignissen und damit zu weitergehenden ästhetischen Erfahrungen.

Ästhetische Erfahrungen vollziehen sich als Triade rezeptiver, produktiver und kommunikativer Aspekte. Damit können sie ganz grundsätzlich mit Lernprozessen gleichgesetzt werden, in denen »Sinnentätigkeit und Leiblichkeit, Staunen und Denken, genussvolles Verweilen und spielerisches Erproben untrennbar miteinander verbunden sind« (Duncker et al. 2010, S. 12). Vor diesem Hintergrund kann die Bedeutung ästhetischer Erfahrungen als Ausgangspunkt und Motor kindlichen Lernens und kreativen Handelns gar nicht hoch genug eingeschätzt werden.

1.1.3 Ästhetische Dimensionen des Alltags

» Die Wirklichkeit ist wie ein Brief, der an uns gerichtet ist, den wir aber ungeöffnet liegen lassen, weil die Mühe, ihn zu öffnen, uns lästig ist – oder weil uns die Vorstellung quält, der Inhalt könnte unerfreulich sein [...] die Wirklichkeit ist eine Botschaft, die angenommen sein will – sie ist dem Menschen aufgegeben, eine Aufgabe, die er zu lösen hat. (Heinrich Böll, zit. n. Reich-Ranicki 1983, S. 140)

Die Bedeutung der materiellen Dimensionen unserer Lebenswirklichkeit ist uns häufig nicht bewusst. Der Mensch ist in seinem Körper selbst ein materielles Wesen, das zu keinem Zeitpunkt seines Daseins ohne direkten Kontakt zu geformter Wirklichkeit stehen kann. Die Alltäglichkeit der materiellen und plastischen Beschaffenheit unserer Welt ist an die Unmittelbarkeit eines multisensorischen Wahrnehmungsvorgangs gebunden. Schon dies begründet die Notwendigkeit, sich mit der materiellen Umgebung und ihrer Bedeutung für den Menschen auseinanderzusetzen. Den meisten Erwachsenen erscheint die Welt so alltäglich, dass sie sich ihre Beschaffenheit und die zugrunde liegenden Bedeutungen nicht bewusst machen. Dabei bewegen oder befassen wir uns in jedem Moment unseres Daseins in natürlich oder kulturell geformter Wirklichkeit. Wenn wir wandern, bewegen wir uns in Räumen, die bis zum letzten Stein plastisch geformt sind; wenn wir einkaufen, bewegen wir uns in einer von Menschen gestalteten Umwelt, die offensichtlich auf den Menschen zurückwirkt. Räume und Dinge verlangen spezifische Verhaltensweisen.

Die formale Beschaffenheit der Dinge ist Ausdruck unseres individuellen und sozialen Menschseins. So sind die Gegenstände unserer Umgebung entsprechend Identifikationsobjekte, in denen eine komplexe Verflechtung des Individuums mit der Gesellschaft zum Ausdruck kommt. Sie in ihrer symbolischen Bedeutung »lesen« zu können, ist notwendige Voraussetzung einer selbstbewussten Orientierung in der Welt.

So impliziert beispielsweise der Kauf eines Autos eine individuelle und eine gesellschaftliche Lesart. Auf der *pragmatischen Ebene* kann das Auto für das Bedürfnis nach Bewegung und Entdeckung oder für die Notwendigkeit einer beruflich geforderten Mobilität stehen. Es kennzeichnet aber auch auf der *ästhetischen Ebene* unterschiedliche Dimensionen, etwa die individuellen Form-, Farb- oder Materialvorlieben des Käufers. Diese sind wiederum auch gesellschaftlich und kulturell geprägt und somit individuell und sozial zugleich, was an Moden deutlich wird. Hier öffnet sich der Blick zur soziologischen Dimension. Ein Auto ist Ausdrucksträger der ästhetischen Vorlieben des Käufers und zugleich seiner gesellschaftlichen Abhängigkeit. Ästhetische Erfahrungen weisen über die konkrete Ebene des Stofflichen hinaus – Formen ästhetisch wahrzunehmen, bedeutet, über die physische Dimension hinaus auch ihre symbolische Seite verstehen zu können.

Die Schwierigkeit, Dinge als menschliche Schöpfungen lesen zu können, liegt auch in der unendlichen Reproduzierbarkeit vieler Produkte, deren Erscheinungsform durch die Perfektion von Form und Oberfläche gekennzeichnet ist, die keinerlei menschliche Spuren des Schaffensprozesses mehr aufweist. Die industrielle Massenproduktion überflutet unser Dasein mit Produkten, was schon Karl Marx dazu bewogen hat, von einem Entfremdungsprozess zwischen Mensch und Objekt zu sprechen. Dinge unserer Konsumwelt degradieren den Menschen mit unter auf seine Rolle als Konsument. Die Deutung der dinglichen Umwelt und das Potenzial, auf der Basis ästhetischer Erfahrungen selbst gestalten zu können, begründet ein Bildungsverständnis, das sich in besonderer Weise an künstlerischem Denken und Handeln orientiert.

Romys Beispiel der handelnden Auseinandersetzung mit den Töpfen zeigt deutlich, dass Bedeutung zu konstruieren, nicht nur heißt, die äußere Welt ästhetisch wahrzunehmen, d. h.

zu untersuchen, aufzunehmen und zu verstehen – Bedeutung konstruieren heißt auch zu gestalten. Menschen lernen nicht nur, die Wirklichkeit zu »lesen«, sie entwickeln auch das Bewusstsein, dass sie etwas zu sagen haben. Eine künstlerisch orientierte Bildung ermöglicht den folgerichtigen Anschluss an die kindliche ästhetische Erfahrung und bildet auch ein Gegenüber zu den Stereotypen einer normativ und ökonomisch geprägten Gesellschaft.

Der Mensch ist kein isoliertes, sich selbst schöpfendes Individuum, die Aneignung von Welt steht immer in vielfältigen Beziehungen. Die Welt mit der sich Kinder die Kinder befassen ist zu großen Teilen vom Erwachsenen (vor-)gegeben, was jede Auseinandersetzung mit Objekten latent zu einem pädagogischen Prozess macht. Neben diesem impliziten pädagogischen Handeln sind pädagogische Situationen auch durch explizite Handlungen gekennzeichnet. Der Erwachsene kann in der beschriebenen Situation die Auseinandersetzung mit Schüsseln ermöglichen, dulden oder wegen der dabei entstehenden Geräusche abbrechen. Er kann die Situation aber auch aufmerksam begleiten und in ihr reagieren, indem er z. B. weitere Schüsseln »ins Spiel bringt«. Er kann diese Erfahrungen verbal oder nonverbal begleiten. Schließlich kann er die Intensität der Auseinandersetzung wahrnehmen und reflektieren: dann wird sich in ihm eine pädagogische Haltung bilden.

1.1.4 Der gestaltende Mensch

Romy (3;11) und Toni (2;4) spielen im Flur einer Wohnung mit zwei Kinderstühlen, einem Strohsessel, einem Bügelbrett und der Schublade des Kinderschreibtisches (■ Abb. 1.2). Sie ver-

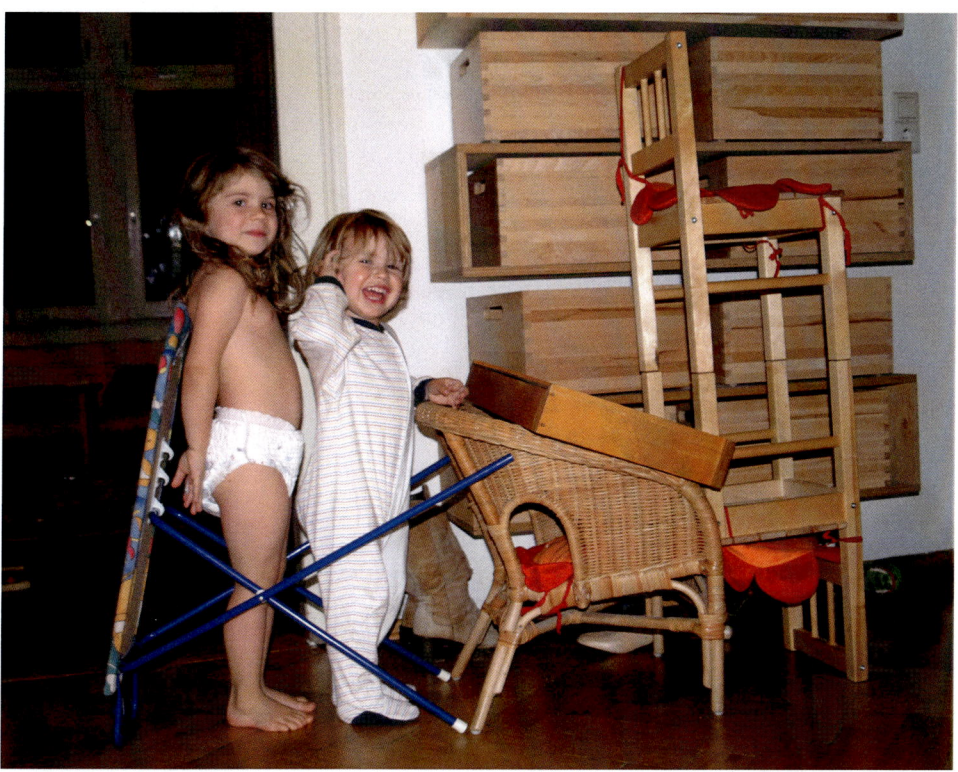

■ **Abb. 1.2** Romy (3;11) und Toni (2;4) Installation mit Kindermöbeln

wenden diese Objekte aber nicht in ihren üblichen Funktionen, sondern als plastisches bzw. architektonisches Material. Sie stellen zunächst den Sessel parallel zur Wand und stützen auf seiner Sitzfläche das vordere Ende eines umgedrehten Kinderstuhls ab. Auf die vier in die Luft ragenden Stuhlbeine stellen Sie passgenau den zweiten Stuhl gleichen Typs und legen danach eine Schreibtischschublade auf die Schräge der Armlehnen des Sessels, die durch die beiden aufeinander gestellten Stühle gehalten wird. Die Kinder fügen auf der anderen Seite des Sessels ein um 90 Grad gedrehtes Kinderbügelbrett so dazu, dass es unmittelbar an der Rückseite des Sessels anschließt und somit den Abschluss der »Möbelreihe« bildet. Schließlich stellen sich die beiden Kinder hintereinander in den Hohlraum des aufgeklappten Bügelbretts. Sie greifen damit die Richtung der gesamten Anordnung auf.

Der Umgang mit Material leitet fließend einen gestalterischen Prozess ein, denn bei jedem In-die-Hand-Nehmen stellen sich produktiv-ästhetische Fragen – schon das Zurückstellen ist eine Anordnung eines Gegenstands im Raum. Jede Manipulation an einem Material ist zugleich auch ein gestalterischer Eingriff. Wenn Kinder mit Karottenbrei schmieren, entsteht ein Relief, wenn sie Fundstücke mit nach Hause bringen und sortieren, gestalten sie auf »natürliche« Weise plastisch. Aus Prozessen des Untersuchens werden Prozesse des Hantierens und bildnerischen Gestaltens. Diese Handlungen gehen fließend ineinander über. Im Alltag subsummiert man dies unter dem Begriff des Spielens.

Ein aufmerksamer Blick in ein Kinderzimmer zeigt nicht nur die Vielfalt und das Ineinanderfließen der unterschiedlichen Spielformen, sondern auch die gestalterische, einschließlich der erfinderischen Dimension solcher Handlungen. Im Unterschied zu Kindern fehlt Erwachsenen oft die Fähigkeit, ästhetische Erfahrungen »organisch« in selbst geschaffene bildhafte Ordnungen zu überführen. Möglicherweise ist es mangelndes Interesse am eigenen Gestalten oder mangelndes Bewusstsein. Dabei hat das Hervorbringen und Gestalten von Dingen eine anthropologische Dimension und kennzeichnet den Menschen als Spezies, die sich nicht nur in vorgegebenen Umgebungen bewegt, sondern diese auch gestalten kann. Tatsächlich treffen alle Menschen tagtäglich gestalterische Entscheidungen. Über die Auswahl und die Anordnung von Gegenständen seiner direkten Umgebung entscheidet jeder Mensch selbst, z. B. über seine Möbel, Kleidung, Schmuck- und Erinnerungsstücke oder die Bilder, die er an die Wand hängt.

In Gestaltungsprozessen wirken sinnliche, emotionale und kognitive Kräfte zusammmen, was sie komplex macht. Zweifellos setzen sich Menschen in solchen Prozessen in ein Verhältnis zur Welt, wobei mit »Welt« die äußere und die innere Welt des Schaffenden gemeint ist – im Schaffen von Dingen entäußert sich der Mensch.

1.1.5   Der sammelnde Mensch

Franziska (5;3) öffnet eine Reihe von Streichholzschachteln (Abb. 1.3). In ihrem Inneren befinden sich Kieselsteine, Perlen, ein Radiergummi, abgebrochene Buntstiftminen, Edelsteine, ein Plastikpferdchen und Zähne. Die Dinge werden nicht einfach in irgendeiner Schublade aufbewahrt – sie wurden gesammelt. Und so bildet nicht nur jede Streichholzschachtel für sich, sondern auch die Serie selbst eine Sammlung.

Nahezu jedes Kind sammelt. Der Impuls zu dieser Tätigkeit kann an den obigen Beispielen anschaulich gemacht werden. Das Ereignis des ersten ausgefallenen Milchzahnes erlebt das Kind als einschneidendes Erlebnis. Was soll es mit dem Zahn anderes machen, als ihn aufzu-

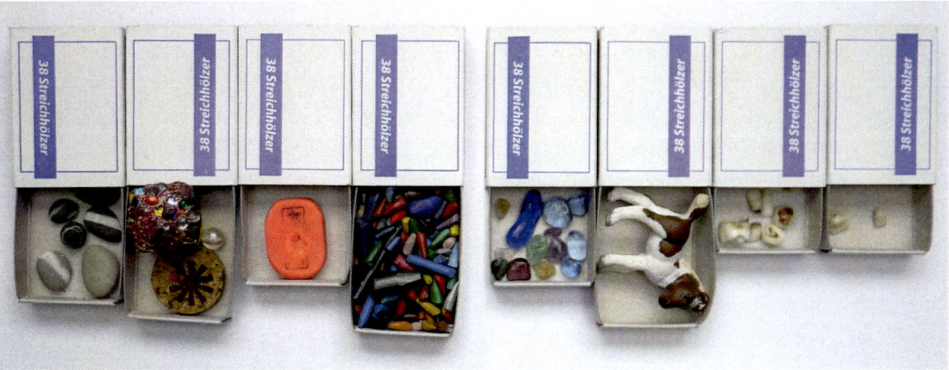

■ **Abb. 1.3**   Franziskas (5;3) Sammlung (Foto Sebastian Frey)

heben? Wegwerfen? Aufbewahren in einer Schublade? Das Kind weiß, dass weitere Zähne aus-
fallen werden, was jeden Zahn zu einem besonderen Einzelstück der Sammlung macht. Jeder
Zahn sieht anders aus. Je mehr dazukommen, desto mehr Merkmale lassen sich differenzieren.
Nach Größe oder Form geordnet, können Backen-, Eck- und Schneidezähne jeweils separat
erfasst werden.

Auch wenn die Edelsteine aus Glas sind, sind sie für das Kind wertvoll. Das ist Grund genug, sie aufzubewahren und sich der Bedeutung des Ensembles immer wieder zu vergewissern.
Die angespitzten Buntstiftminenstücke faszinieren durch die schiere Masse, gleiche Form und
Größe bilden das serielle Prinzip mit seinem ganz eigenen ästhetischen Reiz. Die unterschiedlichen Farben lassen eine virtuell unendliche Differenzierung erahnen.

Meist sind es ereignishafte Erfahrungen, die mit der Gründung und Pflege einer Sammlung verbunden sind. Dabei sammeln Kinder immer aus eigenem Antrieb; es ist die bewusste
Zuwendung zu einem Ausschnitt aus der Welt der Dinge – die Auswahl aus der Vielfalt möglicher Sammelobjekte erscheint dem Außenstehenden oft als rätselhaft –, die Erklärung und
die Ordnung liegen beim Kind, das damit Handlungsfähigkeit zeigt. Sammlungsanlässe und
-prinzipien sind im Vor- und Grundschulalter vielfältig. Anfangs sind es nicht die klassischen,
kulturell tradierten Sammlungsbereiche wie z. B. Münzen oder Briefmarken, sondern selbst
gewählte Sammelanlässe, die strukturierte Ordnungen erfordern.

Entsprechend entwickelt das Kind meist eine intensive Beziehung zu den Sammlungsob-
jekten. Entweder erinnert es sich an die Situation beim Erwerb oder Fund eines besonderen
Gegenstands, der die Idee für den Beginn einer Sammlung gab. In der Sammlung zeigt sich oft
der Reiz der neuen und fremden Dinge aus einem anderen Bezugssystem, vor allem aus der
Erwachsenenwelt. Mit der Integration der Dinge in eine eigene Ordnung können Kinder diese
Fremdheit unter ihre Kontrolle bringen (Stagl 1998, S. 38).

Der Reiz, den Kinder beim Sammeln erleben, wird aber auch kommerziell genutzt. Die
Bedeutung einer Sammlung liegt dann weniger im Sammlungsgegenstand (z. B. bestimmte
Stickermotive oder Fußballerporträts), sondern in der Sammeltätigkeit selbst: Die Aufmerksamkeit richtet sich dann auf die Ergänzung der Sammlung durch Erwerb oder Tausch von
fehlenden Einzelstücken. Die Wahrnehmung wird auf die Lücke zwischen der bestehenden
Sammlung und der abgeschlossenen Vollständigkeit der Edition gelenkt. Die Tatsache, dass
bei solchen Sammlungen der Warencharakter im Vordergrund steht, und sich der Fokus auf
das Erwerben und Besitzen als solches richtet, ist der Grund, warum diese Art des Sammelns

von Pädagogen oft zwiespältig gesehen wird. Auch psychopathologische Befunde bei zwanghaft sammelnden Erwachsenen zeigen eine problematische Seite – doch daraus Vorbehalte abzuleiten, würde die Bedeutung verzerren, die das Sammeln für das Kind hat (Duncker 1990, S. 115).

Ästhetik- und Strukturerfahrungen   Die selbst organisierten, offen angelegten Sammlungen der Kinder entwickeln eine eigene Dynamik. Sensibilisiert für die besonderen Merkmale der einzelnen Objekte ist jede Begegnung mit einem neuen Stück von besonderer Aufmerksamkeit begleitet. Das betrifft sowohl das Ereignis eines neuen Sammlungsstücks als solches als auch die Freude, die Sammlung erweitern und ergänzen zu können. Nicht jeder Neuzugang lässt sich einfach additiv in die bestehende Sammlung integrieren. Häufig erregt etwas unerwartet anderes die Aufmerksamkeit. Wenn die Zähnesammlerin des oben genannten Beispiels einen Hundezahn findet, könnte es für sie Anlass sein, diesen Zahn, der so gar nicht in das bekannte Sammelmuster passt, in seiner Eigenart explizit wahrzunehmen. Was unterscheidet ihn? Wie fühlt er sich an, wie sieht er aus, an was erinnert seine Form? Das Kind macht bei seinen Beobachtungen, Untersuchungen und Vergleichen eine ästhetische Erfahrung. Es ist dann die Gelegenheit, alle Zähne der Sammlung neu zu bewerten und gegebenenfalls die Struktur der Sammlung zu verändern. Ist das ein Eck- oder Backenzahn? Haben Hunde Milchzähne? Das Kind muss entscheiden, ob es das neue Ding aufnehmen und die bestehende Ordnung entsprechend um neue Kriterien erweitern oder verändern will. Es entscheidet, ob das neue Stück einfach in die Sammlung integriert werden kann oder das System (hier: durch eine weitere Streichholzschachtel) differenziert und so die vorhandene Ordnung umstrukturiert werden muss. Dass sich Kategorien finden und erfinden lassen, ist dabei eine zentrale Erkenntnis, die in ihrer Bedeutung für das Kind gar nicht hoch genug einzuschätzen ist. Gegebene Ordnungen sind willkürliche Setzungen. Wenn ein Kind sammelt, manifestieren sich darin Konstruktionsleistungen, die kreativ die disparaten Erscheinungen und distinkte Merkmale in eigene, neue Ordnungen und damit neue Begriffe überführt. Sammeln wird so zur »Theoriearbeit« (Duncker 1990, S. 121).

Biografie   Häufig erinnert sich das Kind genau an die Situation, in der ihm ein Objekt »zugefallen« ist. Der Moment selbst ist wie die Wahrnehmung des Dings selbst oft ereignishaft. Ein neues Stück in die eigene Sammlung aufzunehmen, bedeutet nicht nur eine sachliche Ergänzung, sondern trägt noch weitere Bedeutungen in sich, denn das Objekt dokumentiert das Ereignis und »schreibt« mit der Aufnahme in die Sammlung gleichsam ein Kapitel des eigenen Lebens weiter. Diese biografische Dimension (vom griechischen bios für »Leben« und graphein für »schreiben«) sorgt dafür, dass das Ereignis erinnert und bewahrt werden kann. So manifestiert sich im Sammlungsstück eine Qualität, die sich mit der Bedeutung von Schrift vergleichen lässt (Duncker et al. 2014, S. 18). Geschehnisse können so festgehalten werden und wieder zu »sprechen« beginnen, sie können persönliche Erinnerungen, Erfahrungen und Assoziationen auslösen, die Phantasie erweitern und z. B. zu Geschichten anregen. Dass diese in Sammlungen »geschriebenen« Geschichten häufig nur vom Kind selbst »gelesen« werden können, weist auf das künstlerische Potenzial des Sammelns. Wenn Künstler ihrem Werk einen Sammlungscharakter geben oder das Sammeln selbst als künstlerisches Verfahren nutzen, zielen sie meist auf die biografische Bedeutung.

Zurschaustellung und Präsentation   Die Inszenierung des Sammlungsstücks in (▶ Abb. 1.4) geht über die übliche Zurschaustellung von kindlichen Sammlungen hinaus. Amelie (7;0) spannt Textilstreifen zwischen aufeinander geklebte Weinkorken, und legt eine Babyflasche auf ein schwarzes Kunstfell: »Da lag ich immer mit der Flasche im Bett, damals war das dann so – jetzt hat die Flasche ein eigenes Bett.« Mit diesem Arrangement schafft Amelie mehr als nur einen Aufbewahrungsort für ein Erinnerungsstück. Sie inszeniert mit der Babyflasche ein Stück ihrer Kindheit – darin zeigt sich künstlerisches Potenzial.

Sammlungen sind ein vom Kind selbst organisierter Bestandteil der eigenen Umgebung. Schon bevor sie ihr Kinderzimmer selbst gestalten, prägen die Sammlungen ihre persönliche Umgebung. Der Reiz der Zurschaustellung, das sensuelle Erleben beim Darüberstreichen und dem In-die-Hand-Nehmen sowie das Sortieren nach Farben, Strukturen und Größe sind nicht nur Anlass zu Unterscheidung, sondern auch Genuss einer formal-ästhetischen Steigerung in der Präsentation. Wenn Kinder zum wiederholten Mal die einzelnen Objekte ihrer Sammlung aus der bestehenden Ordnung herauslösen, um sie anschließend wieder neu aufzureihen, dann manifestiert sich in der neuen Aufstellung nicht nur Sammlerstolz, sondern auch die ästhetische Wirkung der seriellen Reihung. In der neuen Gruppierung ergeben sich immer wieder neue und andere reizvolle Beziehungen der Dinge untereinander.

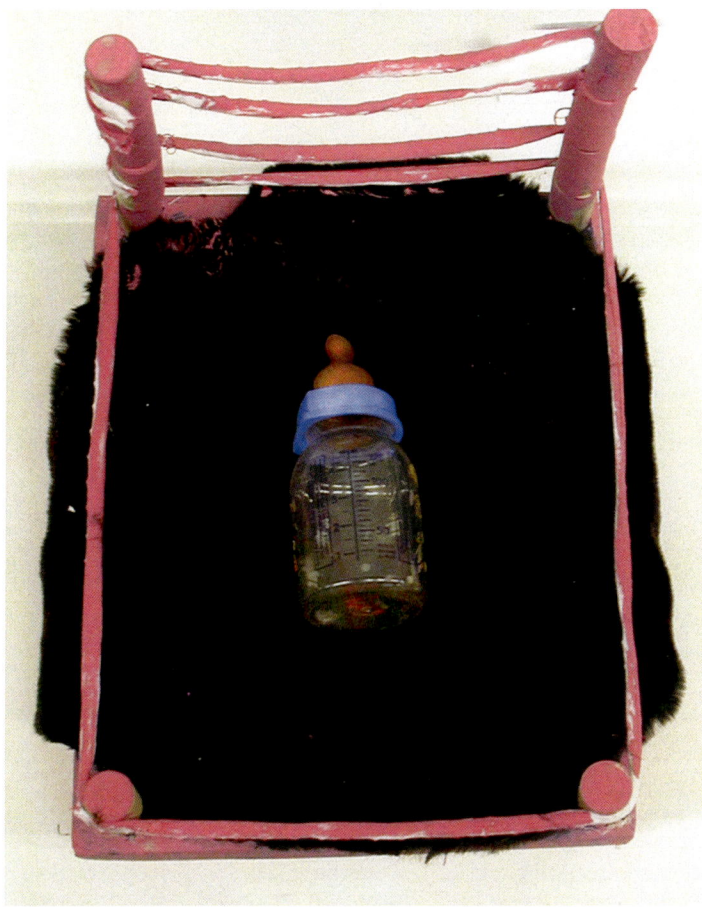

■ **Abb. 1.4**   Amelie (7) »Dinge, die mir als Baby wichtig waren«

Sammeln und Basteln   Sammeln ermöglicht ästhetische Erfahrungen und hat bezogen auf die Ordnung und Präsentation bereits ein formal-ästhetisches Potenzial. Sammeln kann aber auch selbst zentrale Bedeutung im künstlerischen Prozess bekommen. Künstler wie Pablo Picasso umgaben sich in ihrem Atelier mit Sammlungen aus zahllosen Alltagsgegenständen und Fundstücken. Weitgehend sichtbar aufgereiht, boten die vielfältigen Formen und Materialien der gesammelten Gegenstände unentwegt Anregung für Bildmotive, ließen sich aber auch selbst zum Leben erwecken. Picasso kombinierte die unterschiedlichsten Fundstücke zu neuen Bilderfindungen. Ein Fahrradlenker und -sattel wurden zu einem Stierschädel, zwei Spielzeugautos zu einem Paviankopf. In diesen berühmten Assemblagen (Zusammenfügungen) zeigt sich der Kern des kreativen Prozesses.

Die Aufmerksamkeit, in bestehenden Dingen neue Bedeutungen zu erkennen und daraus Ideen für bildnerische Handlungen zu schöpfen, lässt sich fördern, wenn es eine anregende Sammlung von Dingen gibt. Das Anlegen einer Sammlung und das bildnerische Prinzip mit ihr zu arbeiten, bezeichnet man als Basteln oder auch Bricolage (▶ 2.3.4). Basteln bedeutet vor diesem Hintergrund gerade nicht, Materialien gezielt für ein Vorhaben zu besorgen, sondern sich von den Gegebenheiten einer vorhandenen Sammlung anregen und sich von ihnen im Prozess leiten zu lassen. Eine derartige Sammlung wird dann unter der Vorgabe »Das kann ich zum Basteln brauchen« auf Vorrat angelegt und permanent erweitert. Während beim Sammeln das Ein-Ordnen im Mittelpunkt steht, geht es beim daraus folgenden Basteln um eine »Um-Ordnung« (Schäfer 1990, S. 138).

Die Kriterien für Bastelsammlungen können weit gefasst und über traditionelle Kategorien (wie z. B. Holz, Stoff oder Metall) deutlich erweitert werden. Wenn nicht nur das Ausgangsmaterial entscheidendes Kriterium sein muss, sondern z. B. alles, »was rund ist«, dann sind Prozesse des Umdeutens damit schon impliziert. Braucht das bastelnde Kind für sein Vorhaben etwas Rundes, wird es in der entsprechenden Kiste fündig und kann dann entscheiden, ob es ihm vorrangig um Größe, Stabilität oder Oberflächenbeschaffenheit etc. geht. Zufällige Fundstücke einer Sammlung können aber auch direkt zu einer Ausgangsidee führen. Der Reiz eines Dings aus der Natur oder Technikwelt fällt dem Kind häufig einfach zu und inspiriert zu Assoziationen, die dann zu weiteren Bearbeitungen und Veränderungen im Bastelprozess führen. Wie sich in einer Kunstwerkstatt eine inspirierende Sammlung an Materialien und Fundstücken anlegen lässt, wird in ▶ 3.1.3 gezeigt.

1.2   Kreativität

Romy (5;3) bastelt mit unterschiedlichen Materialien Zum Verbinden der einzelnen Bausteine bedient sie sich auch einer Klebestreifenrolle (◘ Abb. 1.5). Nachdem sie ihre Bastelarbeit beendet hat, zieht sie einen längeren Streifen heraus und klebt diesen so an die Tür, dass die Dose von ihm gehalten wird.

Kreativität bezeichnet die Fähigkeit, Neues hervorzubringen. Die hier geschilderte Situation weist eine Reihe von Aspekten auf, die auf unterschiedliche Weise das Etikett »neu« bzw. »kreativ« tragen können. Zunächst ist die Erfindung der Klebestreifenrolle zu nennen. Sie ist nicht nur platz-, sondern auch materialsparend, da durch sie die Klebestreifen ohne zusätzliche Abziehfolie aufbewahrt werden können. Dazu musste ein Material gefunden werden, das auf sich selbst klebt und dennoch reversibel bleibt. Die Schwierigkeit des »Selbstverklebens« betrifft auch die Halterung. Bei dem hier verwendeten Modell überspannt der Klebstreifen einen Zwischenraum in den der Zeigefinger greift und den Klebestreifen lösen kann. Es

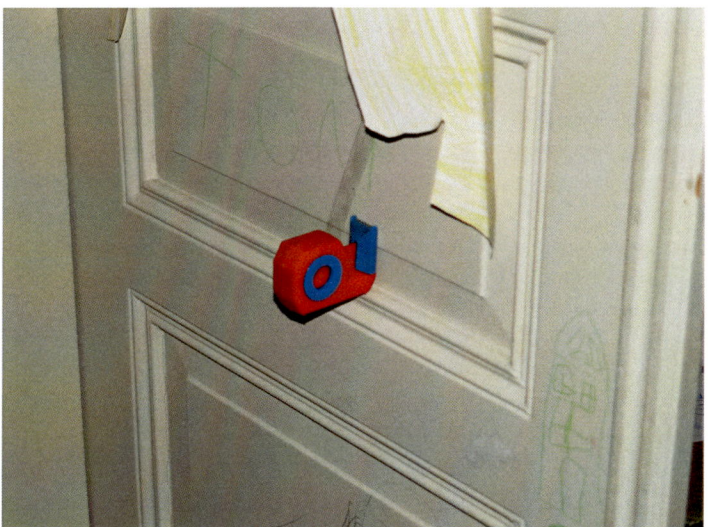

■ **Abb. 1.5** Romy (5;3) Klebestreifenrolle an Tür

handelt sich insgesamt um eine komplexe und anspruchsvolle Erfindung für ein alltägliches Problem.

Von anderer Art ist die Erfindung des Mädchens. Es hängt die Klebestreifenrolle »an sich selbst auf«. Hier ist neu, dass Romy die Bedeutung der Klebestreifenrolle, die man dazu nutzt, etwas anderes festzukleben, umkehrt und damit die Situation verändert. Sie nutzt dabei ganz pragmatisch und doch auf ungewöhnliche Weise die spezifische Form des Gehäuses. Dabei entsteht mehr als die Lösung eines »praktischen Problems«. Noch eine weitere Situation ändert sich, nämlich die des betrachtenden Erwachsenen. Er nimmt in der von praktischen Notwendigkeiten befreiten Präsentation eine poetische Qualität wahr.

Kreativitätsforschung Kreativität ist auf breiter Basis erforscht und doch nach wie vor fragwürdig. Der Begriff wurde erst in den 1950er Jahren in den Kanon wissenschaftlicher Fachbegriffe aufgenommen und hat sich noch immer nicht zu einem einheitlich wissenschaftlichen Begriff präzisiert. Kreativität ist bis heute ein eher diffuses Konzept, in dem zusammengefasst wird, was zuvor als produktives, imaginatives, erfinderisches, originelles, schöpferisches oder auch geniales Verhalten und Denken bezeichnet wurde. Die inflationäre Verwendung des Begriffs hat nicht viel zur Klärung beigetragen, sodass man in Anlehnung an Hartmut von Hentig (1998) von einem schwachen Begriff, aber einer starken Kompetenz sprechen kann.

Mit einem von Joy Paul Guilford 1950 gehaltenen Vortrag vor der American Psychological Association beginnt die traditionelle psychologische Kreativitätsforschung, die bis heute nachhaltig unser Bild von Kreativität beeinflusst. Guilford etablierte die Kreativitätsforschung als Teil der Kognitionspsychologie und versuchte, kreatives von intelligentem Verhalten abzugrenzen. Hatte man bis dahin nicht zwischen erwarteten und unerwarteten, eigenwilligen und ungewöhnlichen Lösungen von Problemen unterschieden, forderte Guilford die Abwendung vom ganz am logischen Denkvermögen ausgerichteten Intelligenzbegriff und suchte nach einem »anderen« Denken.

Bei Problemen, für die es nicht nur einen Lösungsweg gibt, hatte schon Guilford ein Denkvermögen vermutet, das sich vom logischen Denken unterschied. Er nannte es *abweichendes*

Denken (»divergent thinking«) und verstand darunter ein unstrukturiertes, eher assoziatives Denken. Dagegen steht das *konvergierende Denken*, welches bei der Lösung geschlossener Probleme notwendig ist. Dabei konvergieren Problem und Lösung derart, dass die Lücke des Problems durch die »einzige oder im üblichen Sinne beste Lösung« geschlossen wird (Guilford und Hoepfner 1976, S. 34).

Mit diesen Forschungen verbreitete sich der Begriff »Kreativität«. Die früher im deutschen Sprachraum gängige Übersetzung für den aus dem amerikanischen entlehnten Begriff »kreativ« lautete »schöpferisch«. Sie findet aber kaum noch Verwendung, da mit dem Begriff des Schöpferischen häufig oft die Vorstellung verbunden ist, dass diese Fähigkeiten nur außergewöhnlichen Persönlichkeiten vorbehalten sind. Es klingt dabei doch die Vorstellung von göttlicher Schöpfung nach. Tatsächlich galt Kreativität früher als Besonderheit einiger weniger Genies. Zweifellos verwirklicht sich Kreativität auf höchst unterschiedlichem Niveau. Doch grundsätzlich ist sie keine Eigenschaft oder Fähigkeit, die nur einem Genie vorbehalten ist. Das Wesentliche der Kreativität ist die Neuartigkeit, gerade im Kindesalter gibt es im Grunde genommen keine völlig unkreativen Handlungs- und Denkweisen, denn fast jeder Moment ist für das Kind neu und einzigartig, und entsprechend erfordert jede Situation neues Denken und Handeln.

Die unterschiedlichen Perspektiven, aus denen man dem Phänomen der Kreativität begegnen kann, haben in den vergangenen Jahrzehnten zur Differenzierung des Begriffs geführt: das kreative Produkt, die kreative Persönlichkeit und der kreative Prozess. Diese Trennung ist aber eine theoretische. Nur eine kreative Persönlichkeit kann in einem kreativen Prozess ein ebensolches Produkt hervorbringen.

1.2.1 Das kreative Produkt

Handlungen, die überwiegend durch Nachahmungsverhalten oder Routinen bestimmt sind, sind weniger kreativ einzuschätzen als solche, die wir gemeinhin erfinderisch nennen. Einen Türgriff einer Tür zu drücken, die man noch nie geöffnet hat, ist tatsächlich eine neue Handlung. Für diese liegt aber ein bereits erlerntes und vielfach angewandtes »Verhaltensmuster«, eine Routine vor, die den Grad der Neuheit der Handlung relativiert. Auch wurde das Öffnen einer Tür durch die Betätigung des Griffes nicht entdeckt, sondern nachgeahmt und »gelernt«. Tatsächlich bedeutet lernen für das Individuum auch kreativ zu sein, wenngleich sich dabei die Neuartigkeit auf das Subjekt beschränkt. Sie ist für den Menschen bedeutsam, nicht aber für die Welt. Es wird hier deutlich, dass es zwei Sichtweisen auf Kreativität gibt: eine objektive, die sich am Wert des Produkts für die Gesellschaft bemisst, und eine subjektive, die Kreativität unabhängig davon auf die individuelle Persönlichkeit bezieht.

Die kreative Leistung des unbekannten Erfinders der Türklinke, der »hebelartigen Vorrichtung (Griff) zum Öffnen und Schließen der Schnapp-Verriegelung einer Tür« (▶ http://de.wikipedia.org/wiki/Türklinke) ist natürlich etwas anders einzuschätzen als die Leistung eines Kindes, wenn es eine Situation ebenfalls verändert, aber das Neue nur »für sich« erfindet.

Tatsächlich hat die Gesellschaft für Erfindende eine existenzielle Bedeutung, denn sie stellt zugleich den Handlungs- als auch den Bewertungsrahmen dar, sodass man von einem wechselseitigen Abhängigkeitsverhältnis sprechen kann. Der Erfinder des Türgriffs bewegte sich in einem gesellschaftlichen Umfeld, in dem die Beschäftigung mit Schließtechniken eine Rolle spielte. Zweifellos verfügte er über eine handwerkliche und geistige Vorbildung auf dem Fachgebiet (der sogenannten Domäne), die ihm in Kombination mit seinen erfinderischen Fähigkeiten diese Tat ermöglichte. Jeder Erfindungsprozess ist zugleich ein Rückgriff auf bereits Bestehendes. Kreativität kann nicht bedingungslos erfolgen, sondern ist kontextgebunden. Nelson Goodman (1990, S. 19) formulierte dies wie folgt: »Das uns bekannte Welterzeugen geht stets von bereits vorhandenen Welten aus: das Erschaffen ist stets Umschaffen.«

Die Umgebung (das sogenannte Feld) ist aber auch nach Abschluss der Erfindung von entscheidender Bedeutung, denn eine kreative Handlung ist Teil eines Kreislaufs, in dem das geschaffene Produkt von der Gesellschaft als neu wahrgenommen werden muss. Wäre seine Erfindung nicht als relevant erachtet worden, wäre der Türklinke wahrscheinlich in Vergessenheit geraten – man würde heute stattdessen ein Loblied auf die Erfindung der Schiebetür singen.

Diese Zusammenhänge werden in der Systemtheorie der Kreativität vom amerikanischen Psychologen Mihaly Csikszentmihalyi (2003) zusammengefasst. An einem kreativen Prozess ist das Individuum beteiligt, das in einer bestimmten Domäne erfindet. Als kreativ wird das Produkt aber erst verstanden, wenn das Feld diese Tat auch so einschätzt. Kreativität ist demnach keine explizit auf das Individuum bezogene Fähigkeit, sondern Ergebnis eines Systems, in dem die drei Komponenten Individuum, Feld und Domäne zusammenwirken.

> **»** So gesehen entsteht Kreativität aus der Interaktion dreier Elemente, die gemeinsam ein System bilden: einer Kultur, die symbolische Regeln umfasst, einer Einzelperson, die etwas Neues in diese symbolische Domäne einbringt, und einem Feld von Experten, die diese Innovation anerkennen und bestätigen. Alle drei Elemente sind notwendig, damit es zu einer kreativen Idee, Arbeit oder Entdeckung kommen kann. (Csikszentmihalyi 2003, S. 17)

Für den pädagogischen Bereich haben diese systemtheoretischen Überlegungen eine besondere Bedeutung. Zum einen macht die Unterscheidung einer subjektiven und objektiven Kreativität deutlich, dass der Prozess des Erfindens und nicht das Produkt der Erfindungen im Zentrum von Bildungsüberlegungen stehen muss. Das Feld, in dem sich die Kinder bewegen, ist ein pädagogisches: Auch in diesem kann Kreativität nur erscheinen, wenn sie gesehen, d. h. gleichsam entdeckt wird. Der Pädagoge vertritt dieses Feld. Die unterschiedlichen Funktionen des Feldes werden auch in den Erfindungen zur Klebestreifenrolle anschaulich. Das anonyme Feld entdeckte die funktionalen und ästhetischen Qualitäten der Klebestreifenrolle und bestätigte diese durch Kaufhandlungen. Die Handlung des Mädchens wurde vom Pädagogen beurteilt und als kreativ eingestuft.

1.2.2 Die kreative Persönlichkeit

1957 war es der Sowjetunion gelungen, den ersten künstlichen Erdsatelliten (Sputnik) in eine Erdumlaufbahn zu bringen. Dieser punktuelle technische Vorsprung löste in den U.S.A. den sogenannten »Sputnikschock« und ambitionierte Forschungstätigkeiten aus.

Joy Paul Guilford entwickelte Testverfahren, mittels derer eine kreative Elite herausgefiltert werden sollte. Dabei wurde deutlich, dass solche Leistungen offenbar nicht nur von Intelligenz bestimmt sind. Auf der Suche nach Persönlichkeitsmerkmalen kreativer Menschen separierte Joy Paul Guilford einzelne Faktoren, deren Zusammenwirken kreatives Verhalten seiner Einschätzung nach wahrscheinlich machte.

Die Suche nach den relevanten Faktoren kreativer Leistung führte zu sieben »Zentralparametern« (Wagner 2003, S. 59): Fluktualität, Flexibilität, Originalität, Sensitivität, Komplexitätspräferenz, Elaborationsfähigkeit und Ambiguitätstoleranz. Unter *Fluktualität* versteht man die quantitative Dimension kreativer Leistungen, d. h. die Fähigkeit, in kurzer Zeit viele Einfälle zu generieren. Demgegenüber kennzeichnet *Flexibilität* die qualitative Fähigkeit, zwischen verschiedenen Aspekten des Problems ohne große Schwierigkeiten zu wechseln. Als *Originalität* wird die Erst- und Einmaligkeit von Ideen bzw. Einfällen bezeichnet. Die Fähigkeit, (gesellschaftliche) Veränderungen wahrzunehmen und darauf zu reagieren, bedarf der *Sensitivität*. Offensichtlich haben viele Kreative auch eine *Komplexitätspräferenz*, d. h., sie haben ein besonderes Interesse an anspruchsvollen Problemen. Um die Auseinandersetzung mit diesen Problemen zu entäußern, bedarf es einer *Elaborationsfähigkeit*, was die Fähigkeit zur Ausarbeitung der Ideen meint. Da kreative Prozesse häufig von Phasen der Frustration begleitet werden, erfordern sie von der Persönlichkeit eine hohe *Ambiguitätstoleranz*, das meint die Fähigkeit, eine problematische und unübersichtliche Situation auszuhalten und trotzdem an deren Bewältigung zu arbeiten.

Die Idee Guilfords, dass ein Faktorenbündel zur Entschlüsselung kreativen Verhaltens wirksam ist, beantwortet aber nicht die Frage, wie die verschiedenen Strukturelemente der Kreativität zusammenwirken bzw. wie ein solcher »Baukasten« eingesetzt werden kann, damit aus einzelnen Fähigkeiten effektive Handlungsfähigkeit wird. Dieses Problem wird auch in vielen Test- bzw. Übungsverfahren deutlich, wenn etwa die Fähigkeiten des flüssigen oder flexiblen Denkens nur als Teilfähigkeiten des kreativen Verhaltens geschult werden sollen. Wem es gelungen ist, in kürzester Zeit höchstmöglich viele Wörter zu finden, deren dritter Buchstabe ein f ist, hat zwar das stimuliert, was Forscher Ideenflüssigkeit nennen, dabei aber noch lange nicht die Fähigkeit gewonnen, für Probleme kreative Lösungen zu finden.

Bezogen auf das pädagogische Feld ist es deswegen schwierig, Einzelfähigkeiten separat erfassen und fördern zu wollen – sie existieren in den Personen ja nur als Ganzes. Die Vorstellung von »Bausteinen«, die sich zu einer Verhaltenssynthese zusammenfassen lassen, widerspricht schon von vornherein aller Erfahrung von Kreativität. Das Ganze ist mehr als die Summe seiner Teile – das wird hier besonders deutlich.

1.2.3 Der kreative Prozess

Neben der Orientierung am Produkt und der Persönlichkeit war die Frage nach dem Prozess in der Geschichte der Forschung von entscheidender Bedeutung: Was kennzeichnet kreative Prozesse? Wie finden Menschen zu Ideen, und wie setzen sie diese um? Eines der nachhaltigsten Modelle schuf der Engländer Graham Wallas (1926).

Phasenverläufe   Wallas nahm einen festgelegten, linearen Phasenverlauf kreativen Schaffens an und unterschied zwischen einer Präparations-, Inkubations-, Illuminations- und Verifikationsphase. Der erste Schritt eines kreativen Aktes war für ihn die *Präparationsphase*. In dieser Vorbereitung werden das Problem analysiert und möglichst viele Informationen dazu gesammelt. Der Beginn dieses Prozesses ist zu großen Teilen willentlich steuer- und kognitiv strukturierbar.

Diese bewusste Kontrolle muss in der folgenden *Inkubationsphase* aufgegeben werden. Für die Phase vor dem Finden der Lösung wählte Wallas bewusst die medizinische Metapher, die eigentlich den Zeitraum zwischen der Infektion und dem Ausbruch einer Krankheit bezeichnet. So wollte er die Begrenztheit einer willentlichen Steuerung ausdrücken, wenn mögliche Lösungswege größtenteils unbewusst durchgespielt werden.

Die *Illuminationsphase* ist die kürzeste der vier Phasen und meint den Moment der plötzlichen Erleuchtung beim Auftauchen der Lösung. »Heureka!« (griechisch »ich habe [es] gefunden«) soll Archimedes ausgerufen haben, als er durch einen »Geistesblitz« beim Baden das Auftriebsprinzip entdeckte.

Wenngleich »Heureka!« zu bekunden scheint, dass mit der Idee ein kreativer Prozess beendet ist, fehlt noch die abschließende *Verifikationsphase*, in der die Idee praktisch ausgeführt und schließlich kritisch geprüft wird. Ob der Einfall auch tatsächlich die Lösung für das Problem darstellt, kann wiederum stärker logisch gesteuert werden. Von Albert Einstein wird z. B. berichtet, er habe die Phase der Verifikation seinen Assistenten überlassen, was andeutet, dass er dieser Phase bezogen auf Kreativität keine besondere Bedeutung zumaß.

So nützlich solche vereinfachten Phasenmodelle auch sein mögen – die Vorstellung von einem kreativen Prozess als klar strukturierter, linearer Ablauf hat sich als nicht haltbar erwiesen. Der Gedanke der Linearität ist vielmehr der Vorstellung vom gleichzeitigen Wirken vielfältiger Faktoren gewichen, die zeitlich nicht klar gegeneinander abgrenzbar sind.

Hier zeigt sich ein Grundproblem der Kreativitätsforschung. Die starke Vereinfachung bringt zwar Klarheit auf der Modellebene, vernachlässigt jedoch viele Aspekte, die in kreativen Prozessen wirken und die wie die sinnliche Wahrnehmung subjektiv bestimmt sind, z. B. das Erinnerungsvermögen, die Assoziationsfähigkeit und auch die individuelle kognitive Disposition. Um die Funktion dieses Zusammenwirkens anschaulich zu machen, bietet sich das Phänomen des Spieles an. Das Spiel zwischen verschiedenen Elementen generiert eine Idee, deren Verwirklichung aber kein logischer Fortgang ist. Das später verwirklichte Werk kann potenziell aus mehreren, auch sehr unterschiedlichen Lösungen hervorgehen.

Der französische Philosoph und Psychologe Frédéric Paulhan (1856–1931) unterschied zwischen einer Erfindungs- und einer Entwicklungsphase. Natürlich sind diese beiden Teile in der künstlerischen Praxis nicht streng zu trennen, da die bildnerischen Mittel ein Eigenleben führen, welches auf die Erfindung zurückwirkt. Nach Paulhan (1901) können sich kreative Prozesse vielfältig entwickeln; es können sich im Gestaltungsprozess unerwartete »Seitenwege« öffnen, die auf die Ursprungsidee zurückwirken und diese möglicherweise verändern. Das Wechselspiel zwischen Erfindung und Entwicklung geschieht demnach nicht in hermetischen Phasen, sondern bleibt während des gesamten Prozesses in Bewegung (Schäfer 2006, S. 97).

Flow Lorys (4;8) modelliert wie die anderen Kinder mit Ton (Abb. 1.6). Dabei hat er beobachtet und nachgemacht, wie man aus einem Stück Ton eine kugelähnliche Gestalt formen kann. Von dieser Tätigkeit und vom Ergebnis ist er offenbar so beeindruckt, dass er weitere Kugeln in unterschiedlicher Größe modelliert. Entsprechend der runden Kugelform ordnet er die Objekte kreisförmig auf der Plastikunterlage an. In die Mitte des Kreises setzt er eine weitere Kugel: »Da ist der Morgenkreis in der Kita, und ich sitze in der Mitte und bin der Chef!« Nach der sechsten Kugel beginnt er, eine Gestalt aufzurichten und deutlich vertikal zu betonen. Diese Idee treibt er nun weiter und modelliert eine schlanke, hoch aufragende Gestalt, die unmittelbar figürliche Assoziationen auslöst. Dieser Gestalt folgen zwei sehr kleine »Figuren«, was Lorys ganz offensichtlich sehr witzig findet. Aus einer Idee folgt nun die nächste. Der kleinen Form folgt eine mittlere, die dem Typus der vorigen, großen ähnelt. Unten breit angelegt verjüngt sie sich nach oben. Immer mehr Figuren folgen – Lorys ist »in seinem Element« und modelliert ohne Unterlass, bis sich der Kreis geschlossen hat.

Mihaly Csikszentmihalyi (2003) befragte über viele Jahre kreative Persönlichkeiten bezüglich ihrer Motivation. Dabei stellte er fest, dass die intensive Ausübung ihrer Aktivitäten ein besonderes Gefühl in ihnen auslöste, das sie immer wieder zu erleben suchten. Weil viele der Befragten ihr Befinden dabei als hochkonzentriert, zugleich aber als leicht und als mühelos beschrieben, bezeichnete Csikszentmihalyi diesen Zustand als *Flow*. Er stellte fest, dass dieser Zustand bei unterschiedlichen Personen durch ganz ähnliche Momente charakterisiert ist. Auf Basis dieser Analysen leitete er Bedingungen für das »Flow-Erleben« ab (Csikszentmihalyi 2003, S 166 ff.).

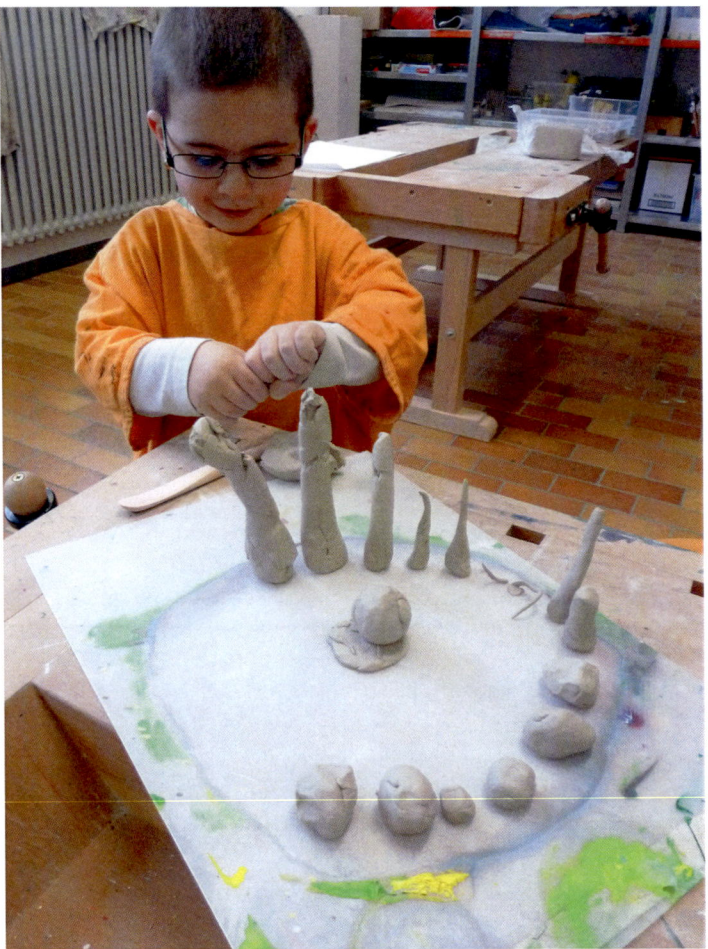

◼ **Abb. 1.6**   Lorys (4;8) modelliert einen Morgenkreis

Zum Flow-Erleben gehört, dass sich die Fähigkeiten des Individuums und die Ansprüche einer Aufgabe in einem Gleichgewichtszustand befinden. Das bedeutet, der Handelnde fühlt sich nicht über- bzw. unterfordert. Ein weiteres Kennzeichen des Flow ist die Selbstvergessenheit, d. h. ein »Sichverlieren« im Prozess, was mit der Auflösung des Zeitgefühls einhergeht. In solchen Prozessen empfindet der Handelnde eine Einheit von Handeln und Bewusstsein. Die häufige Trennung zwischen konkreten Handlungen und kognitiven Operationen ist dabei aufgehoben. Dies liegt auch daran, dass der Handelnde ein unmittelbares Feedback für sein Tun erhält. Dieses kommt aber nicht von außen, sondern verwirklicht sich im Handeln selbst: Zum Beispiel geben in bildnerischen Prozessen die Veränderungen im Material eine unmittelbare Rückmeldung über das Gelingen. Gerade Kinder erleben solche Flow-Zustände als Phänomen dann, wenn sie sich mit einer Aufgabe oder Herausforderung intensiv auseinandersetzen, was von Gefühlen der Zufriedenheit und des Glücks begleitet ist.

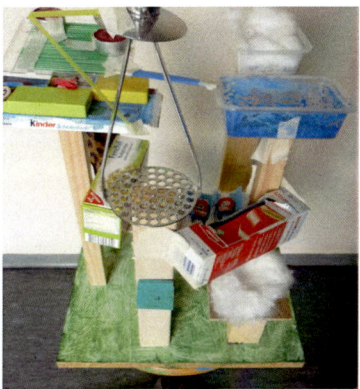
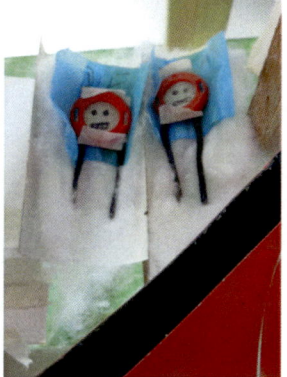
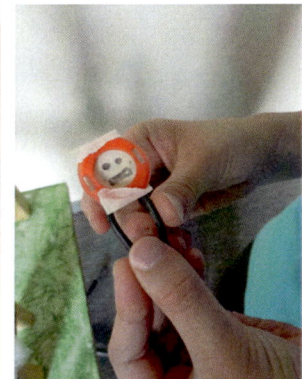

◘ **Abb. 1.7**   Antonia (6;2) Baumhaus mit Bewohnern

1.2.4   Kreatives Denken und Handeln

Antonia (6;2) bastelt in der Kunstwerkstatt ein Baumhaus mit verschiedenen Zimmern, Terrassen, einer großen Schaukel und einem Pool (◘ Abb. 1.7). Ihre zahlreichen Erfindungen sind kein Ergebnis eines differenzierten Planes und logischer Operationen. Das zeigt ein Blick auf den Gestaltungsprozess des Schlafzimmers: Für die Baumhausbewohner möchte sie Betten bauen. Weder in Bezug auf die Form noch auf ein mögliches Verfahren hat sie eine »vorgedachte« Lösung. Stattdessen scheint ihr Wahrnehmungsradius geweitet und ihr Suchmodus auf etwas wie »weich betten« gestellt zu sein. Sie hat offenbar Möglichkeiten, frei assoziativ suchen zu können und sich überraschen zu lassen.

Dies wird auch bei dem Suchprozess deutlich, der zu einer »Lösung« für die Gestalt der entsprechenden Figuren führt. Dieser ist ebenfalls offen und scheint allenfalls durch die vage Vorstellung determiniert, dass die Bewohner zu den bzw. in die Betten passen müssen. Sie findet zwei rote Schlüsselkappen, die ihr offenbar durch ihre »Rundheit« und die passende Größe als »Kopf« ins Auge fallen. Zur Darstellung »Mensch« fehlen ihr noch zwei wesentliche Merkmale, die sie nun ergänzt. Auge, Nase, Mund und Beine vervollständigen das Schema, das nun einem »Kopffüßler« ähnelt. In einem dünnen Draht erkennt sie das Potenzial zur Gestaltung der Beine; mit einem kleinen Pappstück hinterlegt sie die Öffnung des roten Ringes und kann darauf weiterzeichnen. Die zweidimensionale Lösung entspricht nicht nur im Wesentlichen einer Zeichnung, sie hat auch noch einen weiteren Vorteil – die Figuren passen perfekt in die Betten aus Watte.

Für Antonias Probleme war nicht nur eine Lösung denkbar. Weich betten kann man auch auf Stoffresten, Tempotaschentüchern, Sägemehl oder einer ausgeschnittenen Bettdecke eines Werbeprospekts. Das Ergebnis der Suche wird nicht durch Gesetze der Logik vollständig determiniert. Antonia löst also kein geschlossenes Problem, sondern ein offenes, das eine andere Art des Vorgehens erfordert. Hier zeigt sich die Bedeutung eines divergenten, d. h. abweichenden bzw. erweiternden Denkens. Diese Art zu denken ist nötig, wenn die Ausgangslage vage ist und auch das »Problem« selbst erst nach und nach entdeckt wird.

Unsere Gesellschaft hat das Verständnis von einer objektiven Welt herausgebildet, die es rational zu durchdringen gilt. Der Erwerb entsprechender Fähigkeiten prägt unser Bildungssystem maßgeblich. die Fähigkeit zum logischen Denken und die Fähigkeit, auf Basis logischer

Operationen die Welt zu kategorisieren und explizit zu benennen. Dabei wird häufig unterschlagen, dass die rationalen Fähigkeiten des Menschen nur ein Teil vieler anderer Fähigkeiten ausmacht, über die der Mensch in seiner Ganzheit verfügt. Tatsächlich geht die einseitige Bindung unseres Bildungssystems an das durch Sprache gebundene begriffliche Wissen mit der Vernachlässigung nichtsprachlicher Ausdrucksformen einher, auf deren Bedeutung Hirnforscher wie Ernst Pöppel (2000) oder Wolf Singer (2002) hinweisen. Pöppel unterscheidet drei Arten von Wissen, die erst in ihrem Zusammenspiel als Orientierungsrahmen für menschliches Handeln dienen können. Neben dem sprachlich vermittelten expliziten oder begrifflichen Wissen stehen bei Pöppel das Handlungs- oder implizite Wissen und das bildliche oder anschauliche Wissen:

> » Die drei Formen menschlichen Wissens sind derart stabile Koordinaten unserer Erfahrung und unseres Handelns, dass ich behaupten möchte, eine Wissensgesellschaft ist nur dann wohl verortet und eine Wissenswelt ist nur dann fest gefügt, wenn die Bewohner dieser Wissenswelt ihr Wissen auch dreifach gestalten, also als explizites, implizites und bildliches Wissen. (Pöppel 2000, S. 27)

Im Sinne einer ganzheitlichen Bildung ist es von großer Bedeutung, alle drei Wissenspotenziale zu entfalten und die drei Wissensarten zu vernetzen. Das verweist noch einmal auf die zentrale Bedeutung von ästhetischen Erfahrungen und kreativem Denken.

»Praktische« Kreativität – künstlerische Kreativität?   Das Beispiel der Klebestreifenrolle deutete bereits unterschiedliche Bezugspunkte an. Der Designer agiert in einer völlig anderen Situation und muss sich einer anderen Herausforderung stellen als das Kind. Die kreative Leistung des Designers steht im Kontext eines an einem konkreten Nutzen orientierten Problems, wohingegen das Verhalten des Kindes eine andere Qualität hat. Das Mädchen löst kein bestehendes Problem und ist dementsprechend auch nicht durch eine Aufgabenstellung gelenkt. Es existierte kein Problem, und auch nach der »Lösung« ist es nicht sicher, ob es überhaupt eines gab. Zu sehen ist die Antwort auf keine Frage, eine ästhetische Handlung, deren Sinn in sich selbst liegt. Solche Ergebnisse, die zweckfrei, d. h. nicht eindeutig durch Funktionen festgelegt sind und erst durch und im Prozess des Schaffens Wirklichkeit werden, ordnet man im weitesten Sinne dem Feld der Kunst zu. Ziel der frühen Kreativitätsforschung war die Generierung maximalen kreativen Potenzials der Gesellschaft. Kreativität ist aber nicht nur ein ökonomischer Funktionswert, sondern hat eine anthropologische Dimension. Der Mensch ist nicht nur geschaffen, sich in geformten Bahnen zu bewegen, er kann auch gestalten – Dinge, Gedanken und letztlich sich selbst. Kreativität ist kein Mittel für einen fremden, d. h. außerhalb der Persönlichkeit liegenden Zweck, sondern ein persönlicher Wert für jeden Menschen, Ausgangspunkt für Selbstbestimmung und Selbstverwirklichung. Kreativität wird hier als eine Möglichkeit verstanden, mittels derer sich das Individuum entfalten, sich selbst verwirklichen und seine Umwelt aktiv mitgestalten kann.

1.3   **Phantasie und Spiel (** Abb. 1.8**)**

Verena (5;2), Erik (4;8) und Marc (5;4) sind im Werkraum. Sie holen sich Holz aus dem Karton. »Wir brauchen so viele, weil wir … weil wir'n Flugzeug machen wollen. Und des müssen wir noch anmalen.« Alle drei Kinder sägen und unterhalten sich nebenbei, blicken immer mal wieder von ihrer Arbeit auf.

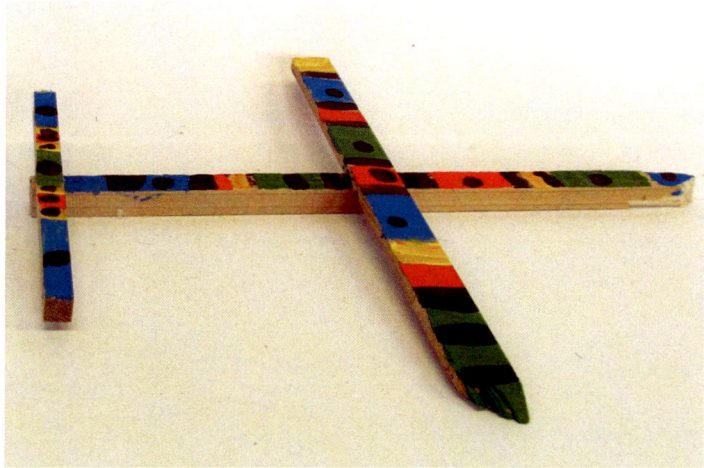

🔹 **Abb. 1.8**   Verena (5;2), Erik (4;8) und Marc (5;4) basteln in der Werkstatt ein Flugzeug

Marc: »Dann kann ich sogar drauf stehen. Und dann müssen wir nur noch einen Motor ein-
bauen, und dann setzt sich jemand rein und dann … (imitiert Flugzeuggeräusche und ahmt
Flugbewegungen nach) – darf der Werkraum hier schmutzig werden?«
Verena: »Ja, es ist ja ein Werkraum. Na klar. Bei der Arbeit wird er dreckig.«
Marc: »Darf die Wolle mit Farbe überschüttet werden?« (lacht)
Verena: (lacht) »Ja, ja!«
Emil: »Ne, darf das Flugzeug den ganzen Tag mit Farbe überschüttet werden und dann flie-
gen? Dann tropft, dann tropft bunte Farbe runter.«
Verena: »Und dann denken die Leute, es ist bunt, bunter Regen. (lacht) Und dann nehmen
sie ihren Schirm, und, platsch, ist er igitt. Dann sieht er nicht mehr so schön aus wie er war.
(lacht) Dann sind überall Farbkleckse, und jeder ärgert sich, geht zum Künstler und sagt: Hey,
können Sie mir das wieder gleichmachen? Und dann sagt der Künstler: ‚Vielleicht.‘«
Emil: (entdeckt, dass Holzpulver beim Sägen auf den Boden fällt) »Hey, hier fällt das ganze
Pulver runter!«
Marc: »Ja.«
Verena: »Guck mal, ich habe eine Pulverstelle! Egal, Handwerker drecken immer. Marc
dreckt da auch.« (lacht)
(…)
Marc: »Verena, ich hol noch mehr Holz.« (lacht)
Verena: »So viel Holz brauchen wir nicht.«
Marc: »Doch – für den Flughafen. Der Flughafen muss nämlich auch so groß sein.«
Verena: (lacht)
Emil: (lacht)
Verena: »Das soll doch ein Babyflughafen werden.«
Emil: »Boah – ein Babyflughafen.« (lacht)
Marc: »Nein, das soll doch ein Riesenflughafen werden.« (legt das Holz auf den Tisch und
begibt sich wieder an seinen Arbeitsplatz)
Verena: »Ich bin so gespannt, wann das Flugzeug fertig wird.«
Marc: »Dann ist es ungefähr von dem Schrank bis zu der Tür. So groß! Und dann bauen wir
noch einen Motor rein. (lacht) Ein Holzflugzeug.« (bewegt das Holzstück mit einer Armbe-
wegung und macht Flugzeuggeräusche)

Emil: »Nein, dann düst es, dann düst es die ganze Fensterbank kaputt und fliegt ins … und fliegt den ganzen Leuten ins Gesicht.«
Verena: (lacht)
Marc: »Ja, und wir sind dann die Flugzeugführer, gell?«
Eric: »Ja.«
Verena: »Und dann kriegen wir Ärger mit der Polizei, wenn die Leute das sagen.«
Emil: »Ne, dann fliegen wir nach … dann fliegen wir nach Airberlin.«
Verena: »Nach Amer…, nach Paprika!«
Emil: »Ne, wir fliegen nach … wir fliegen nach Neureut.«
Verena: »Nein, wir fliegen …«
Marc: »Neureut ist in Deutschland.«
Verena: »Nein, wir fliegen in Schrank.« (lacht)
Marc: (lacht)
Emil: »Ne, wir fliegen nach Ost, nach Südost.«
Marc: »Nein, wir fliegen nach Südamerika.«
Emil: »Ja.«
Marc: »Nach Paprika!«
Verena: »Ja, nach Paprika!«
(Dokumentation: Vera Kunert)

Wenn man diese Szene beschreiben möchte, würde man auf den ersten Eindruck hin sagen, dass die Kinder werken oder »basteln«. Bei genauerer Betrachtung zeigt sich, dass die Kinder zwar tatsächlich an einem Werkstück arbeiten, ihre Aufmerksamkeit ist aber nicht auf das Herstellen des Flugzeugs allein beschränkt. So unterhalten sie sich z. B. und reflektieren dabei die Beobachtungen beim Sägen, aber auch die Bedeutung des Flugzeugs und des Fliegens. Je nach Veränderung der Situation rund um den bildnerischen Entstehungsprozess ändert sich der Inhalt ihrer Unterhaltung. Beobachtungen im Raum verbinden die Kinder mit Erinnerungen, Vorstellungen und Möglichkeiten. Manchmal verketten sie beim Sprechen assoziativ Bedeutungen und Klänge (»Airberlin – Ameri… – Paprika«). Die Kinder zeigen aber auch Gesten, wenn sie z. B. ein Holzstück mit dem Arm durch die Luft bewegen und dabei Flugzeuggeräusche nachahmen – man beobachtet *spielende* Kinder.

1.3.1   Spiel – Imitation und Verwandlung

Im kindlichen Spiel manifestiert und organisiert sich die Beziehung des Kindes zur äußeren Wirklichkeit, in der es sich bewegt. Die Spielsituation reflektiert sein Verhältnis zu einer bestimmten (Alltags-)Situation bzw. zu einer selbst gewählten Rolle darin. In einem »So-tun-als-ob« können erlebte und bekannte Aspekte einer Situation nachgeahmt, variiert und verwandelt werden. Die Kinder inszenieren eine Spielsituation und denken zugleich darüber nach (Schäfer 2005, S. 227). Indem sie im Spiel ein Holzstück in ein Flugzeug verwandeln, gewinnen sie Möglichkeiten, zur äußeren Wirklichkeit Bezüge herzustellen. In unserem Beispiel greifen die Kinder mit dem Bau des Flugzeugs Aspekte ihrer Lebenswelt (z. B. Flugzeug, fliegen, Flughafen) auf, gestalten sie nach ihren Erfahrungen und Vorstellungen um und fantasieren neue Aspekte hinzu.

Ihr Spiel ist nicht nur von der *Mimesis* (Nachahmung) eines »So-tun-als-ob« geprägt, sondern auch von der *Verwandlung*. Beim Bauen sind nicht nur die ihnen bekannte Form des

Flugzeugs und der typische Umgang damit leitend, sondern auch die Möglichkeiten, das Bekannte und Vertraute in völlig neue Kontexte zu stellen. Dass Flugzeuge generell farbig gestaltet werden, ist für die Kinder eine bekannte Alltagsrealität, die sie im Spiel imitierend aufgreifen. Dass dann aber tropfnasse Farbe beim Fliegen zu buntem Regen führen würde, ist eine Vorstellung, die als Gedanke »Was würde passieren, wenn …?« eine Kaskade an weiteren Möglichkeiten auslöst.

Im Spiel verbinden die Kinder Erfahrungen und Vorstellungen ihrer eigenen, subjektiven Wirklichkeit mit den Festlegungen der äußeren Wirklichkeit. Ihre Gedanken, Gefühle und Wünsche wirken dabei auf ihr Spiel ein. Die Kinder ordnen damit die Realität und verwandeln sie – dazu brauchen sie Ph*antasie*.

1.3.2 Phantasie

Beim Beobachten der obigen Szene lässt sich erkennen, dass die Kinder über viele Vorstellungen zum Thema »Flugzeug und Fliegen« verfügen. Jedes der Kinder scheint aus eigenen Erfahrungen und Erinnerungen bestimmte Begriffe zu diesem Thema gebildet zu haben, die ganz offensichtlich subjektiv gefärbt sind. Die Kinder zeigen wenig Impulse, ihr Wissen und ihre Vorstellung zum Thema »Flugzeug und Fliegen« untereinander sachlich abzugleichen. Vielmehr »spinnen« sie die jeweils eigenen, subjektiven Stränge im gemeinsamen Spiel weiter. Phantasie stellt in diesem Spielraum die Verbindung zwischen der inneren Realität jedes einzelnen Kindes mit der äußeren Realität in der Werkstatt bzw. der objektiven Lebenswelt der Kinder her. Das Phantasieren nimmt eine »Mittlerposition« ein, die gleichermaßen äußere wie innere Realität ins Auge fasst und zu einer gemeinsamen Gestaltung zusammenfügt. Wenn Schäfer (1986, S. 262) Phantasieprodukte als »so etwas wie eine dritte Realität« bezeichnet, macht er deutlich, dass Phantasie mehr ist als ein Hilfsinstrument bei der Annäherung an die »objektive« Wirklichkeit. Phantasie schafft einen eigenen Raum zwischen Erkenntnis und Entwurf.

Wenn Kinder bildnerisch arbeiten, dann kann dieser Phantasieraum besonders reichhaltig werden, denn das Vorhandensein von Gegenständen und Material repräsentiert im besonderen Maß die äußere Realität, auf die die innere Realität des Kindes trifft. Das Kind kann entscheiden, in welcher Weise und in welchem Maß es sich von der äußeren Realität stimulieren lässt und wie es die Verbindung zu seiner Realität ausdeutet und gestaltet. Sowohl die Wahrnehmung der materiellen Gegebenheiten wie auch der handelnde Umgang damit sind von der Phantasietätigkeit des Kindes abhängig. Das Spiel organisiert diesen Zwischenraum, sodass man zugespitzt sagen kann, dass »Spiel eine Form der Phantasie ist« (Schäfer 1986, S. 289)

1.3.3 Spielen oder bauen? – Spielmittel und Spielzeug

Spielen und bildnerisches Handeln stehen durch die Bedeutung und Wirkung der Phantasie in Verbindung. Von manchen Spieltheoretikern werden beide Bereiche zwar getrennt, weil sie das bildnerische Tun grundsätzlich als zielgerichtet, das Spiel dagegen als prozessorientiert, ziellos in sich kreisend sehen.[2] Doch diese Einschätzung ist angesichts von den hier dargestellten Bei-

---

2   Vgl. Scheuerl (1990, S. 150): »Das Schnitzen eines Schiffs ist vom Spielen mit diesem Schiff deutlich zu unterscheiden.«

spielen fraglich. Bildnerisches Handeln scheint – soweit es nicht von außen gelenkt und nicht auf ein ganz bestimmtes Ziel gerichtet wird – eine Form des Spieles zu sein.

Es ermöglicht so nicht nur Spiel, sondern kann selbst integraler Bestandteil des Spieles sein. Dieses »Bauspiel« wird in manchen Spieltheorien z. B. als die Kategorie »Konstruktionsspiel« erfasst: Das Spiel ist materiell gebunden, mit Farbe und anderen Werkstoffen entsteht etwas Neues bzw. wird etwas Vorhandenes verändert.[3]

Verwandlungen im (Konstruktions-)Spiel haben dabei auch fiktionale bzw. symbolische Anteile. Das Kind kann ein einfaches Stück Holz schon beim Finden ohne Schwierigkeit in ein Schiff, ein Haus oder eine Spielfigur verwandeln, ohne dass es erst seine äußere Gestalt verändern müsste. Mit einer Spielgeste und vielleicht mit einem typischen Geräusch unterstreicht es die Illusion und macht es gleich zu einem funktionalen Spielobjekt. Gerade Objekte aus der Erwachsenenwelt werden dabei besonders gerne zu einem Spielmittel (Fritz 1989, S. 7). Somit kann das Kind an der Erwachsenenwelt partizipieren und diese in sein Spiel integrieren. Derartige Bedeutungsverwandlungen irritieren die Erwachsenen mitunter, weil sie die Zweckentfremdung des Gegenstands und die fiktionale Einbindung in das Spiel nicht nachvollziehen können.

Wenngleich ein Spiel auch ohne Spielzeug oder andere Spielmittel denkbar ist, stehen in den meisten Spielsituationen Gegenstände im Mittelpunkt. Ein Objekt, das in das Spiel integriert ist, kann das Spiel stimulieren, stabilisieren und für Andauern sorgen (Brougère 2005, S. 255). Indem Kinder wie in obigem Beispiel gemeinsam an einem Objekt bauen, können sie ihr Spiel auf eine gemeinsame Grundlage stellen und den Verlauf des Spieles aushandeln.

Spielmittel und Spielzeuge sind Vermittlungsmedien innerhalb des Spieles, die für das Kind bestimmte Aspekte der äußeren Wirklichkeit repräsentieren (Fritz 1989, S. 13). So bietet beispielsweise eine Puppe die Möglichkeit, bestimmte Situationen, die das Kind erlebt hat und die es beschäftigen, »durchzuspielen«. Die gegenständlich abbildhafte Dimension kann dabei in ihrem Abstraktionsgrad sehr unterschiedlich sein. Das Kind kann im Spiel einen Tisch zu einem Haus verwandeln oder aber mit einem gekauften, fertig gestalteten Spielzeughaus spielen. Wie sich Ausgestaltung und Funktionsfestlegung des Spielzeugs auf die Spielaktivität auswirken, wird von Spieltheoretikern unterschiedlich beurteilt (Brougère 2005, S. 256; Fritz 1989, S. 12). In welchem Maß aber Details die Funktion und den Einsatz eines Spielzeugs strukturell festlegen, entscheidet über die Bedeutung der Phantasie. Was an einem Spielzeugobjekt nur angedeutet ist oder dazugedacht werden muss, regt die Phantasietätigkeit mehr an als eine »perfekte« (naturalistische) Ausgestaltung. Eine gewisse strukturelle Offenheit des Spielobjekts hält den Möglichkeitsraum für das Spiel flexibel – ein guter Grund, dass Kinder ihre eigenen Spielobjekte bauen.

1.3.4 »Spiel haben«

Der Spielbegriff lässt sich also ganz grundlegend auf das bildnerische Handeln selbst anwenden. Wie z. B. beim Rollenspiel werden beim Formen, Bauen, Zeichnen und Malen, Wünsche und Bedürfnisse des Kindes integriert. Intrinsische Motivation, Selbststeuerung

---

3   Vgl. die Spieltheorien von Charlotte Bühler (1928). Sie sieht das »Konstruktionsspiel« mit dem Funktionsspiel verwandt. Die Spieltheorie Bühlers unterscheidet insgesamt fünf Spielformen: das Funktionsspiel, das Konstruktionsspiel, das Illusions- bzw. Fiktionsspiel, das Rollenspiel sowie das Regelspiel. Das Konstruktionsspiel umfasst auch das Umgehen mit vorgefertigten und vorgegebenen Materialien wie Bauklötzen.

und die Erfahrung von Selbstwirksamkeit sind gleichermaßen für den Spielbegriff als auch für die ästhetische Bildung konstituierend. Wie beim Spiel folgen kreative bzw. bildnerische Prozesse nicht geradlinig einem unumstößlichen Plan. Zufälle verändern das Geschehen, Assoziationen verleiten beim Betrachten eines Werkstücks zu immer wieder neuen Deutungen, Fundstücke verändern Ideen – so wird das Spiel zur Metapher für den Freiraum beim bildnerischen Denken und Handeln. Eine Idee, eine Vorstellung, eine Deutung »haben Spiel« (Lehnerer 1994, S. 65). So wie der bildnerische Prozess nicht auf einen unumstößlichen Verlauf und eine einzig mögliche Gestalt festgelegt ist, ist auch der Umgang mit dem bildnerischen Objekt nicht auf eine Deutung beschränkt. Die Beobachtung in obigem Beispiel lässt ahnen, dass sowohl der Verlauf des Geschehens als auch das bildnerische Objekt »Spiel haben« – die Kinder agieren in einem bildnerischen »Spielraum«, der ein schier unerschöpfliches Reservoir an Optionen bereithält.

Was die für die Gestaltung von Umgebungen und Situationen für bildnerisches Handeln bedeutet, lässt sich erkennen: Nur wenn Aufgaben nicht eng gestellt und Form und Gestalt nicht vorgegeben oder festgelegt werden, können Kinder interessegeleitet den Verlauf des bildnerischen Handelns mitgestalten – nur dann hat ästhetische Bildung Spiel.

Literatur

Brougère, G. (2005). Das Spiel und die Objekte des Spiels. In B. Johannes, W. Matthias, & W. Christoph (Hrsg.), *Anthropologie und Pädagogik des Spiels*. Weinheim: Beltz.

Bühler, C. (1928). *Kindheit und Jugend*. Leipzig: Hirzel.

Csikszentmihalyi, M. (2003). *Kreativität. Wie sie das Unmögliche schaffen und Ihre Grenzen überwinden*. Stuttgart: Klett Cotta. (6).

Duncker, L. (1990). Mythos, Struktur und Gedächtnis – zur Kultur des Sammelns in der Kindheit. In L. Duncker, F. Maurer, & G. E. Schäfer (Hrsg.), *Kindliche Phantasie und ästhetische Erfahrung. Wirklichkeiten zwischen Ich und Welt*. Langenau-Ulm: Vaas.

Duncker, L. (1999). Begriff und Struktur ästhetischer Erfahrung. In: N. Neuss (Hrsg.), *Ästhetik der Kinder*. Frankfurt a. M.: GEP Buch Gemeinschaftswerk der evangelischen Publizistik.

Duncker, L., Gabriele, L., Norbert, N., & Uhlig, B. (Hrsg.). (2010). *Bildung in der Kindheit. Das Handbuch zum Lernen in Kindergarten und Grundschule*. Seelze: Friedrich-Verlag.

Duncker, L., Hahn, K., & Heyd, C. (2014). *Corinna: Wenn Kinder sammeln – Begegnungen in der Welt der Dinge*. (Frankfurt 1974). Stuttgart: Klett.

Fritz, J. (1989). *Spielzeugwelten – eine Einführung in die Pädagogik der Spielmittel*. Weinheim: Juventa.

Goodman, N. (1990). *Weisen der Welterzeugung*. Frankfurt a. M.: Suhrkamp.

Guilford, J. P., & Hoepfner, R. (1976). *Analyse der Intelligenz*. Weinheim: Beltz.

Hentig, H. von (1998). *Kreativität -hohe Erwartungen an einen schwachen Begriff*. München: Hanser.

Lehnerer, T. (1994). Methode der Kunst. Würzburg: Königshausen & Neumann.

Paulhan, F. (1901). *Psychologie de l'invention*. Paris: Felix Alcan.

Pöppel, E. (2000). Drei Welten des Wissens – Koordinaten einer Wissenswelt: In C. Maar, U. Obrist, & E. Pöppel (Hrsg.), *Weltwissen Wissenswelt. Das globale Netz von Text und Bild*. Köln: DuMont.

Reich-Ranicki, M. (1983). *Deutsche Literatur in Ost und West*. Stuttgart: DVA.

Schäfer, G. E. (1986). *Spiel, Spielraum und Verständigung*. Weinheim: Beltz.

Schäfer, G. E. (1990). Universen des Bastelns – Gebastelte Universen. In L. Duncker, F. Maurer, & G. E. Schäfer (Hrsg.), *Kindliche Phantasie und ästhetische Erfahrung. Wirklichkeiten zwischen Ich und Welt*. Langenau-Ulm: Vaas.

Schäfer, G. E. (2005). Über die Entstehung der Wirklichkeit im Spiel. In B. Johannes, W. Matthias, & W. Christoph (Hrsg.), *Anthropologie und Pädagogik des Spiels*. Weinheim: Beltz.

Schäfer, L. (2006). Der Zirkel des Schaffens. Athena: Oberhausen

Scheuerl, H. (1990). *Das Spiel – Untersuchungen über sein Wesen, seine pädagogischen Möglichkeiten und Grenzen*. Basel: Beltz.

Singer, W. (2002). *Der Beobachter im Gehirn*. Frankfurt a. M.: Suhrkamp.

Spitz, R. (2005). *Vom Säugling zum Kleinkind. Naturgeschichte der Mutter-Kind-Beziehungen im ersten Lebensjahr*. Stuttgart: Klett-Cotta. (12).

Stagl, J. (1998). Homo collector: Zur Anthropologie und Soziologie des Sammelns In A. Aleida, G. Monika & R. Gabriele (Hrsg.), *Sammler, Bibliophile, Exzentriker*. Tübingen: Narr.

Wagner, M. (2003). Kreativität und Kunst. In C. Smekal, W. Berka, & E. Brix (Hrsg.), *Woher kommt das Neue? Kreativität in Wissenschaft und Kunst*. Wien: Böhlau.

Wallas, G. (1926). The art of thought. New York: Harcourt.

Grundlagen kindlicher Entwicklung im ästhetischen Bereich

T. Heyl, L. Schäfer, *Frühe ästhetische Bildung – mit Kindern künstlerische Wege entdecken*,
DOI 10.1007/978-3-662-48105-9_2, © Springer-Verlag Berlin Heidelberg 2016

Was tun Kinder, wenn sie zeichnen, malen, modellieren oder basteln? So natürlich und offensichtlich das ästhetische Gestalten von Kindern erscheint, so schwierig ist es, die internen Prozesse dieser Entäußerungen zu fassen.

Beim Versuch, objektive Kriterien zur Erforschung des kindlichen bildnerischen Verhaltens zu finden, orientierten sich Wissenschaftler wie Richter (1997) und Seidel (2007) in der Vergangenheit in der Regel an Modellen aus dem Bereich der Entwicklungspsychologie, insbesondere an denen Jean Piagets. Piaget ging davon aus, dass sich im Kind zunehmend differenziertere Denkschemata bilden, um die Welt zu verstehen und sich in ihr handelnd orientieren zu können. Dabei unterschied er kontinuierliche und diskontinuierliche Prozesse der Entwicklung.

Unter *kontinuierlichen Prozessen* verstand er solche, die als Grundmodus des Lernens ein Leben lang wirksam bleiben. Da jede Situation des Lebens so noch nie erlebt wurde, begegnet der Mensch ununterbrochen Neuem. Dieses muss er interpretieren, d. h. deuten. Dafür gleicht er die aktuellen Ereignisse mit seinen Vorerfahrungen ab. In vielen Situationen verfügt er über gedankliche Muster (Piaget: Schemata), die er in ähnlichen Situation bereits gebildet hatte. Diese Schemata helfen ihm, Neues zu verstehen und seine Handlungsfähigkeit zu gewährleisten. Wer durch eine Tür gehen möchte, durch die er noch nie gegangen ist, hat für das Öffnen einer Tür ein gedankliches Muster gebildet, das er beim Anblick der neuen Tür abrufen und einsetzen kann. Einen solchen Prozess, in dem eintreffende Informationen in ein Vorverständnis integriert werden können, nennt Piaget *Assimilation*. Trifft ein Kind, das über das Schema des herunterzudrückenden Türgriffes zur Öffnung einer Tür verfügt, zum ersten Mal auf eine abgeschlossene Tür, hilft das Schema nicht, die angestrebte Handlung zu vollziehen. Es muss das vorhandene Schema überformen und zwei Typen von Türen unterscheiden: eine nicht abgeschlossene Tür, die durch Drücken des Türgriffes zu öffnen ist, und eine abgeschlossene Türe, die trotz Drücken des Türgriffes verschlossen bleibt und weitere Operationen zum Öffnen erfordert. Diesen Prozess der Neustrukturierung von Schemata nennt Piaget *Akkommodation*.

» Die Assimilation ist konservativ und möchte die Umwelt im Organismus so unterordnen, wie sie ist, während die Akkomodation Quelle von Veränderungen ist und den Organismus den sukzessiven Zwängen der Umwelt beugt. (Piaget 1975, Bd. 2, S. 339)

Bei der Interaktion des Menschen mit der Umwelt gewährleistet erst das Wechselspiel dieser beiden Funktionen Entwicklungen. Dabei strebt das Individuum zwischen den beiden Polen einen Gleichgewichtszustand an. Das Subjekt ist nach Piaget grundsätzlich an Neuem interessiert und auch bereit, seine Handlungen »um ihretwillen« (Piaget 1975, Bd. 1, S. 340) fortzusetzen. Bei allzu großem Abstand zwischen Neuem und Bekanntem kann das Neue aber nicht unmittelbar integriert werden. Es wird vom Individuum als Störfaktor angesehen, der vermieden werden muss. Erst wenn sich der Abstand zwischen Neuem und Bekanntem verringert, wandelt sich das Neue vom Störfaktor zum Problem, das das Kind erforschen möchte. Dadurch werden die Aufmerksamkeit und das Interesse auf die Verschiedenheit an sich gerichtet, so daß sie sich der Akkomodation aufzudrängen beginnt. (Piaget 1975, Bd. 2, S. 416)

Unter *diskontinuierlichen Prozessen* verstand Piaget hingegen geistige Entwicklungen des Kindes in bestimmten Lebensabschnitten, die sich seiner Einschätzung nach in festen Stufen vollziehen. Sein Bestreben war, allgemeine Muster zu finden, über die ein Kind in der jeweiligen Entwicklungsstufe fest verfügt. Diese jeweiligen Qualitäten durchdringen nach Piagets Auffassung das Denken des Kindes über verschiedene Bereiche hinweg, wobei er zwischen den Stufen kurze Übergangsphasen feststellte. Nach seiner Einschätzung war dieser Prozess eine invariante Abfolge, d. h., alle Menschen durchschreiten die Stufen in einer festgelegten Folge, wobei keine Stufe übersprungen werden kann.

In der Zwischenzeit haben die Theorien Piagets auf dem Gebiet der Entwicklungspsychologie selbst zahlreiche Überformungen und Differenzierungen erfahren. Die Vorstellung, dass Entwicklungen in bestimmten Altersstufen abgeschlossen werden und systematisch aufeinander aufbauen, wird von Psychologen heute ebenso infrage gestellt wie der von Piaget angenommene bereichsunabhängige Status der Entwicklung des Kindes. Tatsächlich sind Entwicklungen von Kindern durch vertikale und horizontale Verschiebungen gekennzeichnet. Unter *vertikalen Verschiebungen* versteht man auffällige Entwicklungsverzögerungen und -sprünge, aber auch retardierende Momente. *Horizontale Verschiebungen* meinen, dass Entwicklungen in unterschiedlichen Bereichen (Domänen) keine Homogenität aufweisen, sondern bereichsabhängig sehr unterschiedlich sein können.

> » Die Empirie hat aber gezeigt, dass beträchtliche inter- und intraindividuelle Unterschiede in der Entwicklung der Konzepte innerhalb eines Stadiums existieren. (Schwarzer 2011, S. 92)

Die Abhängigkeit der Entwicklungen von spezifischen Feldern führte auf dem Gebiet der Entwicklungspsychologie zu domänenspezifischen Theorien, die davon ausgehen, dass jeder Mensch nach der Geburt mit fachspezifischem Kernwissen (»intuitivem Wissen«) und entsprechenden Lernpotenzialen ausgestattet ist. Je nach Aktivierung dieser Potenziale erweitert der Mensch sein strukturell angeborenes Kernwissen – er bildet sich.

Die Frage, welche Domänen kategorisiert werden können, wird unterschiedlich beantwortet. Wellman und Gelman differenzieren z. B. eine physikalische, biologische und psychologische Domäne (Schwarzer 2011, S. 94). Die Konstruktion möglicher Domänen zeigt etwas von der Schwierigkeit, Wirklichkeit in Modellen abzubilden. Erst die entschiedene Reduktion der Wirklichkeit lässt ein Modell wirksam werden; zugleich steigt mit jedem Abstraktionsschritt die Gefahr, dass nicht alle relevanten Aspekte der Wirklichkeit im Modell abgebildet werden, wie der Abgleich des domänenspezifischen Modells von Wellman und Gelman mit der Reflexion ästhetischen Gestaltens zeigt. Wenn ein Kind aus Ton einen Menschen modelliert, aktiviert es *biologisches Grundwissen* in Form seiner Kenntnisse der menschlichen Physiognomie; wenn diese Figur Gefühlsregungen zeigt oder beim Kind auslöst, aktiviert es auch das *psychologische Grundwissen*. Und schließlich erfordert das materielle Gestalten unter der Perspektive des Konstruierens das intuitive *physikalische Wissen*.

Es wird deutlich, dass in solch komplexen Prozessen simultan verschiedene Domänen wirksam werden und nicht alle Potenziale, die beim Gestaltungsprozess eine Rolle spielen, im Modell abgebildet werden. Die Fähigkeiten der *bildnerischen Symbolbildung* oder der Gestaltung lassen sich nur schwer als Subkategorien der oben genannten Domänen einordnen.

Die Tatsache, dass bereichsspezifische Potenziale auch verschwinden können, wenn sie nicht aktiviert werden, ist ein Aspekt, dem die soziokulturelle Theorie Lew Wygotskis (1896–1936) in besonderer Weise nachgeht: Nach Wygotski ist die Entwicklung des Denkens maßgeblich von der sozialen Interaktion zwischen Kind und den Personen seiner Umgebung abhängig. Er ging davon aus, dass sich die Bildung des Menschen mittels seiner »psychischen Werkzeuge« vollzieht, worunter er kulturelle Teilsysteme wie die Sprache, Zahlen, Schrift oder die Kunst verstand. Durch intermentale Prozesse, d. h. durch den Austausch zwischen Kind und den Personen seiner Umgebung, bilden sich intramentale Strukturen, d. h. die Gedankenwelt des Kindes. Neben der Betonung des soziokulturellen Eingebundenseins jedes Bildungsprozesses ist die Rolle, die Wygotski der Sprache zugedacht hatte, von zentraler Bedeutung: Sprache ist für ihn das wichtigste psychische Werkzeug bei Prozessen der Interaktion. Deshalb bezeichnete er Denken auch als *innere Sprache*.

» Die innere Sprache entwickelt sich durch die Zunahme langdauernder funktioneller und struktureller Veränderungen, sie zweigt zusammen mit der Differenzierung der sozialen und der egozentrischen Funktionen der Sprache von der äußeren Sprache des Kindes ab, und die sprachlichen Strukturen, die sich das Kind zu eigen macht, werden zu den Grundstrukturen seines Denkens. (Wygotski 1981, S. 102)

Die Betonung des soziokulturellen Kontexts für gestalterische Prozesse ist inzwischen auch im kunstpädagogischen Bereich wiederholt thematisiert worden. Die Kommunikation hat in gestalterischen Prozessen eine sinnfällige Bedeutung, wie auch die von Wygotski dokumentierten Beobachtungen des Mit-sich-selbst-Sprechens beim konzentrierten Lösen von Problemen, das er als *private Sprache* bezeichnete.

Alle entwicklungspsychologischen Theorien gehen von Denkstrukturen aus, die sprachlich gebunden sind (Schwarzer 2011, S. 84). Wenngleich schon Piaget betont hat, dass die Verbalsprache nicht die einzige Sprache ist, fokussierte er dieses Symbolsystem. Folgerichtig untersuchte er Vorstadien sprachlicher Symbolbildung, wie es auch in dem von ihm verwendeten Fachterminus »vorbegriffliches Denken« zum Ausdruck kommt.

Im Bereich des ästhetischen Gestaltens ist es fragwürdig, den in der Entwicklungspsychologie zentralen Begriff des Denkens zu übernehmen. Er verführt dazu, mannigfaltige äußere und innere Konstruktionsprozesse auf rationale, sprachlich fassbare Operationen zu beschränken. Die Tatsache, dass die internen Konstruktionsprozesse von Kindern wesentlich komplexer sind, als es ihre sprachlichen Möglichkeiten vermuten lassen, wird in vielen Bereichen, besonders im gestalterischen Handeln, deutlich.

Ein Vergleich mit der verbalen Ausdrucksfähigkeit zeigt die Besonderheit bildnerischer Artikulationen. Beim Spracherwerb ist das von der Umgebung vermittelte Maß nicht irgendeine Sprache, sondern *die* Sprache. Sie ist keine Erfindung des Kindes, sondern eine normative Größe, welche die interpersonale Kommunikation ermöglicht. Durch ihr Beherrschen kann das Kind gegenüber Anderen Gefühle oder Wünsche äußern, kann Andere verstehen oder informieren. So wird die Verbalsprache zu einer Grundlage der Kommunikationsfähigkeit. Wenngleich auch verbalsprachliche Äußerungen mitnichten immer eindeutig sind, ist die Orientierung beim Lernen von Wörtern und ihrer Kombination eine Norm, mittels derer sprachliche Repräsentationen logischer Inhalte gelesen werden können.

Bildnerische Artikulationen erlauben keine eindeutige Lesbarkeit, weil sie per se nicht nur Zeichen rationaler Operationen, sondern auch Ausdruck mannigfaltiger sinnlicher Operationen, motorischer Handlungen und emotionaler Dispositionen sind. Die weitgehende Absenz von Regelhaftigkeit erschwert auf der einen Seite das Suchen nach einer Antwort auf die Eingangsfrage dieses Kapitels. Sie bietet aber auch ein spezifisches Potenzial. Während Verbalsprache eher als Abstraktionsleistung denn als Reduktion einer unendlichen Wirklichkeit verstanden werden kann, durch welche die Fähigkeit der Kategorienbildung nachgewiesen wird, ist ein Bild eine Konkretion. Als solche bringt es eine nie endlich zu durchschauende Komplexität menschlichen Schaffens zum Ausdruck.

2.1   Bildnerische Handlungen

» Der verlöschende Tatendrang des Greises zieht sich in sein Herz zurück; im Kinde strömt er über und drängt nach außen. Es hat soviel Lebenskraft, daß es alles, was es umgibt, beleben will. Was es schafft oder zerstört, ist nebensächlich. Es genügt, wenn es den Zustand der Dinge verändert: jede Veränderung ist eine Tätigkeit. Es ist nicht Bosheit, wenn es eine größere Neigung zum Zerstören zu haben scheint; die Tätigkeit, die aufbaut, ist immer langsam. Die Tätigkeit, die zerstört, ist viel rascher: sie sagt seiner Lebhaftigkeit besser zu. (Rousseau 1974, S. 45)

Das Bedürfnis, bewegende Momente in Bilder zu fassen, hat jedes Kind. Es spürt beim Gestalten eine Erfüllung, die immer dann deutlich sichtbar wird, wenn sich ein Kind im Gestaltungsprozess »verliert«. Während das Leben von Erwachsenen durch eine kognitive Distanz zwischen Welt und Ich gekennzeichnet ist, sind Kinder mit der sie umgebenden Welt unmittelbarer verbunden. Diese persönliche Dimension kommt in besonderer Weise in den sogenannten spontanen Gestaltungen zum Ausdruck, von denen dann gesprochen wird, wenn das Kind keine enge Aufgabe »erfüllt«, sondern das zum Thema wird, was es innerlich bewegt. Dann haben bildnerische Artikulationen für Kinder eine persönliche Relevanz. Das Erfassen solcher Momente in Bildern trägt etwas zur Klärung der Welt bei, wobei für den aufmerksamen Erwachsenen vor allem das Verhältnis des Kindes zur Welt zum Ausdruck kommt.

Die Verunsicherung angesichts der schwereren Lesbarkeit von Bildern und zugrunde liegender Motive führt bei Erwachsenen häufig dazu, die mimetische Darstellung der äußeren Welt als Maß zur Beurteilung von Kinderbildern zu nehmen. Dabei haben Kinder in frühen Jahren kein Bedürfnis, die sie umgebende äußere Wirklichkeit gegenstandsanalog abzubilden. Die Handlungen in den frühen Jahren sind zunächst ganz und gar vom ästhetischen Erleben bestimmt; erst später orientiert sich das Kind an der gegenstandsanalogen Darstellung der sichtbaren Wirklichkeit. Die bildnerische Artikulation ist daher weniger visuell-abbildhaft, sondern vor allem Ausdruck vielschichtiger interner Repräsentationen, die zwar eine Verbindung zur sichtbaren Wirklichkeit haben, diese aber nicht mimetisch wiederspiegeln.

Bildnerische Artikulationen sind immer Ausdruck subjektiv empfundener Wirklichkeit. In dieser subjektiven, anschaulichen Konkretion relevanter psychischer Geschehnisse des Kindes liegt ein besonderes Potenzial, nicht nur für das Kind, das sein Weltverständnis gestaltet. Erwachsene, die die kindliche Entwicklung aufmerksam begleiten, können am Bildungsprozess des Kindes unmittelbar teilhaben.

2.1.1 Zeichnen, malen, plastisch gestalten

Unter der Vielzahl bildnerischer Techniken kindlicher Gestaltungen nimmt das Zeichnen eine ganz besondere Rolle ein. Dies liegt auch darin begründet, dass in unserem Kulturkreis das Arbeiten auf Papier der übliche Weg symbolischer Entäußerungen ist, nicht nur im künstlerischen, sondern in nahezu allen gesellschaftlichen Bereichen. Auf einem kleinen Stück Papier finden sich Dokumentationen umfangreicher geistiger Handlungen, wenn z. B. am Ende eines Kaufvorgangs ein Kassenzettel überreicht wird oder lange Tätigkeiten am Schreibtisch zu Symbolisierungsprozessen auf der Fläche führen. Daneben spielen auch pragmatische Aspekte eine Rolle. Stifte und Papier sind in jedem Haushalt und jeder Kindertagesstätte verfügbar und können ohne großen Aufwand verwendet werden. Die Bedeutung des Zeichnens für Kinder muss aber tiefere Ursachen haben. Diese liegen in der spezifischen Qualität der Linie begründet. Mit einer Linie kann man auf einer Fläche Spuren hinterlassen und Gebilde schaffen, die als zeichnerische Repräsentation von »etwas« aufgefasst werden können. Mit einer Linie können Grenzen gezogen und so klar abgegrenzte Objekte mit einem Eigenleben geschaffen werden.

Dabei stellt das Zeichnen im Vergleich mit dem plastischem Gestalten im Grunde genommen eine deutlich größere Abstraktionsleistung dar. Ein dreidimensionaler Körper kann mit

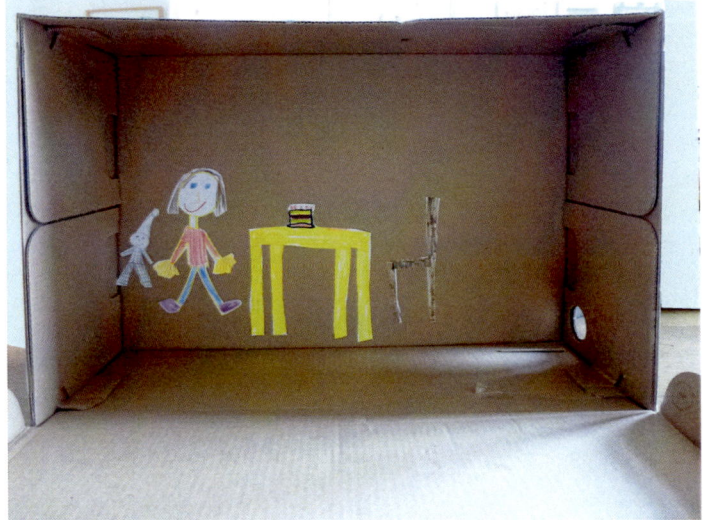

■ **Abb. 2.1**   Romy (8;3) Interieur mit Mädchen und Puppe

einer Linie nur unzureichend dargestellt werden, denn das Papier bleibt beim Zeichnen flach. Ein modellierter Kopf aus Ton weist zum Urbild Kopf deutlich größere Ähnlichkeiten auf als eine zeichnerische Verkürzung. Etwas von der stärkeren »Diesseitigkeit« plastischer Objekte wird in der Entwicklung jedes Kindes sichtbar, wenn plastische Objekte nicht nur als Symbol eines Vorbildes fungieren, sondern dessen Qualitäten übernehmen. Kupky (1918, S. 186) nannte das anschauliche Beispiel, »wenn ein Mädchen zum Beispiel ein Holzstück mit der gleichen Zärtlichkeit behandelt wie die schönste Puppe«. Dieses »Beseelen« von Gegenständen (Animismus) gelingt wesentlich besser mit plastischen als mit zweidimensionalen Gestaltungen.

Trotz dieser Attraktion zeigt sich in der Praxis aber, dass das Arbeiten auf der Fläche vielen Kindern näherliegt als das plastische Gestalten, vor allem wenn man sich die zentrale Qualität des plastischen Gestaltens verdeutlicht, das Formen im Raum. Die Reduktion eines Kopfes oder eines Stuhles auf wenige Linien ist eine große Abstraktionsleistung und birgt zugleich ein großes Potenzial: Einmal gefunden, weisen diese reduzierten Formen eine Klarheit und Prägnanz auf, die dem Kind einen stabilen Einsatz, d. h. eine souveräne Wiederholung, ermöglichen. Die Festigkeit der Schemata dominiert kindliche Gestaltungsprozesse auch beim plastische Arbeiten, wenn die zweidimensionalen zeichenhaften Schemata übertragen werden.

Diese Beispiele zeigen, dass interne Repräsentationen, die für das Gestalten in der Fläche gebildet wurden, auch im plastischen Bereich wirksam bleiben können. Es ist dabei erstaunlich, wie problemlos die Formen des Modellierens und Zeichnens simultan eingesetzt werden. Das zweidimensional erfasste Mädchen mit ihrer Puppe, das neben Tisch und Stuhl steht, wurde in den greifbaren, »realen« Raum eines Schuhkartons montiert (■ Abb. 2.1); auf einem aus Plattentechnik gebauten Haus stehen ein Stuhl und ein Tisch, die im Kontrast zum Haus Ausdruck eines zweidimensionalen Schemas sind (■ Abb. 2.2).

Auch wenn dieses unbewusste Übertragen zweidimensionaler Schemata auf den plastischen Bereich in der Phase des Schulanfangs meist enden, findet man solche Mischformen beim Ungeübten noch im Erwachsenenalter, wenn etwa bei Tieren oder Menschen Gesichter »eingeritzt«, d. h. gezeichnet, werden.

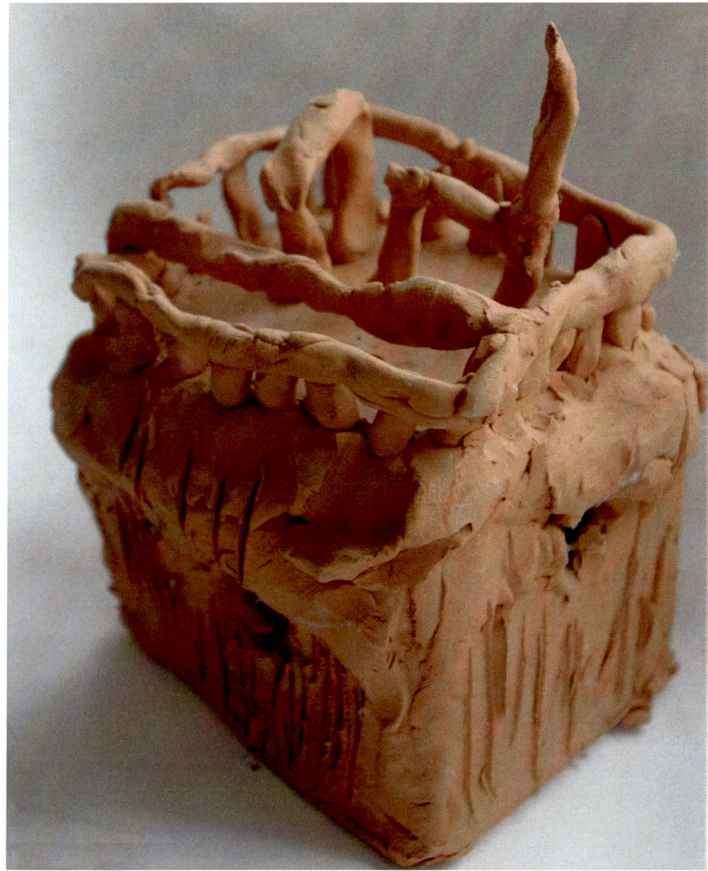

▣ Abb. 2.2   Jule (5;10) Ferienhaus mit Dachterasse

So scheint das plastische Gestalten dem Menschen nur in gewisser Weise näherzuliegen als das Gestalten auf der Fläche. Zeichnen stellt hinsichtlich der Wiedergabe interner Repräsentation zwar eine größere Abstraktionsleistung dar, bietet den Kindern aber die Möglichkeit, mit prägnanten Symbolen Dinge eindeutig auszudrücken: Darstellen heißt klarstellen.

2.2   Fläche

2.2.1   Schmieren

Ein kleiner Klecks Brei auf dem Tisch. Theresia (1;2) streckt ihren Zeigefinger und berührt ihn zunächst vorsichtig mit der Fingerkuppe (▣ Abb. 2.3a). Nun schiebt sie ihren Finger durch den Brei (▣ Abb. 2.3b), zieht ihn zu sich, fährt zurück und wieder her, um ihn dann in den Mund zu stecken und abzuschlecken (▣ Abb. 2.3c). Im Brei sind nun mehrere parallele Spuren sichtbar, sie sind das Resultat ihrer Fingerbewegung. In einem zweiten Impuls bewegt Theresia nun den Finger in großem Radius in einer Pendelbewegung aus dem Schultergelenk von links nach rechts. Wieder mit ausgestrecktem Zeigefinger, doch diesmal wischen auch teilweise die angewinkelten Finger

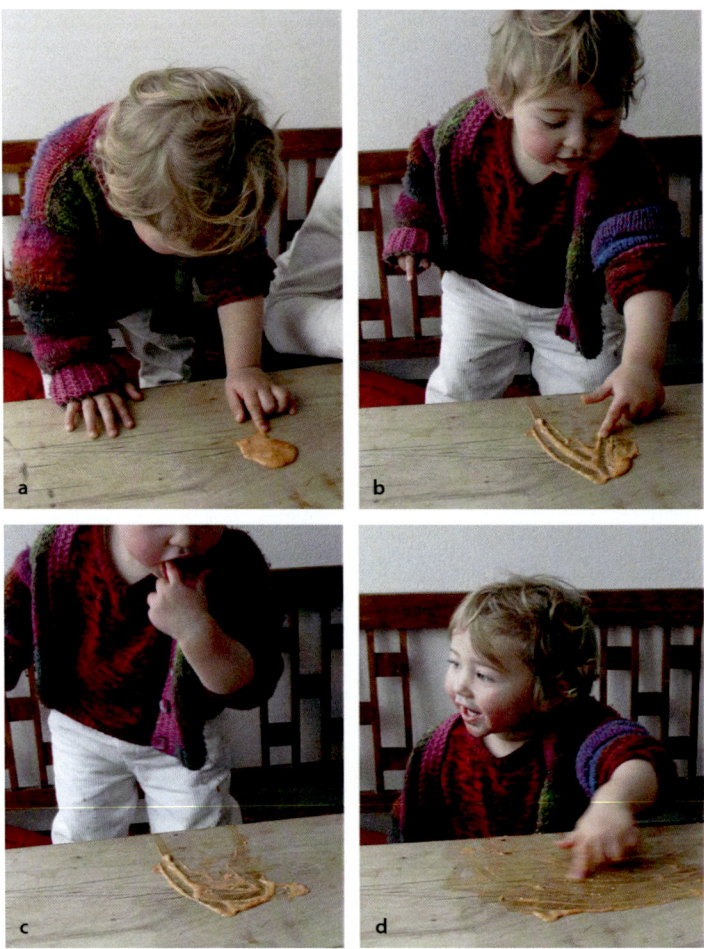

◘ **Abb. 2.3**   **a–d** Theresia (1;2) Schmierspuren, **a** Theresia berührt den Brei auf dem Tisch vorsichtig…,
b … dann schiebt sie ihren Finger durch den Brei zu sich und wieder zurück, **c** … steckt ihn in den Mund,
d … sitzend bewegt sie ihre Hand von rechts nach links

und der Daumen mit. Die Spur ist dadurch breiter, durch die Bewegung und den Hautkontakt ist
die ganze Hand involviert. Theresia beschleunigt die Bewegung lachend (◘ Abb. 2.3d). Die anfangs
noch sichtbaren Bewegungsspuren sind vertrieben, der Brei ist flächig über den Tisch verteilt.

Über die Frage, ob diese Situation der erste Beleg für eine erste bildnerische Handlung ist,
kann man streiten. In der Kinderzeichnungsforschung wurde selbst das Kritzeln erst spät unter-
sucht (Stritzker et al. 2008). Noch später wurde das Schmieren beachtet, vermutlich weil es bei
Erwachsenen negativ konnotiert ist (Widlöcher 1984, S. 30; Peez 2006). Und doch ist das Spur-
schmieren eine einschneidende, elementare und reiche Erfahrung. Es ist die »früheste Art von
Objektivierung« (Richter 1997, S. 24), die dem Kind das Ergebnis seiner individuell gesteuerten
Handlung zurückmeldet. Auch wenn dies meist nur von kurzer Dauer ist – Schmieren mit Brei,
Sand oder Kot ist das »Zusammentreffen von Gebärde und Fläche« (Widlöcher 1984, S. 30).
Das Schmieren als die erste spurgenerierende Aktivität des Kindes kann man ab dem Ende des
ersten Lebensjahres beobachten. Das Kind nutzt dazu ausschließlich seine Finger bzw. Hände.
Nicht zuletzt deshalb ist das Schmieren völlig kulturunabhängig. Es unterscheidet sich auch

vom ersten Kritzeln mit Stiften, Kreiden etc. Zwar ist der motorische Ablauf vergleichbar, da in beiden Fällen große Bewegungen aus dem Schultergelenk heraus dominieren. Doch es gibt auch auffällige Unterschiede.

Ob und wie das Mädchen einen Unterschied im sichtbaren Ergebnis der dünnen Spur des Fingers und der breiten Spur der ganzen Hand wahrnimmt und entsprechend darauf reagiert bzw. diese bewusst steuert, kann nicht gesagt werden. Insofern ist es spekulativ, hier von »bildnerischem« Verhalten zu sprechen. Tatsache ist, dass unterschiedliche Bewegungsmuster vom Körper weg und wieder hin zum Körper sowie eine schwingende Rechts-links-Bewegung zu unterscheiden sind. Diese Bewegungen sind intentional und wirken auf das »grafische« Ergebnis ein – aber man kann sie auch von der körperlichen (Selbst-)Wahrnehmung her betrachten und dabei differenzieren: Mit der Berührung der Fingerkuppe des ausgestreckten Zeigefingers testet das Kind sichtlich vorsichtig die Beschaffenheit des Breis. In der Fingerkuppe konzentrieren sich sehr viele sensorische Nervenzellen. Damit kann das Mädchen z. B. feststellen, ob der Brei heiß ist. Mit demselben Finger drückt es danach kräftig auf, um die erste Spur zu ziehen und dabei die Gleitbewegung zu spüren.

Das Kind zeigt die größte Freude, als es später mehrfach über die Fläche streicht, ohne dabei hinzusehen. Der Brei ist in diesem Moment völlig auf der Fläche verteilt. Es scheint hier weniger um eine visuelle Kontrolle des Ergebnisses zu gehen als um die multisensuelle Exploration.

Der Brei und der Umgang damit regen das Kind visuell, gustatorisch, olfaktorisch, haptisch und motorisch an; Der Brei schmeckt, riecht, ist warm und weich und lädt durch seine glitschige Eigenschaft zu Bewegungsexperimenten an. Die aktive Handlung mit dem Brei realisiert und integriert dabei diesen mehrdimensionalen sinnlichen Zugang. Während das Sehen als *Fernsinn* ohne Berührung möglich ist, gelingt die Wahrnehmung der *Nahsinne* nur durch Berührung bzw. Bewegung. Die Berührung registriert die Wärme, die Bewegung die Konsistenz des Materials und den Umgang damit. Die Wahrnehmung der Geschmeidigkeit des Breies auf der Unterlage lässt sich nur durch Wischbewegung erleben, die Bewegung ermöglicht auch eine bewusste Selbstwahrnehmung. Die weich gleitende Hand reflektiert nicht nur die Beschaffenheit des Schmierstoffes, sondern auch die Bewegung der Hand selbst. Die eigene Körper- und Bewegungswahrnehmung ist wichtiger Teil der Erfahrung. Deren sichtliche Bedeutung kann als Begründung für die Beobachtung gelten, dass Kinder oft so lange die Bewegung wiederholen, bis sie den Schmierstoff in die Fläche verbreitet haben (Widlöcher 1984, S. 33). Das Ende des Vorgangs kann man in diesem Zusammenhang damit erklären, dass die immer dünner werdende Schicht die haptische Wahrnehmbarkeit und Gleitfähigkeit reduziert.

Eine Begründung für dieses flächige Vertreiben des Schmierstoffes kann aber auch darin liegen, dass das Kind die entstandene Spur damit wieder auslöscht. Darin würde sich ein allgemeines und bekanntes Handlungsmuster im kindlichen Spielverhalten zeigen: Das Kind verfügt selbstbestimmt über die Entscheidung zu einer Handlung (hier das Ziehen einer Linie) und deren Revision (Bachmann 1997, S. 72).

Durch den Umgang mit weichem Ton oder Fingerfarben wird dieses Bedürfnis kanalisiert. Das Schmieren kann sowohl mit jeder Form verarbeitbarer Materie auf festem Untergrund als auch in die Materie selbst erfolgen (z. B. Schlamm oder nasser Sand). Kinder haben keine Vorbehalte und spezielle Vorlieben. Auch Farbe hat offenbar keine spezifische Bedeutung.

Wenngleich das Schmieren im Kleinkindalter beginnt, bleiben die Bedeutung und der lustvolle Umgang während der gesamten Kindheit, oft auch noch im Erwachsenenalter, erhalten, auch wenn das Ausleben von Schmieraktivitäten von den meisten Erwachsenen als »kleinkindhaft« oder »unsauber« sanktioniert wird. Doch gerade das komplexe Zusammenspiel der unmittelbaren Sinneswahrnehmungen und der vielfältigen Bewegungsmuster ist motorisch hoch differenziert, psychisch entlastend (Peez 2006) und nicht zuletzt bildnerisch von Bedeutung.

2.2.2 Kritzeln

Theresia (1;6) sitzt an einem mit einer Papierbahn abgedeckten Tisch auf dem Schoß einer Erwachsenen. Vor ihr liegt ein weißes Blatt, links davon steht eine Büchse mit Holzfarbstiften, deren Spitzen für sie sichtbar herausragen. Sie nimmt einen roten Stift in ihre rechte Faust, fasst ihn direkt an der Spitze und bewegt ihn auf dem Papier kräftig hin und her, von sich weg und zu sich hin (◘ Abb. 2.4a). Durch die entschiedene und druckreiche Bewegung mit dem Unterarm entstehen auf dem Blatt schmale Strichbündel, die durch abrupten Richtungswechsel spitz und zum Teil in engen Rundungen miteinander verbunden sind.

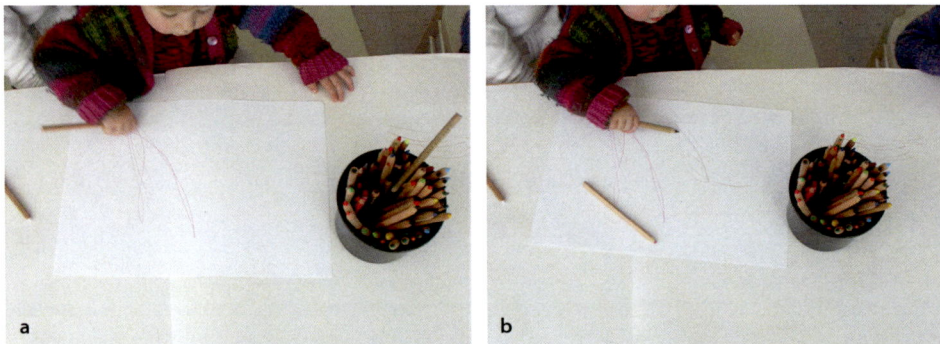

a Theresia (1;6) zeichnet erste Spuren von sich weg und zu sich hin, **b** Sie wechselt den Stift und fasst ihn hinten

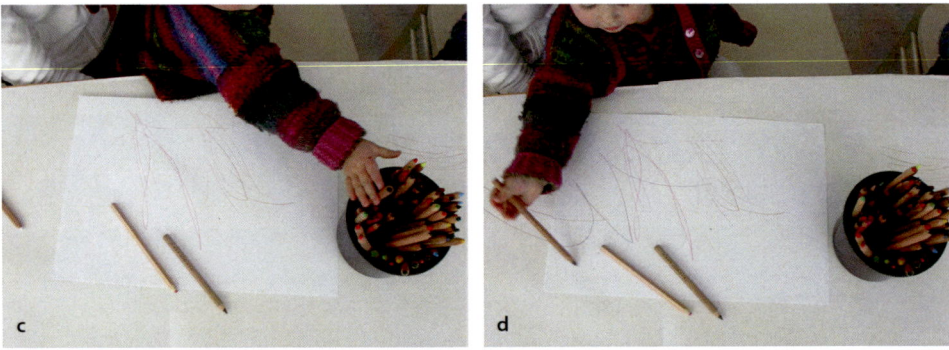

c …und greift wieder in die Stiftebüchse, **d** Sie dreht ihre Hand und streckt den Arm

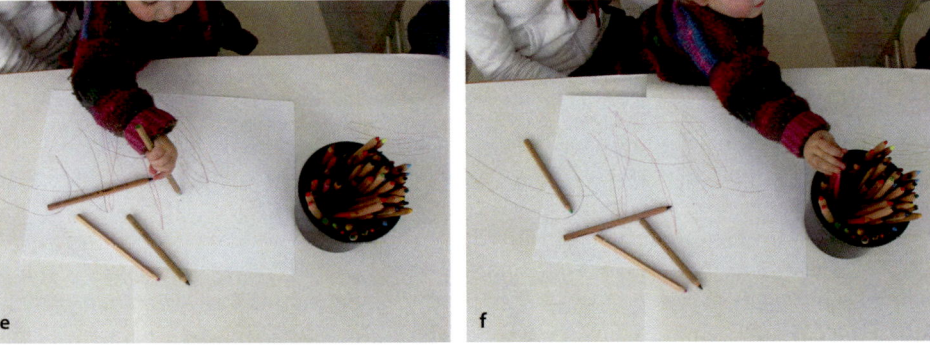

e Beim nächsten Stift greift sie wieder um, **f** Thersia holt einen neuen Stift

◘ **Abb. 2.4   a–l** Theresia (1;6): Spurkritzeln.

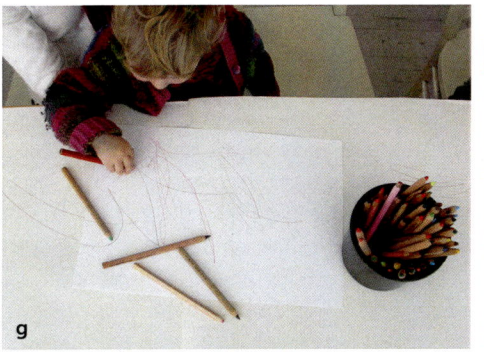 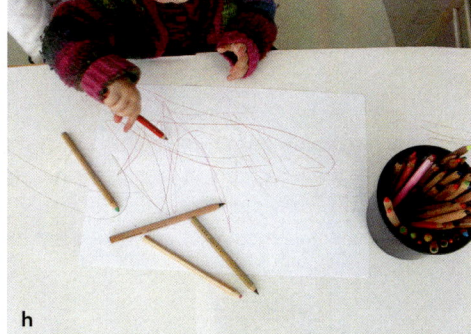

g …nimmt ihn erst ganz an der Spitze, **h** …und vollführt eine kräftige Wellenbewegung

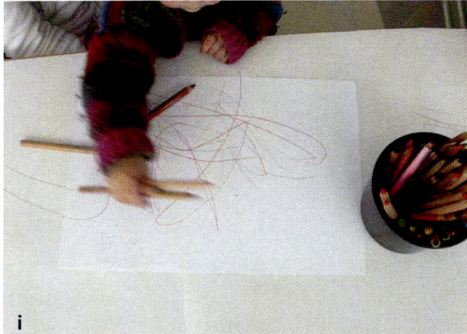 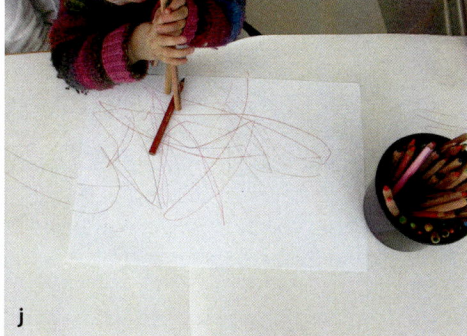

i Mit einer Hand sammelt sie die Stifte auf, **j** …bündelt sie

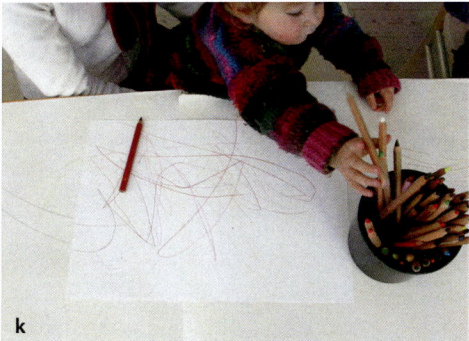 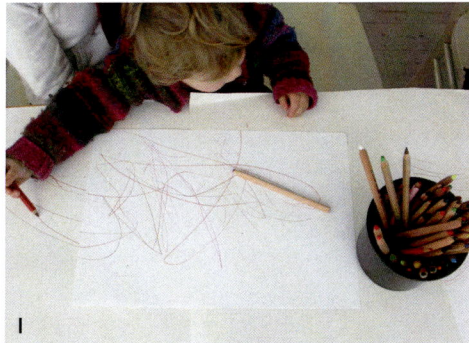

k …und stellt sie Dose zurück, **l** Mit einem zurückgebliebenen Stift fährt sie weit über das Blatt hinaus

◻ **Abb. 2.4** Fortsetzung

Theresia legt den Stift weg und greift zu einem braunen Stift, der weiter als die anderen Stifte aus dem Gefäß herausragt (◻ Abb. 2.4b). Diesen Stift bekommt sie am unteren Ende zu fassen, mit ihm verlängert sie den Radius der vorherigen Armbewegung.

Nun legt sie diesen Stift weg und greift erneut in die Stiftebüchse (◻ Abb. 2.4c). Sie hat nun wieder einen braunen Stift in der Hand. Sie hält ihn wieder hinten, doch dieses Mal ist ihre Hand gedreht. Die Hin- und Herbewegungen entstehen zunächst wieder aus dem Ellenbogengelenk, dieses Mal streckt Theresia den Arm langsam aus. So entsteht auf dem Papier eine Zickzackspur, die mit einem Schwenk im Oberarm über den Blattrand hinausführt (◻ Abb. 2.4d). Den nächsten Stift (◻ Abb. 2.4e) greift Theresia mit der ursprünglichen Fausthaltung in der Mitte und bewegt ihn abermals auf und ab. Sie wechselt wieder den Stift (◻ Abb. 2.4f), fasst ihn zuerst an der Spitze und drückt ihn mit den Fingern auf das Blatt (■ Abb. 2.4g). Dann bewegt sie ihn in einer großen Geste des ganzen, halbgestreckten Armes nach links und wieder nach rechts. Der Stift vollführt durch den Druck des Armes eine wellenartige Spur (■ Abb. 2.4h). Mittlerweile liegen vier Holzstifte auf dem Blatt. Sie lässt den zuletzt benutzten Stift los, um mit derselben Hand diese einzeln zu greifen und aufzusammeln (■ Abb. 2.4i). Mit ihrer linken Hand fasst sie die vier Stifte in einem Bündel zusammen (■ Abb. 2.4j) und stellt sie in das Gefäß zurück (■ Abb. 2.4k); ein Stift fällt wieder heraus und bleibt liegen (■ Abb. 2.4l).

Den zurückgelassenen Stift fasst sie am hinteren Ende mit der nach außen gedrehten Faust. Mit mehreren Links-rechts-Bewegungen aus dem Schultergelenk und einem sich zunehmend streckenden Arm schiebt sie den Stift immer weiter von sich weg, fährt dabei mehrmals über den rechten Blattrand hinaus und endet mit gänzlich ausgestrecktem Arm, weit jenseits ihrer Körpermitte (■ Abb. 2.4l). Jetzt beendet Theresia die Zeichnung und verlässt den Zeichentisch.

Spurkritzeln   Wir beobachten hier die Entstehung eines *Spurkritzels*. Beim Screening mittels der Denver-Entwicklungsskala, eines allgemeinen Entwicklungstests, der die Motorik, die Sprache sowie den Sozialkontakt des Kindes erfasst, wird dieses erste Zeichnen im Alter von 1;0 bis 1;5 Jahren angesetzt – in einem Alter, in dem Kinder zu laufen beginnen und gezielt erste Doppelsilben wie »Mama« oder »Papa« sprechen.

Das Kritzeln steht nicht allein am Anfang. Bereits beim Schmieren macht das Kind ähnliche Erfahrungen (▶ 2.2.1): Auch wenn es mit den Händen seinen Brei auf dem Tisch verteilt, macht es die Erfahrung, dass von seiner Handlung etwas Sichtbares übrig bleibt. Zur Erfahrung der Entscheidungsfähigkeit, eine Handlung selbst initiieren und beenden zu können, kommt die Lust, in der Bewegung die Geschmeidigkeit und Weichheit des Breies zu spüren. Permanenzerfahrung, sensorischer Genuss und Bewegungslust stehen für das Kind auch bei der Kritzelzeichnung im Mittelpunkt. Es kommt aber etwas Wichtiges dazu: das Werkzeug. In unserem Beispiel stehen farbige Holzstifte im Zentrum von Theresias Aufmerksamkeit. Die Dose mit den gespitzten Stiften bildet einen offenkundigen Reiz für sie. Tatsächlich haben das Herausnehmen, das Greifen, Bündeln und Wiederzurückstecken der Stifte eine mindestens ebenso große Bedeutung wie das Zeichnen an sich. Das Kind befasst sich dabei mit zwei motorischen Abläufen: dem Greifen und Loslassen der Stifte sowie der Bewegung und Drehung des Armes beim Festhalten und Zeichnen. Die Zeichenbewegung vollzieht das Kind aus dem Schulter- und Ellenbogengelenk im Wesentlichen in zwei Richtungen: von sich weg und zu sich hin sowie in einer Links-rechts-Bewegung. Diese Bewegungen sind großräumig wie die Spuren, die die Stifte hinterlassen. An ihnen kann man den Radius des jeweiligen Bewegungsimpulses ablesen: Die Resultate dieser schwingenden Bewegungen, sogenannte Spitzender und Runder der (Nguyen-Clausen 1987), geschlagene Punkte und »Hiebe« (in manchen Theorien auch als »Hiebkritzel« bezeichnet), die auf das Blatt niedergehen, prägen die Gestalt dieser Zeichnungen, die als *Spurkritzel* bezeichnet werden (Richter 1997, S. 34). Dieser Begriff macht deutlich, dass hier die »Funktionslust« der spurgebenden Bewegung im Vordergrund steht. Das Kind erlebt die Wirkung von Werkzeug und steuert seinen Gebrauch. Dabei geht es den Kindern nicht um bestimmte Farben, was man z. B. in ■ Abb. 2.4c und 2.4d erkennen kann, wenn Theresia einen braunen Stift weglegt, um sich einen neuen zu holen, der zufällig dieselbe Farbe besitzt. Diesen Ausgangspunkt muss man verstehen, wenn man eine derartige Zeichnung deuten will. Das Kind ist nicht an der Herstellung eines »Bildes« in unserem Verständnis orientiert, vielmehr geht es ihm um das Erlebnis der Aktion als solche. Diese Aktivität muss es auch nicht unbedingt visuell verfolgen oder gar kontrollieren, was sich auch darin zeigt, dass das Kind die Blattränder nicht beachtet. Theresia dreht ihren Kopf sogar in die entgegengesetzte Richtung ihrer Zeichenbewegung (■ Abb. 2.4l). Die Linie reicht so weit wie der Arm, weshalb sie über das Blatt hinaus bis auf den Tisch zeichnet. Wenn der Tisch eine besondere Oberfläche besitzt, wenn er glatt oder geriffelt ist – z. B. bei einer Holzmaserung – dann kann gerade das zum Ereignis werden Das Kind bewegt sich dann eine Spur ziehend im Raum, erlebt mit dem Stift »fahrend« interessante Oberflächen, auf denen der Stift sanft gleitet, ruckelt oder quietscht. Oder es hält den Stift unbewegt in der Hand und beginnt zu gehen. Es bleiben die Spuren: auf dem Boden, an der Wand, an der Tür.

2.2.3 Ein Bild entsteht

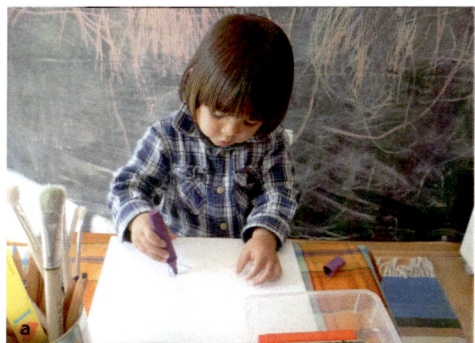 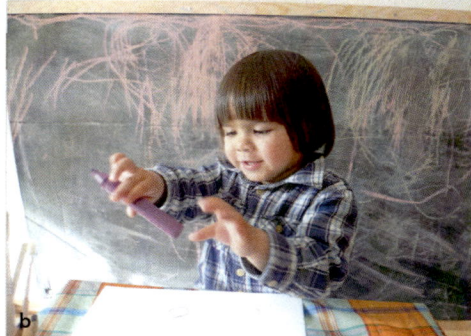

a »Vulkan«. b »Guck mal, der Deckel passt da hinten hin.«

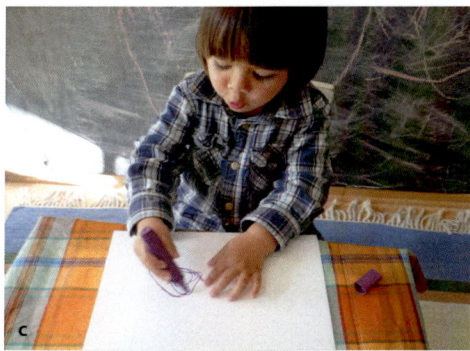 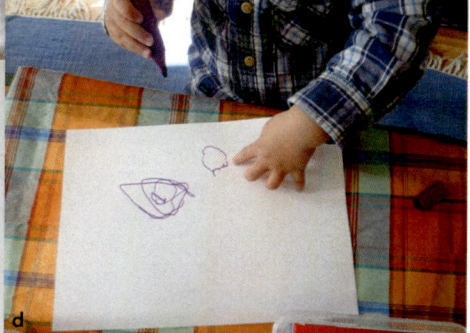

c »Der Vulkan wird immer größer.« d »Da ist ein großer Stein.«

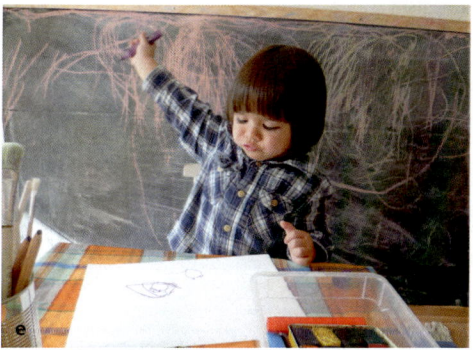 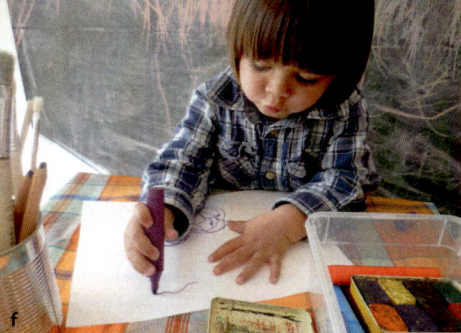

e »Pschhhhht, das Feuer geht sooooo hoch.« f »Pflanzen und noch mehr Steine.«

◘ **Abb. 2.5** Kaspar (2;6) malt einen Vulkan.

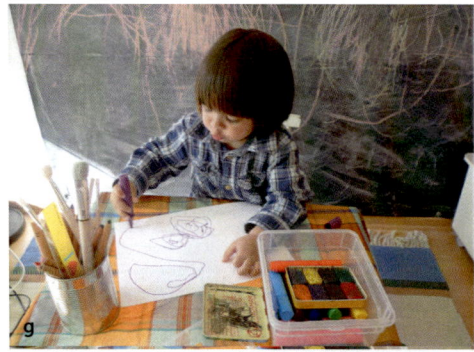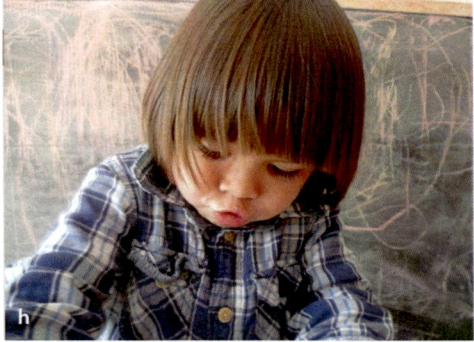

g »Ich brauch noch Feuer!« **h** »Tschhhh, großes Feuer kommt raus!«

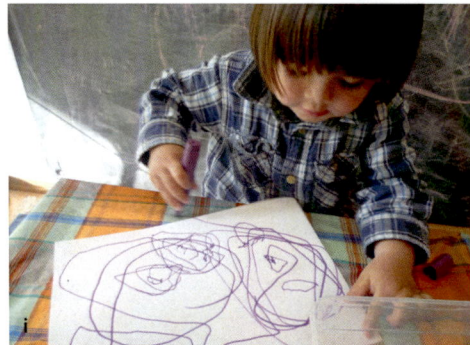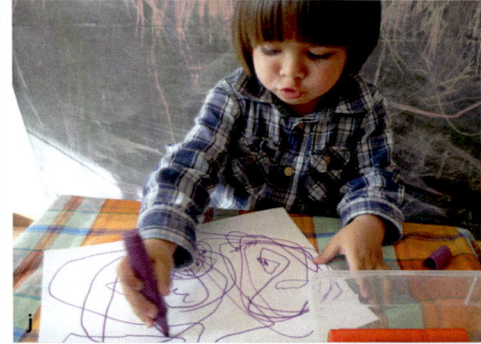

i »Soooo wild ist das Feuer.« **j** »Tschhhh, Riesenfeuer!«

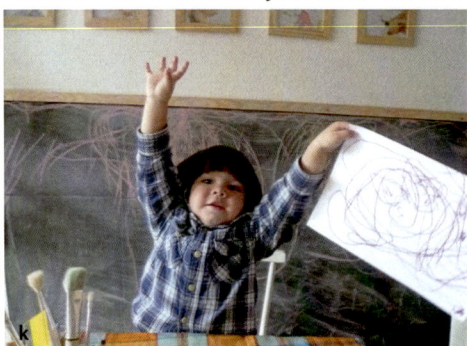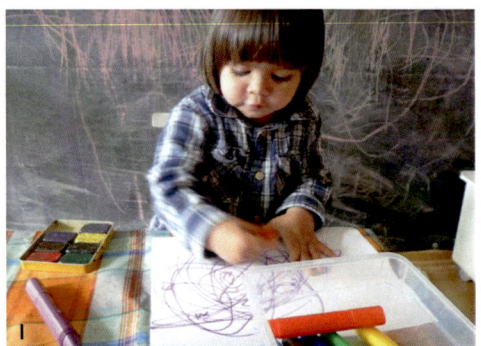

k »Guck mal, was ich gemacht hab! Das Feuer ist sooooo hoch!« **l** »Ich hab das Licht von den Monstern noch vergessen.« (Beobachtung und Fotos: Lena Fritz)

◻ **Abb. 2.5**   Fortsetzung

Kaspar (2;6) sitzt am Tisch. Vor ihm liegen ein Blatt und verschiedene Mal- und Zeichenutensilien. Er greift sich einen lilafarbigen Filzstift, zieht die Kappe ab und zeichnet in einer Drehbewegung einen kreisförmigen Kringel auf das Blatt. Von dem Kringel ausgehend fährt er mit einer sich spiralförmig nach außen weitenden Drehbewegung weiter. Kaspar hält den Stift mit den Fingerspitzen. Da der Stift aber sehr dick ist, ist die ganze Hand mittels »Pfötchengriff« beteiligt. Er bezeichnet das ganze Blatt mit teils abgesetzten, teils mit sich quer über das Blatt schlängelnden Linien. Dazu führen entsprechend kleine Bewegungen mit den Fingern bzw. der Hand sowie ausladende Gesten durch kreisende Bewegungen mit dem ganzen Arm. Gelegentlich setzt er Punkte – und bewegt dabei den Stift auf die Fläche zu. Abgesehen von diesen geschlagenen Punkten wendet Kaspar beim Zeichnen mit dem Filzstift weitgehend denselben Druck aus, was man an den etwa gleich kräftigen Linien erkennen kann. Kaspar redet viel, während er zeichnet. Die beobachtete Aktion dauert ca. 10 min.

Im Ergebnis scheint Kaspars Zeichnung der von Theresia (■ Abb. 2.4) zu ähneln. Zunächst können wir auch hier zwei einfache zeichnerische Bewegungsmuster erkennen. Kaspar streicht mit dem Stift in eher schnellen horizontalen Bewegungen über das Blatt oder schlägt ihn senkrecht auf, wodurch sich Kreis- und Hiebkritzel bilden. Doch er produziert auch kurze Linien und Linien mit engen Radien, was auf eine feinere Motorik verweist.

Es gibt weitere, wesentliche Unterschiede. Während Theresia, die vor allem mit dem Werkzeug experimentiert und die Spur, die sie dabei hervorbringt, als Bestätigung dieser differenzierten Handhabung zu erleben scheint, führt Kaspar den Stift konsequent mit einer einzigen Handhaltung. Ihm geht es sichtlich um etwas anderes. Auch wenn ihn der Filzstift als Werkzeug zu interessieren scheint (»Guck mal, der Deckel passt da hinten drauf«; ■ Abb. 2.5b), wirkt der Zeichenvorgang doch bewusster gesteuert. Kaspar setzt die Linien offensichtlich viel gezielter und differenzierter als Theresia. Sichtbares Zeichen dafür ist auch seine konsequente Auge-Hand-Koordination. Trotz der schwungvollen Bewegungen achtet er in jeder Phase darauf, nicht über die Blattränder hinaus zu zeichnen. Seine Bewegungen steuert er nicht mehr nur durch das Schultergelenk, sondern bisweilen auch mittels Ellenbogen- und Handgelenk und sogar mit den Fingern. Mit diesem differenzierteren Bewegungsmodus erweitert Kaspar seine Zeichengesten um einen wesentlichen Aspekt. Er setzt den Stift bewusst an, startet die Bewegung und unterbricht sie gezielt. Eine Linie hat jetzt einen klaren Anfang und ein klares Ende (■ Abb. 2.5f). Viele Linien sind nun motorisch differenzierter, visuell kontrollierter und vor allem jederzeit wiederhol- und damit auch planbar. Richter (1997, S. 34) fasst diese Merkmale unter dem Begriff *Gestenkritzel* zusammen. Kaspar hat wie Theresia beim Zeichnen weiterhin sichtlich Freude an schwungvollen Bewegungen, doch er bezieht dabei alle Elemente weitgehend kontrolliert auf das vor ihm liegende Blatt, worin etwas Neues erkennbar wird: Kaspar zeichnet nicht nur, er produziert ein Bild.

Zeichnerische Formkonzepte In ■ Abb. 2.5d zeichnet Kaspar eine besondere Linie. Er beginnt und beendet sie nicht nur ganz bewusst gesteuert, sondern kehrt mit dem Stift gezielt zum Startpunkt zurück: Ein Kreis ist entstanden. Darin manifestiert sich nicht nur eine besondere motorische Leistung, sondern auch eine Elementarform, die dem Kind nun zum vielfachen Einsatz zur Verfügung steht. Zusammen mit gleichzeitig entstehenden Kreuz-, Leiter-, Kasten, Spiral- und Sternformen entwickelt das Kind damit ein Formkonzept, das es jederzeit einsetzen und wiederholen kann. Dieses Formrepertoire festigt ein immer klareres Bildverständnis; man nennt diese Art der Zeichnung *Konzeptkritzel* (Richter 1997, S. 35).

Mit einem Formkonzept wie dem Kreis erschließt sich dem Kind darüber hinaus eine neue Dimension – eine Dimension, die sich wortwörtlich erweitert. Indem sich die eindimensionale Linie zum Ausgangspunkt zurückbiegt, umgreift sie eine Fläche und beschreibt damit explizit die erste zweidimensionale grafische Form. Die Linie teilt nun das Innere des Ringes vom Äußeren der Umgebung. Eine Fläche ist definiert, sie setzt sich als Form von der unartikulierten Fläche des weißen Blattes ab. Mit der Unterscheidung des »Gemeinten« vom »Nichtgemeinten« erwächst dem Kind eine weitere wesentliche Dimension in der Darstellung: die explizite Unterscheidung von Figur und Grund.

Bedeutungserzeugung   Dazu kommt die Erfahrung, dass man mit Bildern Bedeutungen erzeugen kann. Das Kind erlebt, dass Erwachsene eine konkrete Form wie den Kreis benennen oder dass sie das Kind nach einer Bedeutung befragen – dies festigt die Erfahrung, dass das Bild eine Bedeutung im Sinne von gegenständlicher Wiedererkennbarkeit erlangen kann, dass Bedeutung aber auch ohne abbildhafte Repräsentation zwischen Produzent und Rezipient vereinbar ist.

Mit dem Kreiskritzel ist es Kaspar nicht nur gelungen, eine geschlossene Figur auf das Blatt zu setzen; diese Figur repräsentiert für ihn auch etwas ganz Bestimmtes, nämlich einen »großen Stein«, was er auch verbal unterstreicht. In diesem Fall könnte diese Figur tatsächlich an die Form eines Steines erinnern. Wir können davon ausgehen, dass Kaspar eine innere, bildliche Vorstellung, eine interne Repräsentation von einem Stein besitzt. Man könnte sich nun vorstellen, dass Kaspar dieses innere Bild dann einfach »aus dem Gedächtnis abzeichnet«. Doch die zeichnerische Form geht hier nicht auf eine visuell imaginierte (und entsprechend dann reproduzierte) bildhafte Gestalt zurück, sondern sie steht für einen Stein. Der Stein wird von Kaspar nicht abgebildet, vielmehr kann man in dem zeichnerischen Kürzel eine kognitive Form erkennen, die zum »wesentlichen Baustein in der Entwicklung des symbolischen Denkens« (Glas 2013, S. 13) wird. Wie wir in ▶ 2.2.4 untersuchen werden, könnte dieser Kringel auch für ein »Haus« oder einen anderen konkreten Gegenstand stehen. Der Kringel entspricht also eher einem »inneren Modell« (Luquet 1927, S. 80) und hat allgemeingültigen Charakter, der auch als »Darstellungsformel« (Glas 1999) bezeichnet wird.

Der Kreis ist also nicht nur eine spezifische Zeichengeste, die man lediglich unter motorischen Gesichtspunkten auf einer abstrakten Ebene registriert. Die Beobachtung des zeichnenden Kindes zeigt, dass sich in allen Phasen der entstehenden Zeichnung noch mehr Bedeutungen manifestieren. Kaspar spricht schon ganz zu Anfang von einem »Vulkan« (◻ Abb. 2.5a). Der erste spiralartige Kritzel scheint dies zu illustrieren: Er könnte mit der nach außen drängenden Spiralbewegung zugleich die Form eines Vulkans beschreiben und ebenso die Dynamik des Ausbruchs (»Der Vulkan wird immer größer«; ◻ Abb. 2.5c). Die beobachteten Gesten und das dazu sprechende Kind lassen vermuten, dass die Linien sowohl Formkonzepten entsprechen und zugleich in einem *Aktionskritzel* prozessorale Vorgänge eines Vulkanausbruchs beschreiben.

Man kann in diesem Beispiel erkennen, dass der ganze Gehalt des Bildes nicht vom Produkt allein aus erschlossen werden kann. Bezieht man die Beobachtung des Prozesses mit ein, zeigt sich darin eine Vielzahl von Inhalts- und Bedeutungsebenen, die im Folgenden zusammengefasst und ergänzt sind:

- *Ebene des motorischen Handelns*: Die Bewegung ist motorisch in größere (Schultergelenk) und kleinere Radien (Handgelenk) differenziert, Bewegungsabläufe werden gesteuert und zunehmend identisch reproduziert.
- *Ebene eines expliziten Formkonzepts*: Spiralartiger Kritzel, Kreis, Punkt etc. sowie das Verhältnis grafischer Elementen bezogen auf das Format.
- *Ebene der gegenständlich definierten, externen Repräsentation (»Vulkan«, »Stein«)*: Man kann erste, wenn auch begrenzte Analogieformen (Rundheit des Steines) und erste prädikative Bestimmungen differenzieren. Eine kleine Form steht für den (kleineren) Stein, eine große Form für den (großen) Vulkan.
- *Ebene des emotionalen Ausdrucks*: Kaspar ist in den Zeichenvorgang sichtlich involviert. In seiner Zeichnung schlägt sich nicht nur das nieder, was er über das Sujet (Vulkan, Eruption etc.) weiß, vielmehr auch das, was für ihn bedeutsam ist. Dass er mit der Zeichnung unmittelbare Erfahrungen mit dem Thema verarbeitet, ist möglich, wenn auch nicht ausschlaggebend – in jedem Fall zeigt sich, dass ihn das Thema emotional bewegt.

— *Ebene der erweiterten ikonischen Repräsentation*: Die pantomimischen Gesten und die Geräuschimitationen erweitern als integrale Bestandteile des Zeichenprozesses das Ausdrucksrepertoire des Kindes. Wie die Zeichnung stehen sie als Repräsentationen in weitgehender Ähnlichkeitsbeziehung zum Thema »Vulkanausbruch« (Zischlaute für das Feuer, die Geste des gestreckten Armes für die Eruption).[1] Damit lässt sich die ganze Situation mit dem Symbolspiel in Beziehung setzen.

— *Ebene der generellen Sinngenerierung durch Bilder*: Kaspar nutzt in der Zeichnung nicht nur diese mimetischen Möglichkeiten, die sich mehr oder weniger leicht mit der Erscheinung des Vulkans verbinden lassen, was z. B. in dem plötzlichen Bedeutungsschwenk in ▪ Abb. 2.5l deutlich wird: Kaspar spricht auf einmal von Monstern und zeigt somit, dass sein Wissen über die Sinnerzeugung durch Bilder noch weitergeht. Er spielt mit seiner Erfahrung, dass Bilder generell Vehikel für Bedeutung sind. Bedeutung kann einfach erzeugt werden, indem man dem Bild durch eine verbale Bezeichnung einen Sinn unterlegt. Dieses Phänomen bezeichnet man als *sinnunterlegendes Kritzeln*. Kinder belegen dabei ein Detail oder das ganze Bild mit einer verbal geäußerten Bedeutung. Diese Bezeichnung hat keine Entsprechung in der Form. Das sinnunterlegende Kritzeln ist vielmehr ein Spiel mit Bedeutungen im Rahmen einer Kommunikationssituation. Deshalb ändern Kinder auch häufig die Bedeutungszuweisung im Verlauf des Zeichnens oder nach dem Zeichnen. Auch nachträglich können so der Inhalt und die Bedeutung eines Bildes immer wieder geändert werden.

— *Ebene der Kommunikation*: ▪ Abb. 2.5 zeigt, dass Kaspar nicht ausschließlich für sich allein agiert. An mehreren Stellen können wir ein Gegenüber vermuten (»Guck mal …«, ▪ Abb. 2.5b; »Da ist ein großer Stein«, ▪ Abb. 2.5d; »Guck mal …«, Kaspar dreht das Bild zum Betrachter, ▪ Abb. 2.5k).

— *Ebene der zeichnerischen Symbole*: Kaspar verwendet in dieser Zeichnung keine grafischen Symbole. Es wäre aber denkbar, dass er an den Kreiskringel radial abgesetzte Striche anfügt und damit bereits über das »Sonnenzeichen« verfügt. Diese Sonne entspräche weniger seiner eigenen visuellen Erfahrung mit der realen Sonne, vielmehr wäre dieses Zeichen als Form von anderen Kindern oder von Erwachsenen übernommen – und damit auch die Bezeichnung »Sonne«. Diese bestimmte Bedeutung ist eine Konvention und damit vereinbart; so wird das Sonnenzeichen zu einem *Bildsymbol* (▪ Abb. 2.6). Entsprechend verwenden Kinder etwas später dann auch *Schriftsymbole* (z. B. beim Schreiben des eigenen Namens) (▶ 2.2.6).

Sprache und Kommunikation Frühere Kinderzeichnungsforscher bezeichneten Kritzelbilder als »sinnlos« und »bedeutungsfrei« (Richter 1997, S. 31; Bachmann 1997, S. 74), nicht zuletzt wohl deshalb, weil sie sie isoliert betrachteten und darin noch nichts gegenstandsanalog Abbildhaftes zu erkennen vermochten. Nimmt man die Bedeutungen im komplexen Entstehungsprozess und in den sprachlichen bzw. kommunikativen Strukturen wahr (s. oben), kann man diese Einschätzung nicht mehr halten.

In ▪ Abb. 2.5 ist nicht nur die Entstehung der Zeichnung, sondern auch verbale und gestische Sprache dokumentiert. Nicht zuletzt in den Zeigegesten (»Guck mal …«) zeigt sich Kommunikation zwischen dem Kind und einem nicht sichtbaren Gegenüber. In diesem Fall ist es Kaspars

---

1 Bedeutung in Form von pantomimischen Gesten zeigt sich auch im engeren zeichnerischen Zusammenhang, wenn ein Kind mit dem Stift eine Spur zieht und dabei »Auto spielt« oder wenn es den Stift wie einen Kochlöffel hält und in einem imaginären Topf rührend Kreiskringel hervorbringt.

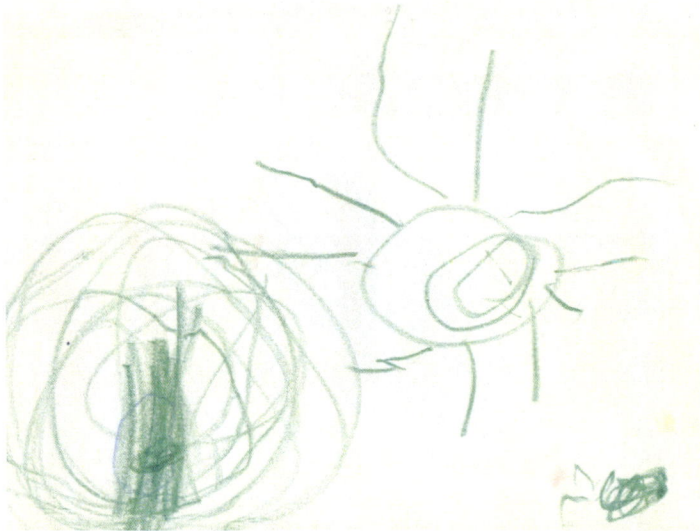

■ **Abb. 2.6**   Milena (3;2) »Sonne« Spiralartige Kritzel, abgesetzte Striche, flächige Ausmalung

Mutter, die nicht nur fotografiert, sondern auch von dem Kind angesprochen wird. Wir können nicht erkennen, ob die Mutter etwas verbal erwidert oder ob sie die Kommunikation durch ihre Aufmerksamkeit und ihr Interesse stützt. In jedem Fall wird deutlich, dass es nicht nur um die ausschließliche Herstellung einer Grafik geht, sondern um einen komplexen Interaktionsprozess. Diese Interaktion kann man sich auch am Gruppentisch unter Gleichaltrigen vorstellen; sie geht über die direkte Kommunikation hinaus und stützt die Annahme, dass kindliches Denken durch Interaktion initiiert wird und sich durch sie verändert. Die sprachliche Interaktion mit anderen Menschen wird dabei häufig durch Selbstgespräche fortgeführt bzw. ersetzt. Dieses Für-sich-Sprechen kann man gerade im jüngeren Alter häufig beobachten – darin bildet sich das Denken des Kindes ab. Nach Wygotski wird das Denken im Austausch mit seiner sozialen Umwelt gebildet und erfolgt vor allem über Sprache. Dieser *intermentale* Austausch zwischen dem Kind und Menschen seiner sozialen Umgebung wird intramental verinnerlicht und äußert sich im hörbaren oder lautlosen »inneren Sprechen« (Pinquart et al. 2011, S. 103).

Kommunikation über und durch das Bild   Die Zeichnung selbst besitzt mit zunehmenden Alter eine kommunikative Dimension. Darin äußert das Kind, was ihm im Moment bedeutsam erscheint. Meist bezieht sich der Inhalt bzw. das Motiv auf seine Lebenswelt im weitesten Sinne. In der Zeichnung wird dies festgehalten – vergleichbar mit der Schrift können die einzelnen grafischen Formen zunehmend als gegenständlich-analoge Repräsentationen oder Bildsymbole von einem Gegenüber auch mehr und mehr »gelesen« werden. Damit entwickelt sich mit der Zeichnung eine eigenständige Kommunikationsform, vergleichbar mit den Symbolsystemen anderer Kommunikationsformen (Sprache, Schrift, Gesten etc.).

Häufig reduziert sich die direkte Kommunikation zwischen Erwachsenem und Kind im Rahmen einer Zeichensituation auf einen kurzen Moment, wenn das Kind dem Erwachsenen das Ergebnis zeigt. Angesichts der vielfältigen Bedeutungen ist es sicher fraglich, hier nur mit »Schön!« zu antworten. Auch im Nachhinein kann eine Kritzelzeichnung vielfältige Anlässe zu einem intensiven Austausch bieten.

Weitere Zugangsmöglichkeiten   Die Bedeutung einer Zeichnung lässt sich also unter verschiedenen Perspektiven fassen. In der Kinderzeichnungsforschung geht es meist um die entwicklungspsychologische Dimension. Aber wie steht es mit den Einflüssen, unter denen das Kind steht? Wie wirkt sich das Milieu aus, das das Kind prägt? Lassen sich kulturelle und soziale Muster, lassen sich gesellschaftliche Stereotypen identifizieren? Gibt es z. B. Unterschiede, wie Jungen oder Mädchen zeichnen? Welche Erfahrungen und Erlebnisse aus der direkten Lebenswelt wirken auf das Kind? Wie beeinflusst das Setting, wie ist die Umgebung gestaltet und ausgestattet? Spürt das Kind bestimmte Erwartungen? Wie wirken kommunikative Situationen und pädagogische Interventionen? Wie vielfältig innere und äußere Bedingungen die bildnerische Tätigkeit beeinflussen, lässt sich ahnen – hier ist längst noch nicht alles erforscht.

Kritzeln

Mit den Bezeichnungen »Schmieren«, »Spurkritzel«, »Gestenkritzel« und »Konzeptkritzel« (Richter 1997, S. 34) lässt sich der Oberbegriff »Kritzeln« sinnfällig differenzieren. Diese Bezeichnungen markieren auch eine grobe zeitliche Abfolge in der zeichnerischen Entwicklung. Jedoch lassen sich Zuordnungen oft nicht eindeutig abgrenzen, so vielfältig sind die Anlässe und Impulse, die dabei einwirken. Motorische, kognitive, aber auch emotionale Einflüsse durchdringen die Zeichensituation und manifestieren sich im Bild. Dabei zeigt sich, dass das Kind nicht nur immer die neuesten Errungenschaften seines Wissens oder seiner Motorik systematisch und aufeinander aufbauend integriert. Die Entwicklung des bildnerischen Verhaltens ist kein sich stetig und linear vollziehendes Programm, sondern ein komplexer Ausdruck der vielfältigen Alltags- und Kommunikationssituationen des Kindes – und ist dabei von den Vorlieben, von Lust oder Unlust, von einem Freiraum für spontane Entscheidungen geprägt. Von daher ist es naheliegend, das bildnerische Handeln nicht nur im fertigen Produkt, sondern auch durch eingehende Beobachtung des Zeichenprozesses in einen erweiterten Kontext zu stellen. Durch die Beobachtung des Kindes beim Zeichnen (die auch die Selbstbeobachtung der eigenen Rolle als Erwachsene einschließt) ist das Denken des Kindes, seine Entwicklung und seine psychische Verfasstheit leichter zugänglich als nur durch die Betrachtung des fertigen Bildes.

Um die Bildelemente in der Kritzelzeichnung erfassen und beschreiben zu können haben sich verschieden differenzierte Einteilungen etabliert. Während die elementarste nur zwischen einer horizontalen Bewegung auf dem Blatt und der punktartigen Bewegung auf das Blatt zu unterscheidet (Stern 2012, S. 32), sind andere Taxonomien deutlich komplexer. Eine Einteilung in zwölf »Kritzeltypen« hat sich als praktikabel erwiesen (Nguyen-Clausen 1987, S. 172):

1. Spitzender (abrupte, spitze Bewegungsumkehrung)
2. Krakel (mehrfache Änderung der Richtung)
3. Rundender (Bewegungsumkehrung mit Rundung)
4. Geschlagener Punkt
5. Spiralartiger Kritzel
6. Gesetzter Punkt
7. Erzählender Strich
8. Flächige Ausmalung
9. Kleine Figur
10. Abgesetzter Strich
11. Zickzackwelle
12. Geschlossene Figur

Diesen Typen lassen sich motorische Grundmuster zuordnen: Eher gröbere, schwungvolle Bewegungen aus dem Schulter- bzw. Ellenbogengelenk (Spitzender, Rundender, geschlagener Punkt), verweisen eher auf Spurkritzel; sie unterscheiden sich von Bewegungen der Gesten- und später Konzeptkritzel, die eher feinmotorisch mit den Hand- bzw. Fingergelenken gesteuert werden (z. B. gesetzter Punkt, flächige Ausmalung, abgesetzter Strich). Das Bewegungsmuster wirkt sich auch auf den Duktus aus: kräftig durchgezogene und druckstarke Linien gegenüber helleren, leichteren und krakeligen Linien. Davon hängt die gesamte Bilderscheinung ab – die kontrollierte Berücksichtigung der Bildgrenzen und damit die Organisation als Bild überhaupt.

Im Konzeptkritzel manifestiert sich ein gesteuertes und wiederholbares komplexeres Formrepertoire, ein »Bildverständnis« ist durchgehend etabliert. Bildhafte Repräsentationen, Bild-, Schrift- und Zahlensymbole werden mit allen anderen Kritzelarten zusammen integriert.

2.2.4 Auf dem Weg zum Kopffüßler

Zwischen den beiden Zeichnungen von Anna liegen acht Monate. Die erste Zeichnung (◘ Abb. 2.7) vereint verschiedene, stark bewegte Spurkritzel (Rundender, Spitzender, geschlagener Punkte etc.) sowie sorgfältig geschlossene Kreisgebilde und gesetzte Punkte. Ganz offensichtlich hat das Mädchen die Blattränder beachtet, denn nur wenige Linien gehen über diese Grenze hinaus. Die grafischen Segmente sind sichtbar nebeneinander platziert, auch wenn sich einige Linien überlagern. Auffällig ist der Wechsel im Zeichenduktus. Während die Schwingbewegungen und die geschlagenen Punkte kräftig und entschieden gesetzt sind,

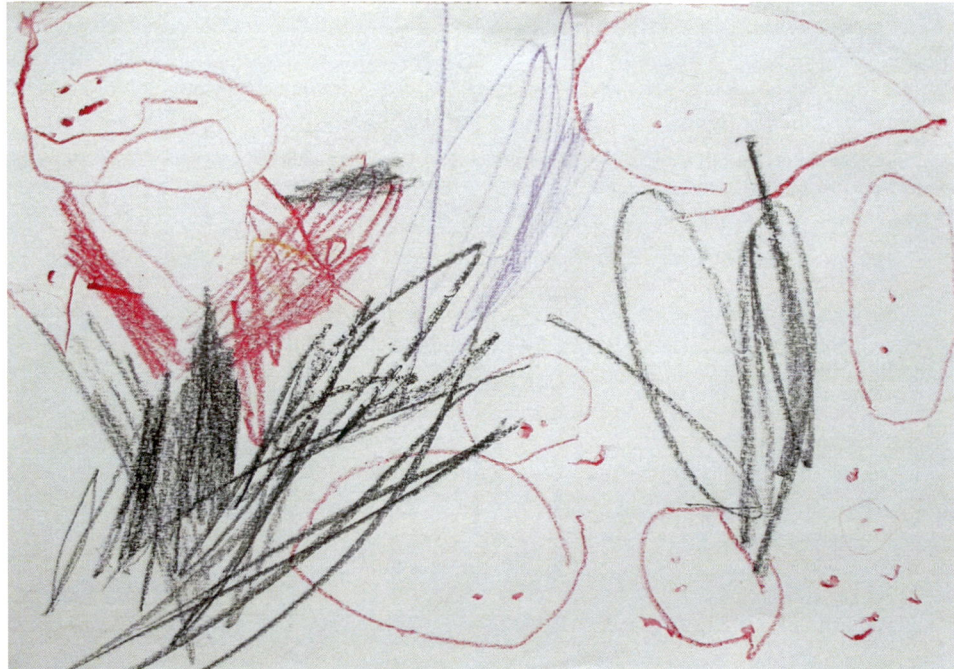

◘ **Abb. 2.7**   Anna (2;9): Geschlossene Figuren mit jeweils zwei Punkten

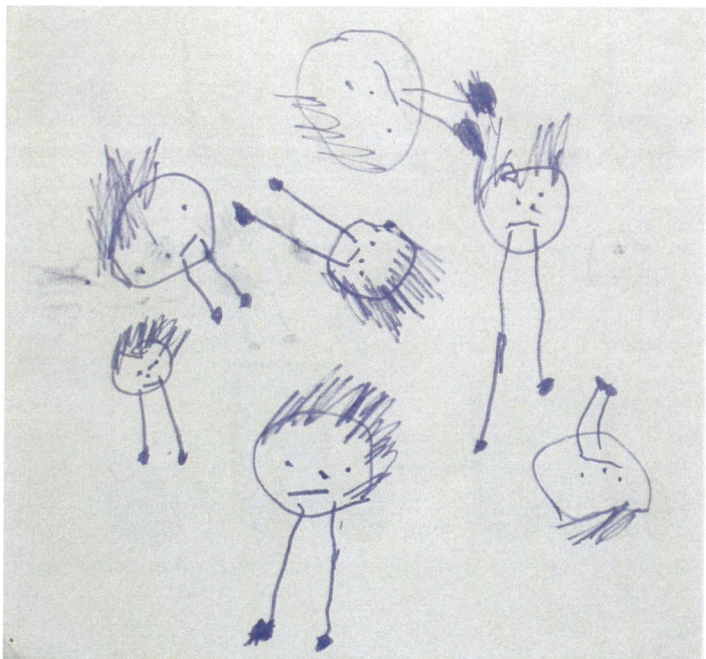

◘ **Abb. 2.8**   Anna (3;5) »Kopffüßler«

erscheinen die geschlossenen Gebilde und die gesetzten Punkte deutlich leichter und vorsichtiger gezeichnet.

Die sieben Figuren auf der zweiten Zeichnung (◘ Abb. 2.8) haben eine vergleichbare Größe. Jede besteht aus einem Kreis mit verschiedenen einbeschriebenen und angesetzten kurzen Linien und Punkten, sodass die Formen als »Gesicht« bzw. »Kopf« gelesen werden, und die vier parallelen Strichpaare unwillkürlich als »Beine«. Diese erstrecken sich in unterschiedliche Richtungen auf dem Blatt.

Schemabildung bzw. Darstellungsformel   Die beiden Zeichnungen von Anna zeigen eine Entwicklung, die bei jedem Kind vergleichbar abläuft. Nachdem Gestenkritzel zunehmend differenziert werden und sich sukzessive isolieren, setzt sich mit dem Kreiskritzel eine Figur dezidiert vom Untergrund ab (◘ Abb. 2.7) Die geschlossene Form des Kreises bietet die Möglichkeit, die abgegrenzte Figur als zeichnerische Repräsentation eines Objekts aufzufassen und zu benennen. Während ein lediglich geschlossener Kreis sowohl »Auto«, »Haus« oder »Hund« bedeuten könnte, sind die Kreisgebilde in dieser Zeichnung spezifischer. In die Kreise setzt das Mädchen in ähnlichem Abstand regelmäßig je zwei Punkte. Diese erscheinen so gezielt und regelmäßig platziert, dass wir gar nicht anders können, als darin »Augen« zu erkennen. Damit schafft das Mädchen eine spezifischere Aussage und eine sichere Unterscheidung zu anderen möglichen »Lesarten« einer geschlossenen Kreisform. Der Kreis und die Punkte sind darüber hinaus zeichnerische Strukturelemente, über die das Kind bereits ganz sicher verfügt. Diese Formen kann das Kind jetzt jederzeit mühelos reproduzieren.

Die Kombination aus »Doppelpunkt« und Kreisform ist kein naturähnliches Abbild, sondern geht vielmehr auf ein »internes Modell« (Luquet 1927) des Kindes zurück, das sein Wissen, seine Wahrnehmungen bzw. seine Vorstellungen vereint. Zur Darstellung dieses Modells genügt es, eine geschlossene Figur mit zwei Punkten zu versehen: Lebewesen haben zwei Augen. In dieser einfachen grafischen Darstellung kann das Kind Tiere und Menschen von allen anderen Motiven unterscheiden (Richter 1997, S. 42). Diese Unterscheidung trägt so lange, wie das Kind keine weiteren Differenzierungen (z. B. zwischen Mensch und Hund) vornimmt. Ein Kind assimiliert (verwendet) eine Form so lange, bis sein Bedürfnis nach einer Unterscheidung zu einer Akkommodation, zur Erweiterung und Differenzierung des Formbestands verleitet (Piaget und Inhelder 1979).

Über den Begriff »Assimilation« lässt sich dieses Vorgehen mit dem entwicklungspsychologischen Begriff der Schemabildung in Verbindung bringen. Da der Schemabegriff in der Kognitionspsychologie generelle Strategien zur Orientierung und Informationsverarbeitung umfasst, bevorzugen einige Autoren für diese Strategie im Zusammenhang mit der Kinderzeichnung andere Begriffe, z. B. die »Darstellungsformel« (Glas 2013, S. 12).

In der zweiten Zeichnung (■ Abb. 2.8) finden sich ebenfalls kleine Kritzelgesten. Diese ordnen sich aber einer ganz konkreten Darstellungsabsicht unter. Sie kreuzen die Kreislinie an der entgegengesetzten Stelle der beiden angefügten, parallelen Striche, die wir als »Beine« lesen. Somit werden diese Kritzel zu »Haaren«. Alle weiteren Details ordnen sich ein und sind in der gewohnten Reihenfolge gesetzt: Haare, zwei Punkte für die Augen, ein Punkt für die Nase und ein abgesetzter Strich für den Mund. Akzente am Ende der Beinlinien lassen sich als Füße deuten.

Wenn Kinder ihre ersten »Kopffüßler« zeichnen, ist ihnen die Aufmerksamkeit der Erwachsenen sicher. In solchen Zeichnungen scheinen alle zeichnerischen Details gegenständlich zuordenbar und verbal benennbar zu sein. Doch dadurch entstehen Missverständnisse: Aus der Sicht der Erwachsenen »fehlen« in der Darstellung wesentliche Körperteile wie der Bauch, die Arme oder der Hals. Die Bezeichnung »Kopffüßler« macht dieses Missverständnis deutlich. Denn wenn man beobachtet, wie sich die Figurendarstellung aus dem Prinzip der schrittweisen Differenzierung entwickelt, dreht sich die Logik um. Während in der ersten Zeichnung (■ Abb. 2.7) die Kreisform mit den zwei Punkten bereits eine – wenngleich grobe – Differenzierung in der gegenständlichen Zuordnung zulässt, kann man im zweiten Bild (■ Abb. 2.8) die unmissverständliche Darstellung der menschlichen Figur erkennen. Nicht die Differenz zur vollständigen (und virtuell unendlich ausdifferenzierbaren) visuellen Erscheinung des Menschen ist hier leitend, sondern die Klarheit in der Unterscheidbarkeit bzw. Eindeutigkeit der Darstellung. Deswegen ist der Begriff »Kopffüßler« irreführend, denn das Kind erfasst mit dem einzigen Kreis den *ganzen* Menschen.

Das Kind zeichnet also nicht die »natürliche« Erscheinung eines Menschen »ab« – sein Bezugspunkt ist sein »internes Modell« vom Menschen, das sich aus seinem Wissen und seinen Vorstellungen speist. Dieses Modell ist mit einfachen grafischen Darstellungselementen ausgearbeitet und so weit wie nötig differenziert. Das Kind braucht keinen zweiten Kreis (z. B. als »Bauch«), um unmissverständlich einen Menschen darstellen zu können. Das bedeutet nicht, dass das Kind nicht wüsste, dass ein Mensch einen Bauch, Arme oder Hände hat. Vergleicht man die sprachliche Ausdrucksfähigkeit einer Dreijährigen mit der zeichnerischen Darstellungsgewohnheit, wird diese Diskrepanz deutlich und zeigt, dass Kinder nicht all das zeichnen, was sie wissen.

Das Kind hat vielmehr Interesse, mit der verlässlich konstruierten und wiederholbaren Gestalt über eine Darstellbarkeit seines internen Modells zu verfügen, sie in seinem zeichnerischen Fundus etablieren und je nach Bedarf eine Zeit lang routiniert anwenden zu können – so lange, bis es Lust hat, weitere Aspekte des Motivs aufzugreifen, etwas Neues auszuprobieren, weitere Differenzierung, (z. B. zwischen männlich und weiblich) vorzunehmen und dazu ein weiteres grafisches Element zu integrieren.

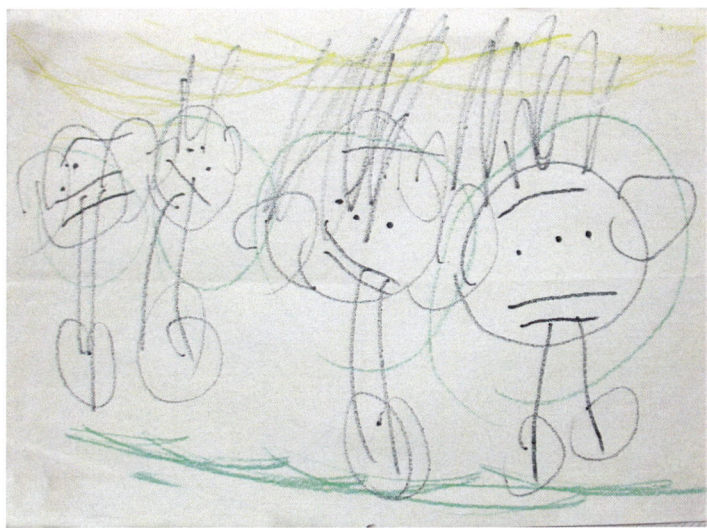

◘ Abb. 2.9   Anna (3;10) »Familie mit Halstüchern geht spazieren.«

Einflussfaktoren   Ein so dargestelltes Prinzip unterstellt eine zeichnerische Entwicklung, die in der sachlich-konstruktiven Weise linear zu verlaufen und dabei äußerst ökonomisch zu sein scheint. Solche »Laborbedingungen« entsprechen aber nicht immer den individuellen und spontanen Vorgängen, die wir in kindlichen Zeichensituationen erleben. Die emotionale Involviertheit, die spezifische Bedeutung des Zeichnens und des Zeichengegenstands für das Kind sind von der Systematik der Darstellungsentwicklung nicht zu trennen. Vorlieben und Eigenheiten bei der Formauswahl und -darstellung prägen die zeichnerische Entwicklung ebenso wie die Einflüsse durch wahrgenommene Abbildungen, Einfluss nehmende Erwachsene und vor allem durch andere, ebenfalls zeichnende Kinder. Bild- und Formerfindungen werden an Gruppentischen als Ideen »herumgereicht«, aufgegriffen, imitiert und in die eigene Bildwelt integriert.

Raum in der Kritzelzeichnung   Im Verlauf seiner Zeichenentwicklung berücksichtigt das Kind zunächst das Blatt als Format und achtet später darauf, die Ränder nicht zu überzeichnen (◘ Abb. 2.7). Die einzelnen Bildelemente werden in »Nachbarschaften« (Richter 1997, S. 80) nebeneinander gesetzt. Mit zunehmender Klärung der Formen (◘ Abb. 2.8) beginnt das Kind, auch Überschneidungen zu vermeiden. Während des Zeichnens kann es sein, dass das Kind das Blatt dreht und von einer anderen Seite weiterzeichnet.

Die Figuren in ◘ Abb. 2.8 wirken wie lose hingestreut, weshalb solche Bilder als *Streubilder* bezeichnet werden. Vergegenwärtigt man sich dabei das zeichnende Kind, entfaltet auch ein weiterer Begriff seine Bedeutung: das *Lückenbild* (Levinstein, in Richter 1997, S. 80). Nachdem das Kind eine erste Figur gezeichnet hat, tun sich links und rechts Lücken auf, die mit weiteren Figuren gefüllt werden. Diese Lücken werden immer kleiner, sodass das Kind verleitet wird, das Blatt zu drehen, um die nächste Figur darin überschneidungsfrei unterzubringen.

Die Figuren in ◘ Abb. 2.9 ordnen sich zu einem *gerichteten Streubild*. »Gerichtet« meint, dass das Blatt beim Zeichnen nicht mehr gedreht wird. Die horizontalen farbigen Striche unterstreichen die gewonnene Orientierung im Raum: oben/unten sowie links/rechts.

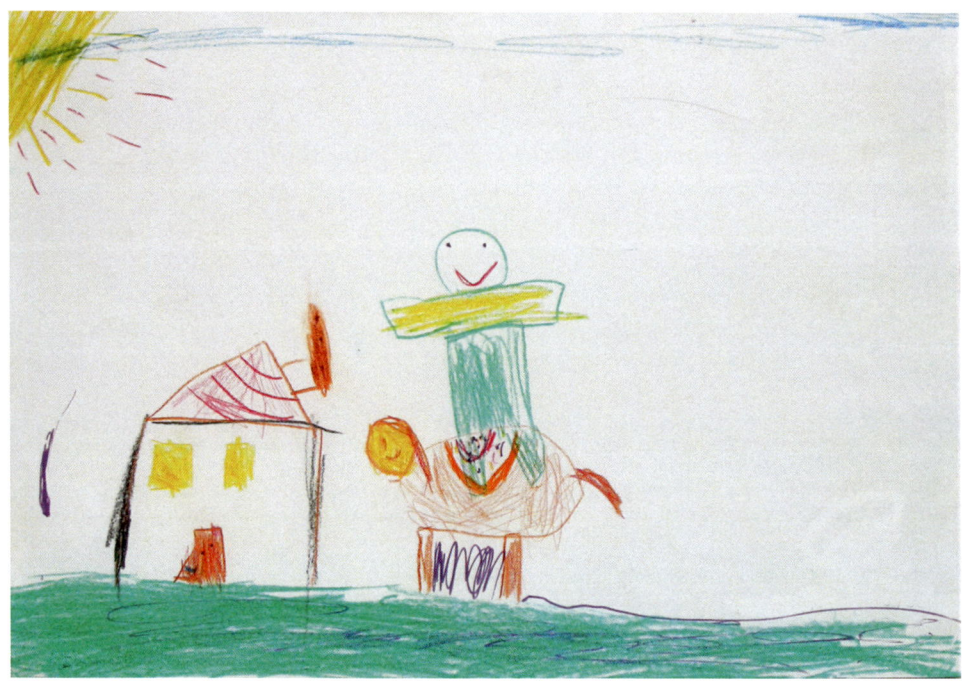

🔲 **Abb. 2.10**   Milena (4;10) »Ich reite«

2.2.5 Das »reife« Bild in der Kindheit

Das Blatt der knapp fünfjährigen Milena ist vollständig grafisch und gegenständlich definiert. Die untere Begrenzung des Formats ist randabfallend waagerecht mit grünen Farbstiftlinien belegt und von lilafarbigen Filzstiftlinien durchsetzt, der obere Rand wird parallel dazu mit eher losen blauen Strichen markiert. Auf die grüne Fläche unten beziehen sich eine Haus- und eine kombinierte Figurendarstellung, auf den oberen Rand, links in der Ecke ein gelbes Dreieck, das mit ähnlichen Strichlagen eine Form beschreibt, die man als »Sonne« lesen kann. Im rechten Winkel davon ragen gelb-rote Strichlinien als »Sonnenstrahlen« in die weiße Fläche. Die einzelnen Formen sind meist umrandet und teilweise mit derselben Farbe ausschraffiert. Meist ist die flächige Ausarbeitung heller als die Kontur; manche Formen sind mit einer Binnenstruktur genauer definiert (z. B. Hausdach).

Während in 🔲 Abb. 2.8 die jeweiligen Figuren weitgehend unabhängig voneinander gesetzt sind und die Fläche des Blattes eher ausgenutzt als gestalterisch organisiert scheint, stehen in 🔲 Abb. 2.10 alle Bildelemente inhaltlich und formal in direktem Bezug zueinander. Es gibt eine klare Orientierung bezogen auf die Richtungen links/rechts und oben/unten. Das grüne Band unten und der blaue Streifen oben rahmen das Blatt ein, es wird so gleichsam zu einer Bühne für die Motive. Das Pferd und die Reiterin sowie das Haus sind auf der oberen grünen Begrenzung weitgehend überschneidungsfrei aufgereiht.

Die Menschendarstellung geht deutlich über das »Kopffüßlerstadium« hinaus. Die Figur ist aus gegliederten Flächenformen zusammengesetzt. Das Kind könnte wahrscheinlich die Menschendarstellung weiter differenzieren, was sich aus der komplexeren Form der Pferdedarstellung vermuten lässt. Dort nutzt das Mädchen neue Formen und zeigt eine eigenständige Darstellungsformel für dieses Tier. Dazu gehören Mähne und Schweif. Diese beiden Details markieren zudem einen wesentlichen Unterschied zur Menschendarstellung.

Generell sind alle gegenständlichen Darstellungen wie das Haus, der Mensch und das Pferd aus einfachen geometrischen Formen (Rechteck, Dreieck, Kreis etc.) zusammengesetzt und orthogonal, d. h. rechtwinklig, aufeinander bezogen. Das Prinzip der Rechtwinkligkeit z. B. bei den Armen oder dem rauchenden Kamin auf dem Hausdach zeigt größtmögliche Richtungs-differenzierung. Man bezeichnet dieses häufig vorkommende Phänomen als *R-Prinzip* (Richter 1997, S. 52; s. auch Kasten unten). Es steht für eine allgemeine Tendenz, die sich nach der Krit-zelphase in der allgemeinen bildnerischen Entwicklung abzeichnet: Das Kind sorgt für Klarheit und Verstehbarkeit, die Bilder werden in all ihren Details zunehmend unmissverständlich »les-bar«. Diese »Wiedererkennungstendenz« bzw. »Verständigungstendenz« (Richter 1997, S. 56) steigert sich bis ins Schulalter.

Profil und Situationsprofil   Wie bei vielen Tieren lassen sich die auffälligsten Merkmale eines Pferdes weniger von vorn als von der Seite zeigen. Das führt bei Tieren meist zu Darstellungs-formeln als Seitenansichten (im Gegensatz zu den meist en face gehaltenen Menschendar-stellungen). In ◻ Abb. 2.10 ist der Kopf des Pferdes (noch) der kreisrunden menschlichen Darstellungsformel entnommen (assimiliert). Doch das Mädchen modifiziert ihn in einem entscheidenden Punkt: Aus der direkten Begegnung mit Pferden oder durch Vorbilder kann es die Erfahrung, dass man bei einem Pferdekopf meist nur ein Auge sieht, in die Darstellungsfor-mel einbauen. Das Mädchen verfährt hier mit dem Pferdekopf ganz ähnlich, wie es später bei der »Profilwende« in der Menschendarstellung geschieht, wenn die Figur von der Seite gezeigt werden soll. Der »Mund« bleibt in der gewohnten Weise (zunächst) auf die Mitte des Kreises bezogen, doch es gibt nur noch ein Auge. Diese Darstellung eines Auges in der beginnenden Profildarstellung nennt man auch »Zentralauge«. Später werden Punkte für die Nase auf die Kontur gesetzt bzw. die Kontur ausgestülpt und der Mund zunehmend mit der Silhouette ver-bunden.

Die Entwicklung einer Darstellungsformel für Pferd in der Seitenansicht und die gewohnt frontale Darstellung beim Menschen führt jetzt aber zu einer Schwierigkeit, da sich das Kind auf dem Pferd reitend darstellen möchte. Würde sich das Kind an der visuellen Erscheinung orientieren, müsste es den Menschen ins Profil wenden, zudem ein Bein mit dem Pferde-körper verdecken (oder das Pferd von vorn zeichnen). Mit dem *Situationsprofil* verbindet das Mädchen die beiden vertrauten und prägnanten Ansichten Pferd und Mensch: In der Kom-bination »Mensch auf Pferderücken« wird die Aussage »reiten« ähnlich einer Bilderschrift unmissverständlich. Man kann vermuten, dass das Kind die unterschiedliche Ansichtigkeit von Pferd und Mensch nicht als Konflikt erlebt – es kann jenseits einer erscheinungsgemäßen Abbildung für Klarheit und für angemessene Komplexität sorgen. Die Beine spreizen sich ab der Umrisslinie des Pferdes bzw. Sattels, beide Beine bleiben dabei sichtbar. Diese partielle Überlagerung ermöglicht es dem Kind, die Erfahrung des Reitens, die Erfahrung, mit ge-spreizten Beinen auf dem Pferderücken zu sitzen, in der Zeichnung zu integrieren. Damit wird deutlich, dass in der Zeichnung mehrere Zugänge wirksam sind. Die Darstellung des »Reitens« resultiert nicht nur aus der einansichtig-visuellen Wahrnehmung, sondern umfasst auch die des handelnden Umgangs in der Situation. Damit gelingt dem Mädchen mit wenigen bildneri-schen Mitteln mehr Klarheit, als es eine vermeintlich »richtigere«, naturalistische Darstellung vermögen würde.

Farbe   Das Mädchen setzt Farbe gezielt ein. Das betrifft zum einen die Handlung des »Aus-malens«, wenn es den Stift motorisch differenziert einsetzt und die geometrischen Formen sorgfältig schraffiert. Zum anderen wählt das Mädchen jeweils einen spezifischen Farbton. Es wechselt dabei den Farbton willkürlich ab und steigert damit die Unterscheidbarkeit einzelner

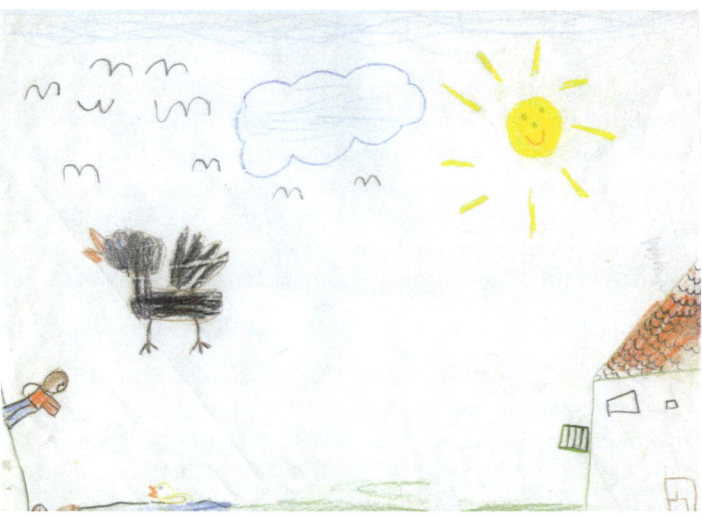

■ **Abb. 2.11**   Milena (6;2) »Ich wandere«

Elemente innerhalb einer Figur (z. B. Arme/Beine). Zudem verwendet es prototypische Farbtöne und unterstreicht damit die gegenständliche Zuordnung: Der Himmel ist blau, die Wiese
ist grün, das Hausdach ist rot, etc.

Das entspricht zunächst der Seherfahrung des Kindes in der sichtbaren Umgebung. Die
Lokalfarbe (Gegenstands- oder Merkmalfarbe) eines Hausdaches, die Erscheinungsfarbe des
Himmels oder des Meeres ist vielfach beobachtet. Aber nicht alle Dächer sind rot, nicht alle
Flüsse sind blau. Hier können wir einerseits eine Assimilierungstendenz ähnlich wie bei der
Entwicklung der Figurendarstellung unterstellen. Die Erfahrung des blauen Meeres wird auf
jede Wasserdarstellung übertragen, auch bei der Darstellung farblosen Wassers im Trinkglas
(abgesehen davon wäre eine farblose Materie schwer auf weißem Papier darzustellen). Doch
ein weiterer Umstand ist zu bedenken: Wie bei der Figurenentwicklung kann man annehmen,
dass die Farbwahl nicht (nur) aus der eigenen Erfahrung mit der sichtbaren Welt resultiert.
Auch hier wirken Vorbilder aus Abbildungen, Übernahmen von Gleichaltrigen und etablierte
Farbattribuierungen aus Bildsymbolen.

Symbol und Schablone   Das Sonnenzeichen, eine gelbe Kreisflächen mit radial angesetzten gel-
ben Linien, gehört zum vertrauten Bestand unserer Kultur. Dieses ikonische Zeichen entspricht
zwar auch teilweise der Seherfahrung, doch im Wesentlichen hat sich diese Figur als ein von der
Wahrnehmung in der Natur unabhängiges Bildsymbol, wie z. B. das übliche Bildsymbol »Herz«,
tradiert. Vergleichbar mit einem Schriftzeichen wird dieses Zeichen nicht selbst entwickelt, sondern gelernt und geübt.

Die besonders enge zeichnerische Übernahme von Vorbildern nennt man eine *Schablone*. Die Merkmale des Bildsymbols »Sonne« hat Milena als typische Schablone übernommen
(■ Abb. 2.10). Der Viertelkreis in der oberen Ecke des Bildes (hier als Dreieck) entspringt nicht
der eigenen Erfahrung des Kindes mit der Sonne, sondern wurde als »Ecksonne« gelernt.
Damit vergleichbar ist die um 90° gedrehte »3« als »Vogel« (■ Abb. 2.11) oder das »Hexenhäus-
chen«. Die Schablone ist von Anfang an fertig und wird entsprechend gelernt. Sie kann allenfalls variiert, aber nicht weiterentwickelt werden.

In ■ Abb. 2.11 zeigt sich eine interessante Unterscheidung zwischen der Entwicklung einer
eigenständigen Darstellungsformel für den »Vogel« und der entsprechenden Schablone flie-

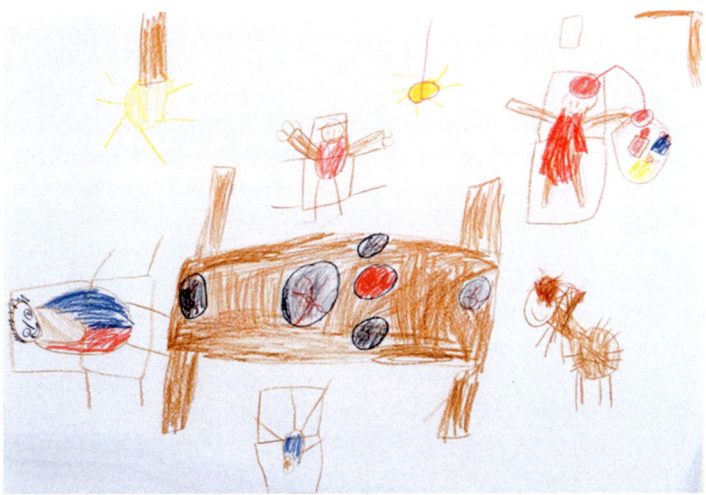

Abb. 2.12 Luis (6;3) »Die Familie sitzt am Tisch und isst.«

gender Vögel. Dass Schablonen wie das Schreiben gelernt werden müssen, zeigen die Versuche in der zweiten »Zeile«. Die Wolken- und die Sonnendarstellung kann man ebenfalls als Schablone bezeichnen.

Raumdarstellung ■ Abbildung 2.10 (wie auch ■ Abb. 2.11) ist ein typisches *Streifenbild*, auch Steilbild genannt. Dieses Bildprinzip ordnet den Raum auf der Bildfläche nach der Maßgabe »unten« und »oben«. Die untere Blattkante wird durch eine grüne Linie oder grünen Streifen zum »Boden«, die obere Blattkante mittels blauer Begrenzung entsprechend zum Himmel. Haus und Pferd stehen auf dem Boden, die Sonne hängt oben am Himmel. Gäbe es auf dem Bild einen Vogel wie in ■ Abb. 2.11 oder ein Flugzeug, würden sie dazwischen platziert. Manchmal zeichnen die Kinder Hausdächer so, dass die Spitze exakt die Grenze des Himmelstreifens berührt. Dies kann als Hinweis auf das Bedürfnis nach größtmöglicher Klärung gelesen werden. Für das Kind steht das Haus auf der Erde und berührt den Himmel. Diese Erfahrung schlägt sich dann in der Zeichnung nieder.

Mit dem Streifenbild verfügt das Kind über ein verlässliches System, das sehr unserer konventionellen Bildauffassung ähnelt, wonach das Bild wie ein »Fenster zur Welt« verstanden wird. Doch dieser Eindruck täuscht, denn das Kind bleibt bei seinen eigenen Ordnungs- und Darstellungsprinzipien, die sich zwar auf die sichtbare Wirklichkeit beziehen, sie aber nicht mimetisch abbildet. So gibt es, anders als man es bei einem Blick durch ein Fenster erleben würde, keinerlei Perspektiven, Verkürzungen oder Überschneidungen. (Die Randüberschneidung der »Ecksonne« ist dabei zwar eine Ausnahme, entspricht aber als Schablone nicht der Seherfahrung des Kindes.)

Das zweite typische Raumdarstellungsprinzip ist das *Flächenbild* (■ Abb. 2.12). Hier entspricht das Zeichenblatt gleichsam einer begehbaren Fläche. Dieses Prinzip galt grundsätzlich schon beim Streubild (■ Abb. 2.8), bei dem das Kind Figuren und Gegenstände auf das Blatt »streute«. Doch im Flächenbild ändert sich dies in einem wesentlichen Punkt: Das Kind kann geistig umhergehen und zeichnend den Realraum in die Fläche übersetzen. In ■ Abb. 2.12 ist es ein Zimmer, in dem ein Esstisch steht, um den die Familie zum Essen versammelt ist. Das Wichtigste scheint die Tischplatte zu sein. Luis (6;3) zeichnet sie mit großer Sorgfalt bildparallel ins Format. Ebenso wenig wie das Streifenbild kein »Ausblick« war, so ist dies hier auch keine »Vogelperspektive«. In diesem Fall wären z. B. die Tisch- und Stuhlbeine unsichtbar. Dem Kind ist die Klärung der Sachlage wichtig. Sowohl der Tisch als auch die Stühle haben vier Beine. Deshalb werden sie in größtmöglicher Klarheit orthogonal angefügt. Diese Klärung entspricht keiner bestimmten Ansicht, sondern zeigt sich relational zur Erfahrung damit: Wenn ich an einem Tisch sitze, erlebe ich die Tischbeine im rechten Winkel dazu, wenn ich um den Tisch herumgehe ist das genauso. Das könnte der Grund sein, warum der Junge die Tisch- und Stuhlbeine für uns so ungewohnt angebracht hat. Für Kinder ist dieses *Prägnanzprinzip*, die Kombination von Seiten- und Aufsicht, naheliegend und logisch. Dieses Prinzip setzt sich erweitert auf dem Flächenbild fort. Die Stühle mit den darauf sitzenden Personen sind entsprechend systematisch um den Tisch herum gruppiert, und die Beine der Menschen sind jeweils auf den Tisch gerichtet. So kann das Kind die vermutlich wichtige Gemeinschaftserfahrung (»Alle sitzen um einen Tisch und sehen sich«) unmissverständlich deutlich machen. Diese Art Klärung der räumlichen Anordnung in der Fläche nennt man eine *Aufrichtung*.

Dem Kind scheint es wichtig, auch noch die Deckenlampe zu zeigen. (Spätestens jetzt wäre eine »Vogelperspektive« gänzlich unmöglich.) Hier »klappt« der Junge nach ähnlichem Prinzip die Ebene einfach um und definiert die obere Blattkante als Zimmerdecke. So ergeben sich auf dem Blatt eine Vielzahl von Bezugspunkten, die jeweils um 90° gedreht sind, sich aber alle mühelos räumlich erschließen lassen. ◻ Abb. 2.12 deutet damit auch an, dass eine Kombination aus Streifen- und Flächenbild möglich ist.

Zusammenfassung wichtiger Merkmale des »reifen« Bildes (Richter 1997, S. 52)

R-Prinzip
Gegenstände und Figuren, aber auch einzelne Bildelemente und -details werden rechtwinklig zueinander gefügt. Arme sind z. B. waagerecht vom Körper weggestreckt und Finger rechtwinklig zum Arm. Mit der grundsätzlich orthogonalen Anlage des Bildes erreicht das Kind größtmögliche Richtungsdifferenzierung und kann damit komplexe Strukturen klären (Baumstamm/Äste/Zweige, Straße/Häuser etc.).
Beispiele: ◻ Abb. 2.10 (Kamin auf dem Hausdach) ◻ Abb. 2.11 (die »Wanderin« unten links)

Röntgenbild/Transparenz
Mehrere Ebenen eines Gegenstands oder einer räumlichen Situation werden simultan dargestellt, z. B. die Integration der Innenraum- und Außendarstellung eines Hauses oder das Sichtbarmachen einer verzehrten Mahlzeit. Dieses Prinzip unterstreicht, dass sich Kinder an Wissen und Bedeutung orientieren und nicht an einer »Ansicht« von einem Standpunkt aus. Sie »durchleuchten« nicht einen Gegenstand, sondern klären eine Situation in mehreren Bedeutungszusammenhängen (z. B. »Zu meinem Haus gehört mein Bett und das Dach«). Insofern ist der Begriff »Röntgenbild« irreführend.
Beispiel: ◻ Abb. 2.13 (das Haus wird zugleich mit Merkmalen des Innenraumes und der äußeren Gestalt dargestellt)

Bedeutungsperspektive
Ein Detail, ein Gegenstand oder eine Person wird durch besonders große Darstellung und/oder intensivere Ausarbeitung hervorgehoben. Damit dokumentiert sich die besondere Bedeutung für das Kind. Allerdings muss man mit vorschneller Interpretation wie immer vorsichtig sein. Kinder berücksichtigen bis zum Ende der Grundschulzeit nur sehr eingeschränkt Proportionen und kalkulieren den Flächenbedarf für ihr Bild nicht. Nachdem sie außerdem im Verlauf ihrer bildnerischen Entwicklung die Bildelemente oft überschnei-

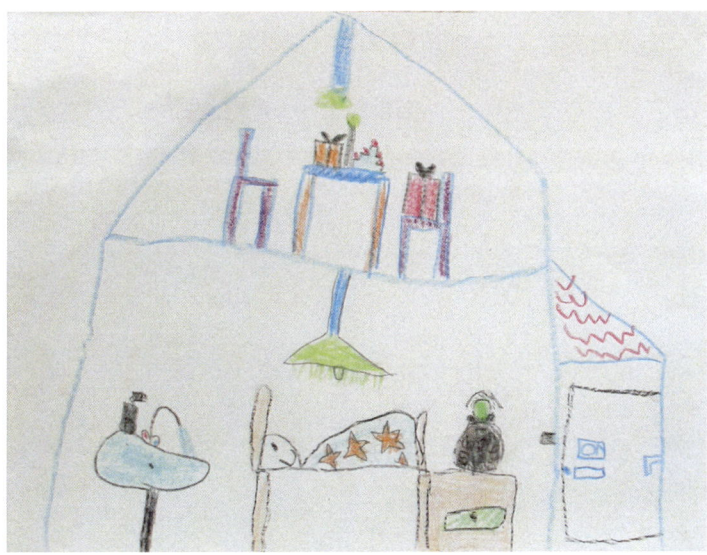

□ **Abb. 2.13**   Anna (6;9) »Mein Haus«

dungsfrei setzen, kann es passieren, dass im Verlauf des Zeichnens der »Platz ausgeht« und die Formen/Figuren kleiner werden müssen.

Bedeutung kann auch in der Reihenfolge des Darstellungsvorgangs sichtbar werden. Kinder beginnen häufig mit dem Wichtigsten zuerst.

Prägnanztendenz

Ein Gegenstand oder eine Figur wird aus zwei oder mehr unterschiedlichen »Ansichten« dargestellt. Die Kombination der jeweils prägnantesten Darstellung verschiedener Details führt zu »Umklappungen« und damit zu einer Klärung. So wird z. B. ein Becher mit einer geraden Querlinie unten abgeschlossen, oben aber mit der charakteristischen Kreisform versehen. Damit können sowohl das Gerade-auf-dem-Tisch-Stehen als auch die »Rundheit«, die man beim Trinken erlebt, gleichermaßen berücksichtigt werden. Die einansichtige Darstellung des Bechers von der Seite müsste die Öffnung mit einer geraden Linie abschließen – das ist für das Kind abwegig.

Beispiele: □ Abb. 2.12 (von den Stühlen wäre bei einer Einansichtigkeit – von oben – nur die Sitzfläche sichtbar; durch die »Umklappung« der Lehne sowie der Stuhl- und Tischbeine gelingt es dem Kind, alle wesentlichen Merkmale zu berücksichtigen), □ Abb. 2.13 (Türklinke, Ausguss im Waschbecken)

Exemplarisches Detail

Um bei der Entwicklung einer Darstellungsformel mit wenig Aufwand viel Klarheit zu erlangen, werden vor allem bei ähnlichem Grundaufbau besonders typische Unterschiede hervorgehoben. So ist zunächst der schematische Aufbau der menschlichen Figur (z. B. beim Kopffüßler) geschlechtsneutral. Durch die Unterscheidung beispielsweise einer Dreieck- bzw. Viereckform des Körpers kann der Unterschied von »Frau« und »Mann« auf einfachste Weise geklärt werden. Auch wenn das exemplarische Detail nicht zutrifft (z. B. die darzustellende Mutter nie einen Rock trägt), wird es angewandt. Exemplarische Details werden unter Kindern meist tradiert.

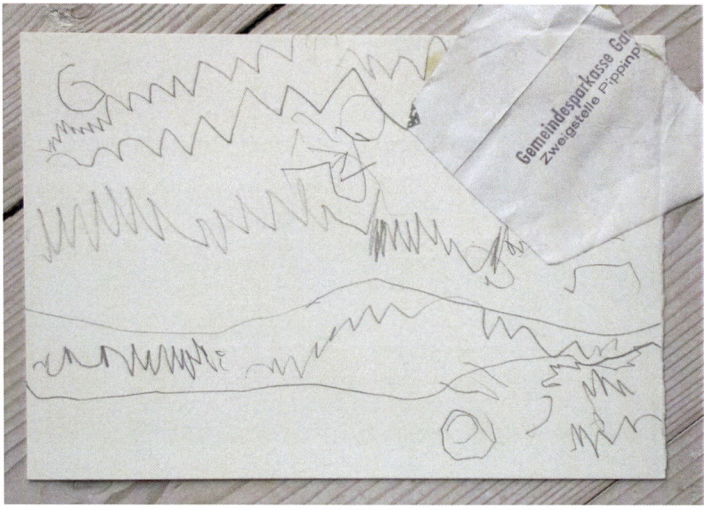

■ **Abb. 2.14**   Anna (3;11) Schreiben

2.2.6 Schreiben

Die Zeichnung von Anna (3;11) zeigt verschiedene Zickzackkritzel und abgesetzte Linien, die sichtlich kontrolliert auf das Blatt gesetzt wurden (■ Abb. 2.14). Die grafischen Formen erinnern an das Repertoire von Gestenkritzeln (▶ 2.2.3), doch schon auf den ersten Blick drängen sich weitere Assoziationen auf: Die Zickzacklinien sind regelmäßig und weitgehend parallel aufeinander bezogen, die »geraden« Linien dazwischen begleiten sie und folgen deren Richtungsänderungen überschneidungsfrei. In der linken oberen Ecke findet sich ein spiralartiger Kritzel, der sichtlich mit der entsprechenden Form des Stempeldruckes auf dem aufgeklebten Kuvert rechts korrespondiert. Man assoziiert den Buchstaben G sowie Schrift in Zeilen zu einem Text gereiht: Das Mädchen »schreibt«.

Das Blatt repräsentiert Schrift in verschiedener Hinsicht. Es zeigt, dass das Kind zentrale Ordnungsprinzipien unseres Schriftsystems verstanden hat. Es kennt wichtige Grundregeln des Schreibens, nach denen Buchstaben waagerecht gereiht und zu Zeilen zusammengefasst sowie untereinander in der Fläche angeordnet werden. Hätte man den Prozess beobachtet, wäre zudem die »Schreibbewegung« des Mädchens aufgefallen. Das Kind hat vermutlich weniger die grafische Form einer markanten Zickzacklinie im Blick als vielmehr das Bewegungsmuster des »Schreibens«. Dabei entstehen auch Bögen, Girlanden und Schlaufen als Ergebnisse von Bewegungsformen, die es vermutlich bei Schulkindern oder Erwachsenen beobachtet hat. Die Spuren dieser Bewegung führen zu der Anmutung einer verbundenen Schreibschrift, aber auch zu »Kürzeln«, die an eine Unterschrift erinnern. Beim »Schreiben« fixiert das Kind die typisch handschriftliche Schreibgeste. Mit dem So-Tun-als-ob steht diese Protoschreibschrift in direkter Beziehung zum Symbolspiel (Wygotski 1978, S. 111). Die Ähnlichkeit zwischen der »echten« Schrift reduziert sich hier auf das charakteristische Auf und Ab sowie das gelegentliche Absetzen des Stiftes. Vergleichbar mit dem Akt des Spielens genügt dieses Maß an Ähnlichkeit, um die repräsentative Geste des Schreibens auszuführen und zugleich an der Bedeutungserzeugung durch Schrift teilzuhaben.

Das Interesse des Kindes an Schriftlichkeit zeigt sich zumindest in einer Literacy-affinen Umgebung schon sehr früh. Das frühe Schreiben ist dabei unter gestisch-zeichnerischer Perspektive zu verstehen. Schreiben fixiert hier weniger Sprache, sondern steht für das Kind in

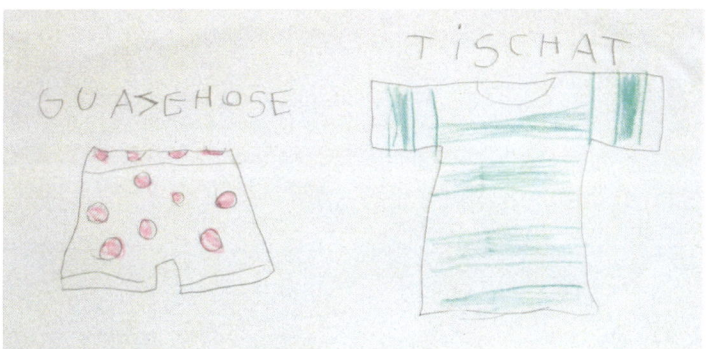

Abb. 2.15   Anna (6;4) phonetische Schreibung

erweiterten Bedeutungszusammenhängen einer Kulturerfahrung mit geschriebener und gedruckter Schrift in seiner sozialen Umgebung (Dehn und Sjölin 1996, S. 1145). Das Kind erlebt in vielen Situationen die Bedeutung, die Reichweite und die Effekte von Schrift.

Ohne dass wir den Entstehungsprozess der Zeichnung in ◘ Abb. 2.14 kennen, lassen sich vielfältige Szenarien vorstellen, wie dieses »Schreiben« in das Spiel des Kindes eingebettet gewesen sein könnte. Vielleicht schreibt und steckt es die Karte in ein Kuvert und spielt »Brief verschicken«, oder es lässt sich das Geschriebene von seiner Mutter »vorlesen«. Damit wird die kommunikative und soziale Dimension deutlich, die nicht nur in der Schrift selbst, sondern in allen damit verbundenen Handlungen steckt.

Mit der Form in der oberen linken Ecke versucht das Mädchen die charakteristische Form eines Großbuchstabens explizit zu erfassen. Hier steht nicht die Geste des flüssigen »Schreibens«, sondern die spezifische Gestalt eines diskreten Buchstabens im Fokus. Vermutlich ist sie direkt vom gestempelten Wort auf dem eingeklebten Kuvert übernommen.

Auf diese Weise beginnen Kinder einzelne Buchstabenformen zu schreiben. Von den Erwachsenen hören sie dazu entsprechende Bezeichnungen. Das grafische Gebilde wird visuell übernommen und als solches in seiner charakteristischen Form an anderer Stelle wiedererkannt. Anders als für den geübten Schreiber bzw. Leser vertritt der Buchstabe nicht den Laut, sondern ist als grafische Form gelernt und dabei mit einer ganz eigenen Bedeutung versehen. Schon früh meint das Kind beispielsweise, das Logo einer Marke »lesen« zu können. Stattdessen hat es sich die Ganzheit der spezifischen Form- und Farbkonstellation eingeprägt – es ist noch die Vorstufe des Lesens (Hasert 1995, S. 48).

Bald prägen sich Kinder nicht nur Buchstaben, sondern ganze Wörter mimetisch ein, allen voran den eigenen Namen. Mit dem Schreiben des eigenen Namens kann das Kind dann bereits gezielt kommunizieren, z. B. »Das habe ich gemacht« oder »Das gehört mir«. Damit nutzt es bereits die verbale Seite und die Funktion von Schriftlichkeit.

Wenn das Kind erste Wörter schreibt, berücksichtigt es oft nicht die Gerichtetheit der einzelnen Buchstaben. Sie sind mal gespiegelt, mal von rechts oder von links begonnen und nicht immer in der korrekten Reihenfolge gesetzt. Nachdem Buchstaben noch nicht phonetisch verstanden sind, hat die exakte Reihung der Buchstaben für das Kind noch keine Bedeutung. Wenn die gelernten Buchstaben des eigenen Namens die Bedeutung in sich selbst tragen, ist deren festgelegte Anordnung für das Kind offenbar unerheblich.

Erst mit einer zunehmenden phonologischen Bewusstheit dreht sich dieses Verhältnis um: Dann werden die vorher bedeutungsleeren Laute entsprechenden Buchstaben zugeordnet. Während der Buchstabe M z. B. vorher die »Mama« repräsentierte, steht er jetzt für den mit geschlossenen Lippen produzierten Laut »mmmh«. Entsprechend schreibt Anna (6;4) in ihrer Zeichnung »kurze Hose« und »T-Shirt« nun phonetisch (◘ Abb. 2.15).

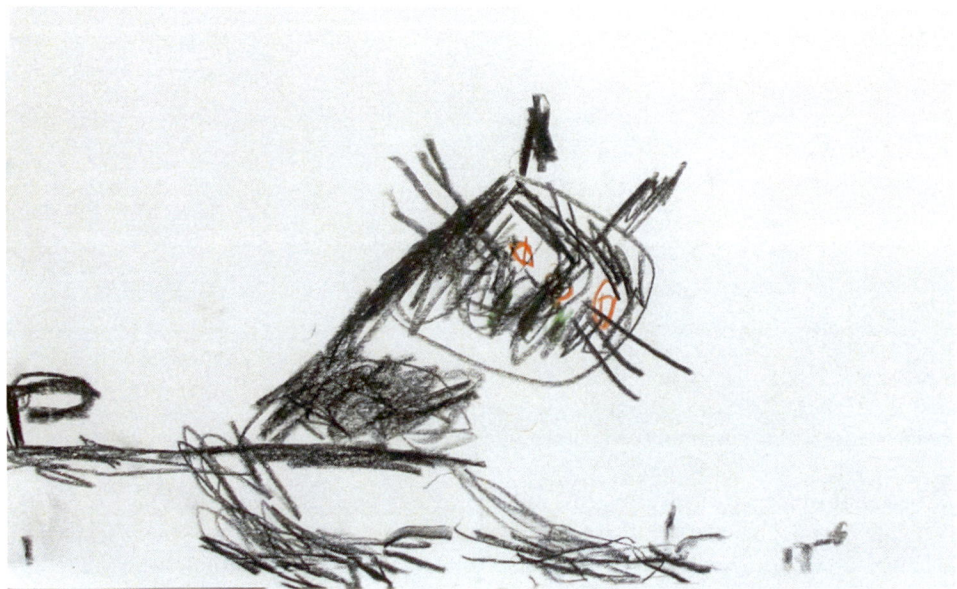

◾ **Abb. 2.16**   Florian (4;8) Schwarzer Kater mit Maus

2.2.7   Kinderzeichnungen »lesen«?

Florian (4;8) zeichnet viel und gerne. Der Erzieherin und den Eltern fällt auf, dass er dabei oft ein bestimmtes Motivspektrum variiert. Florian zeichnet immer wieder zwei Tiere, von denen eines das andere bedroht bzw. bedroht wird. Dabei sind es immer wieder Szenen, in denen das angreifende Tier nur noch zupacken müsste: der Kater die Maus, die Schlange die Maus, der Vogel den Wurm, der Wolf die Gans usw. Florian bleibt lange bei dieser Motivserie, auch dann, als er längst in die Schule geht. Im Lauf der Zeit entwickeln sich die Bilder. Auf den Bildern tauchen zusätzliche Tiere auf, die die Szene beobachten. Zunehmend gestaltet er die Situationen aus und bettet beide Tiere in Umgebungen und Landschaften ein. So entstehen für die bedrohten Tiere mitunter Flucht- oder Versteckmöglichkeiten. Florian zeichnet die großen, angreifenden Tiere stets in den Bildmittelpunkt, das Opfertier gerät eher an den Rand. Dabei schenkt er dem angreifenden Tier jedes Mal deutlich mehr Aufmerksamkeit. So auch in ◾ Abb. 2.16. Während Florian die Maus mit einfachen und auch leichten Strichen zeichnet und am unteren Blattrand platziert, gerät die Zeichnung der Katze deutlich intensiver. Ihr schwarzes Fell wird mit kräftigen Kreidestrichen dargestellt, die Dunkelheit und Dichte der Striche sowie die roten Augen der Katze akzentuieren den Kontrast zur Maus.

Konflikte und seelische Belastungen in Kinderzeichnungen   Kinderzeichnungen werden in der psychotherapeutischen Praxis und in der Kunsttherapie diagnostisch genutzt und im Therapieverlauf eingesetzt. Dazu bedarf es spezieller beruflicher Qualifikationen, die außerhalb des Berufsbildes der Erzieherin liegen. Wenn aber Eltern besorgt sind oder die Erzieherin selbst den Eindruck hat, dass bei einem Kind eine Belastung oder Störung vorliegt, ist es wichtig, zumindest orientierungsfähig zu sein. Immerhin ist die Erzieherin neben dem Kinderarzt oft die einzige Person im Umfeld des Kindes, die über so viel Professionswissen verfügt, dass sie weitere Beratung und Hilfe einleiten kann. Das betrifft vor allem Fälle traumatisierter Kinder, die z. B. Opfer sexueller Gewalt wurden. Gerade diese Kinder werden über das Verbrechen hinaus häufig mit einem Schweigegebot belegt. Weil sie über ihr Leid nicht sprechen können oder dürfen, wird das Zeichnen für sie zu einer bedeutenden Möglichkeit, um etwas zu artikulieren. Deshalb ist es wichtig, über die Bilder einen Zugang zu möglichen Belastungen des Kindes zu bekommen.

Kann man in den Bildern Florians Ängste erkennen? Muss die Erzieherin sogar auf einen Hilferuf reagieren? Naheliegend ist es, über das Bild mit dem Kind in ein Gespräch zu kommen. »Möchtest du zu deinem Bild etwas erzählen?«, kann der Auftakt zu einem Gespräch sein, das durch weitere Fragen die Möglichkeit eröffnet, etwas über eventuelle Belastungen des Kindes zu erfahren. Neben den allgemeinen Beobachtungen zum Verhalten des Kindes lässt sich im Team beraten, ob weitere Schritte einzuleiten sind. In vielen Beratungsstellen und Therapieeinrichtungen werden Zeichnungen auf diese Weise genutzt. Ein anderer Weg wäre, die Zeichnung unmittelbar zu interpretieren.

Kann man Kinderzeichnungen interpretieren? Die Zeichnung Florians (◘ Abb. 2.16) wirkt auf den Betrachter in seiner Gesamtheit. Man gewinnt schon beim ersten Ansehen einen subjektiven Eindruck und könnte verleitet sein, das Bild sofort zu deuten. Doch erfahrene Therapeuten warnen davor, unmittelbar zu interpretieren. Christa Seidel (2007) hat ein dreistufiges Modell entwickelt, das vor einer möglichen Interpretation erst einmal allgemeine Basisbefunde zum Kind erfasst. Was weiß ich bereits vom Kind? Was kann ich durch eigene Beobachtungen und durch Gespräche (z. B. mit den Eltern) erfahren?

Um einen möglichst umfassenden Befund zu erhalten, ist ein strukturiertes Vorgehen mittels eines Beobachtungsbogens sinnvoll. Danach wendet man sich der Zeichnung zu. Neben dem subjektiven Gesamteindruck lassen sich verschiedene Beobachtungsbereiche differenzieren: Welche Zeichen/Motive/Symbole tauchen auf? Wie sind die Formen ausgearbeitet, und in welcher Größe sind sie dargestellt? Was lässt sich zur Grafomotorik sagen (z. B. Strichführung)? Welche Farben werden eingesetzt, wie sind Bewegungen dargestellt, und wie ist der Raum bzw. das Blatt organisiert (Seidel 2007, S. 267)? Diese Beobachtungsbereiche werden unter der Perspektive des Entwicklungsstandes des Kindes untersucht. In welchem Verhältnis steht die zeichnerische Entwicklung zum Alter des Kindes, gibt es Auffälligkeiten/Brüche? Anschließend werden dieselben Beobachtungsbereiche auch unter emotionaler Perspektive analysiert, beispielsweise: Auf was könnten bestimmte Bildsymbole verweisen? Ist der Pinselduktus fest oder zart? Lassen bestimmte Größenverhältnisse im Bild besondere Bedeutungszuweisungen vermuten, wenn sich das Kind etwa selbst winzig klein darstellt? Könnte der massive Einsatz einer bestimmten Farbe auf eine seelische Verfasstheit hinweisen?

Erst im Zusammenspiel mit den verbalen Äußerungen des Kindes und der Verhaltensbeobachtung in der konkreten Zeichensituation (z. B. wo das Kind zu zeichnen beginnt, wo es ausradiert oder überzeichnet) ergibt sich so eine stabile Basis, die, unterstützt von Zeichentests (▶ 2.2.8), schließlich in der dritten Stufe eine Hypothesenbildung und dann entsprechend eine Interpretation ermöglicht.

Mögliche Fehleinschätzungen Nur wenn auf diese differenzierte und komplexe Weise eine Annäherung an das Kind und dessen Bild erfolgt, können Fehleinschätzungen vermieden werden, die vor allem mit spontaner und flüchtiger Betrachtung einhergehen. Im Folgenden sind exemplarisch Phänomene genannt, die zu typischen Fehlinterpretationen verleiten:

— *Ein Kind verwendet in seinem Bild massiv die Farbe Schwarz*: In unserem Kulturkreis steht die Farbe Schwarz für Tod, Trauer und Nacht. Wenn in einem Bild Schwarz dominiert, kann das einen Erwachsenen erschrecken. Doch Kinder nehmen die Farbe gern – sie bildet den größtmöglichen Kontrast zum weißen Papier, Figuren lassen sich damit deutlich akzentuieren. Vielleicht wirkt auch manchmal ein kleiner Nebeneffekt: Wenn das Kind ein Bild ganz schwarz malt, schenkt ihm die Mutter besondere Aufmerksamkeit.

— *Regression in der Malentwicklung*: Ein Kind verfügt z. B. schon längst über Figurenschemata, trotzdem kritzelt es wie ein Kleinkind. Einem schulreifen Kind machen Bewegungsspuren ebenso Freude wie einem Dreijährigen. Mitunter repräsentieren Kritzelgesten aber auch Bewegungen (z. B. eines Fahrzeugs oder eines Sturmes). Erst wenn der Stillstand oder die Regression in der Malentwicklung über einen längeren Zeitraum anhält, sollten Ursachen ergründet werden.

— *Figuren sind übergroß oder extrem klein*: Ein Kind beginnt seine Zeichnung meist mit dem Motiv, das ihm am wichtigsten ist. Wenn im Verlauf die weiteren Figuren immer kleiner werden, kann das zwar auf eine gewisse Bedeutungshierarchie verweisen, das sollte aber mitnichten überinterpretiert werden. Denn Kinder vermeiden ab einem gewissen Alter Überschneidungen. Wenn also Figuren immer kleiner werden, kann das auch bedeuten, dass es dem Kind wichtig ist, eine bestimmte Zahl von Figuren auf das Bild zu bekommen, der Platz dabei aber immer weniger wird. Die Fähigkeit, Größenverhältnisse weitgehend zu erfassen und dementsprechend planvoll ein Bild anzulegen, haben Kinder erst am Ende der Grundschulzeit.

— *Gesichter haben einen (z. B. ängstigenden) Gesichtsausdruck*: Kinder können durchaus lachende und traurige Gesichter zeichnen. Über die Fähigkeit, eine nach oben oder unten gebogene Mundlinie zu zeichnen, verfügen sie recht früh. Doch die meisten Linien, die für die Mimik und den emotionalen Ausdruck in einer Gesichtsdarstellung wichtig sind, lassen sich in ihrer Wirkung nur schwer steuern. Kreisrund gezeichnete Augen oder schräge Augenbrauen können so in einem Gesicht schnell erschreckt oder ängstlich wirken. Umgekehrt bedeutet das aber nicht, dass die Kinder nicht über die ungeplant entstandene Wirkung eines emotionalen Ausdrucks wahrnehmen und darüber sprechen könnten.

Subjektstufig – objektstufig   Zurück zu Florian. Angenommen, das Thema »Bedrohung« beschäftigt bzw. ängstigt ihn tatsächlich, wie könnte man seine Bilder dann verstehen oder gar deuten? Exemplarisch seien hier die subjektstufige und die objektstufige Betrachtungsweise genannt, um einen Zugang zu Bedeutungen in seinen Zeichnungen entdecken zu können:

Zunächst fällt auf, dass Florian das angreifende Tier mit großer Intensität zeichnet. Die ausgiebige Beschäftigung mit der grafischen Ausgestaltung könnte für Florian ein Weg sein, die Bedrohung überhaupt anzusehen und sie damit auszuhalten. Indem er durch das Zeichnen aktiv mit ihr umgeht, könnte so die Übermacht ihren Schrecken verlieren. Die intensive Bearbeitung des angreifenden Tieres kann aber auch auf die eigenen aggressiven Anteile des Kindes verweisen. Damit könnte Florian das gleichzeitige Gefühl der Angst bzw. des Ausgeliefertseins und das Gefühl der Aggression durch die Aufteilung bzw. Projektion auf beide Tiere in einer Darstellung integrieren. Beide Tiere stünden dann gleichermaßen für verschiedene Anteile in der eigenen Persönlichkeit. Diese Betrachtungsweise nennt man *subjektstufig*.

Eine andere Herangehensweise wäre die *objektstufige* Deutung der Bilder. Die Figuren und Objekte im Bild (vor allem wenn es mehrere Bildelemente gibt) könnten dann für Eltern, Geschwister, Freunde und den Zeichner selbst stehen. Die Frage an das Kind wäre dann: »Wenn du auf dem Bild wärst, wer oder was wärst du am ehesten?« Nacheinander entstünde mit der

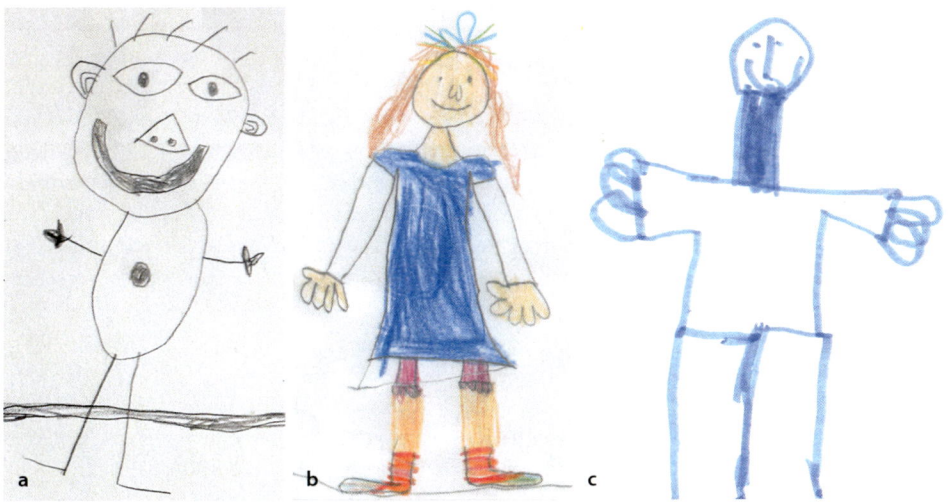

Abb. 2.17 **a** Mädchen (5;3), **b** Mädchen (5;6), **c** Mädchen (5;4)

Zuordnung und Identifikation aller weiteren Bildelemente die Grundlage für ein Gespräch. In einem nächsten Schritt könnte man z. B. fragen, wie es den Personen/Figuren auf diesem Bild geht und wie sie sich jeweils fühlen.

Der Weg zu einer fundierten Interpretation ist lang und bedarf einiger Erfahrung. Aus der Analyse eines einzelnen Blattes lassen sich keine zweifelsfreien Schlüsse ziehen. Vorsicht ist vor allem dann geboten, wenn in der Zeichnung Indizien entdeckt werden, die auf ein Trauma oder gar ein Verbrechen hinweisen (Frei 1993, S. 48; Ulonska und Koch 1994, S. 68).

Professionalität bedeutet in diesem Zusammenhang, mit qualifizierten Fachleuten zusammenzuarbeiten, sensibel und aufmerksam wahrzunehmen, über fachliche Grundlagen zu verfügen, vorsichtige Schlüsse zu ziehen und rechtzeitig zu reagieren, indem man die Eltern anspricht oder in entsprechenden Fällen das Jugendamt verständigt bzw. sich Hilfe in einer Beratungsstelle holt – auf diese Weise lässt sich die besondere Bedeutung der Kinderzeichnung nutzen, das Kind besser zu verstehen und ihm, wenn nötig, zu helfen.

2.2.8 Zeichentests

Drei Mädchen im Vorschulalter zeichnen einen Menschen (■ Abb. 2.17a–c). Die Zeichnungen könnten kaum unterschiedlicher sein. Die Unterschiede betreffen die Anzahl und Ausprägung der einzelnen Körperteile und deren zeichnerische Darstellung, die Proportionen, den Einsatz der zeichnerischen Mittel, die Farbe und vieles mehr. Die Erzieherin versucht, die Zeichnungen mit ihrem Wissen über die bildnerische Entwicklung abzugleichen, doch die Spannbreite ist deutlich größer als bei den üblichen Darstellungen in der Literatur zur Kinderzeichnung (wie auch in dem vorliegenden Buch). Wie aber lassen sich die großen Unterschiede erklären? Ist eines der Mädchen begabter als das andere? Ist eines der Mädchen intelligenter als das andere? Kann man von drei durchaus »normalen« Entwicklungen sprechen, oder werden hier Entwicklungsverzögerungen, vielleicht auch Hochbegabungen sichtbar? Liegen möglicherweise kognitive oder seelische Beeinträchtigungen vor?

Unter gleichaltrigen Kindern sind große Unterschiede in der zeichnerischen Darstellungsfähigkeit durchaus üblich. Bevor man aber von der Darstellungstätigkeit der Kinder auf ihre Darstellungsfähigkeit schließt, muss man sich vergegenwärtigen, dass Kinder zunächst einmal nicht all das zeichnen, was sie von einem Sachverhalt wissen, sondern was sie darstellen wollen (was ihnen im Moment wichtig ist). Die Zeichnungen in ■ Abb. 2.17a, b und c können also nicht ausschließlich unter der Perspektive ihrer jeweiligen Entwicklungsstufe verglichen werden, da jede Zeichnung einen anderen Entstehungshintergrund hat (darüber hinaus handelt es sich hier um Ausschnitte). Dennoch kann es sinnvoll sein, Kinderbilder unter bestimmten Aspekten und normierten Kriterien beurteilen und vergleichen zu wollen. Dazu gibt es verschiedene Tests: Familie in Tieren (Brem-Gräser 1957), Draw a Person (Goodenough 1926/1975), Baumtest (Koch 1997), ZEM-Test (Koppitz 1972), DAP-IQ (Reynolds und Hickmann 2004) und Mann-Zeichen-Test (Ziler 1958).

Zeichentests zielen nicht auf die Messung der Fähigkeit zur bildnerischen oder gar künstlerischen Darstellungsfähigkeit. Sie zielen auf die Selbst- bzw. Körperwahrnehmung, die Einschätzung möglicher kognitiver Defizite des Kindes, auf seine Gefühle und/oder seine seelische Verfasstheit. Zeichentests werden deshalb häufig im Zusammenhang der Feststellung der Schulreife oder auch in der psychotherapeutischen Diagnostik eingesetzt.

Ein bekannter Zeichentest: Der ZEM-Test nach Koppitz   Der Zeichne-einen-Menschen-Test (ZEM-Test) von Elisabeth M. Koppitz (1972) soll an dieser Stelle stellvertretend vorgestellt werden. Er kann nach Koppitz im Alter von fünf Jahren erstmals angewandt werden und zielt nicht auf die Kritzel- und Konzeptkritzelphase des Kindes, sondern orientiert sich am »reifen« Bild (▶ 2.2.5). Der Zeichne-einen-Menschen-Test will sowohl kognitive Entwicklungsmerkmale als auch emotionale Aspekte einer Zeichnung erfassen. Mit einer sowohl entwicklungspsychologischen als auch projektiven Auswertungsmöglichkeit wird er zu einem breit angelegten Diagnoseinstrument.

Der Testverlauf: Die Kinder zeichnen mit einem mittelharten Bleistift auf eine genormte Papiergröße. Das Format gibt Koppitz mit 28×20 cm an, was dem bei uns gebräuchlichen DIN-A4-Format ($29,7 \times 21$ cm) entspricht. Dieses Maß ist wichtig, weil vom Zeichenergebnis bei der Auswertung teilweise absolute Zentimetermaße entnommen werden. Es gibt beim ZEM keine Zeitbeschränkung. Die Kinder können allein oder gleichzeitig in der Gruppe zeichnen, wobei sie nicht voneinander oder von Vorbildern abschauen sollen. Wichtig ist, dass jedes Kind bewusst den genauen bzw. denselben Wortlaut hört und versteht:

> ❯ ‚Ich möchte, dass Du auf dieses Blatt Papier eine ganze Person zeichnest. Du kannst jede Art von Person zeichnen, nur achte darauf, dass es eine ganze Person wird und nicht nur ein Strichmännchen oder eine Witzblattfigur.‘ Bei kleineren Kindern, die möglicherweise das Wort ‚Person‘ nicht verstehen: ‚Du kannst einen Mann oder eine Frau zeichnen oder einen Jungen oder ein Mädchen, was immer Du gerade zeichnen willst.‘ (Koppitz 1972, S. 22).

Damit verdeutlicht der Erwachsene, dass es ihm nicht um einen beliebigen Zeichenanlass geht, sondern um eine gezielte Aufgabe. Koppitz wertet die entstandenen Zeichnungen mittels geschlechts- und jahrgangsdifferenzierten Skalen aus und unterscheidet dabei »Entwicklungsmerkmale« von »emotionalen Faktoren«.

Entwicklungsmerkmale des ZEM-Testes   Durch die Auswertung von knapp 2000 Tests hatte Koppitz eine Norm festgelegt, nach welcher die Ergebnisse in vier Kategorien eingeteilt sind. Entsprechend des Lebensalters und des Geschlechts des Kindes werden einzelne Merkmale einer Zeichnung als »erwartet«, »üblich«, »nicht ungewöhnlich« oder »außergewöhnlich« eingeordnet. Koppitz berücksichtigt dabei die Erfahrung, dass Mädchen im Kindergartenalter und in den unteren Schulklassen in der zeichnerischen Entwicklung meist weiter sind. Das gleicht sich aus bzw. dreht sich im Alter zwischen acht und neun Jahren um. Zudem sieht sie »feminine« und »maskuline« Einzelheiten in der Menschendarstellung. Das begründet für Koppitz (1972, S. 30, 33) die nach Geschlechtern getrennten Tabellen der Entwicklungsmerkmale.

Ein Merkmal ist dann »erwartet«, wenn es in derselben Altersstufe bei 85–100 % aller Kinder vorkommt. Als »üblich« gilt ein Merkmal, wenn 51–85 % der Kinder es verwenden, als »nicht ungewöhnlich«, wenn es sich bei 16–50 % der Probanden findet. »Außergewöhnlich« ist ein Einzelmerkmal, das bei höchstens 15 % der getesteten Kinder entdeckt wird.

Bei der Auswertung werden die erfassten Merkmale nun einfach addiert, wobei lediglich die beiden Kategorien »außergewöhnlich« und »erwartet« gezählt werden. Für jedes außergewöhnliche Detail wird ein Punkt addiert, während für die Darstellung eines »erwarteten Merkmals« kein Punkt gezählt wird. Allerdings wird für jedes fehlende »erwartete Merkmal« ein Punkt abgezogen. Damit in der Gesamtbilanz im Zweifelsfall keine negative Zahl entsteht, werden zum Ergebnis in jedem Fall fünf Punkte addiert.

Ein ermittelter ZEM-Wert von sieben oder acht Punkten gilt als »sehr hoch«, sechs Punkte als »Durchschnitt bis sehr hoch«, fünf Punkte als »Durchschnitt bis hoch«, vier Punkte als »niedrig bis Durchschnitt«, drei Punkte als »niedrig«, zwei Punkte als »Grenze zur Intelligenzminderung« und null bzw. ein Punkt als »Intelligenzminderung«.

Hier wird deutlich, dass Koppitz die Ergebnisse des Tests direkt mit der Intelligenz des Kindes korrelierte, was heute durchaus kritisch gesehen wird (Seidel 2007, S. 728). Ein Zeichentest sollte bei Auffälligkeiten stets mit einem separat erhobenen IQ-Test abgeglichen und bezüglich auffälliger Abweichungen begutachtet werden. Liegt etwa die zeichnerische Darstellungsfähigkeit signifikant unter dem Ergebnis bei der Intelligenzmessung, kann dies ein wichtiger Hinweis auf seelische Probleme des Kindes sein. Ein niedriger ZEM-Wert deutet nicht automatisch auf eine eingeschränkte Intelligenz.

Anhand von ◻ Abb. 2.18 lassen sich die Einzelmerkmale mit den folgenden Angaben für fünfjährige Mädchen abgleichen. Somit kann der ZEM-Wert ermittelt werden.

Angaben aus dem ZEM-Test nach Koppitz (Seidel 2007, S. 736)

Mädchen, 5 Jahre
- Erwartete Entwicklungsmerkmale: Kopf, Augen, Nase, Mund, Körper, Beine, Arme
- Übliche Entwicklungsmerkmale: Haare, Füße, Arme zweidimensional, Finger, eine Einzelheit bei der Kleidung
- Nicht ungewöhnliche Entwicklungsmerkmale: Beine zweidimensional, Hals, Hände, Augenbrauen, Pupillen, Arm unten, Ohr, fünf Finger, zwei bis drei Einzelheiten bei der Kleidung
- Außergewöhnliche Entwicklungsmerkmale: Füße zweidimensional, Proportionen, Nasenlöcher, zwei Lippen, Ellbogen, Profil, Arme an der Schulter, Knie, vier Einzelheiten bei der Kleidung

Jungen, 5 Jahre (Seidel 2007, S. 734)
- Erwartete Entwicklungsmerkmale: Kopf, Augen, Nase, Mund, Körper, Beine

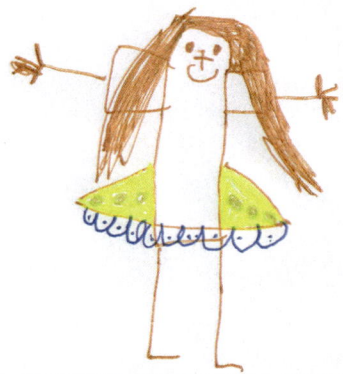

■ **Abb. 2.18**   Mädchen (5;6)

— Übliche Entwicklungsmerkmale: Arme, Haare, Füße, Finger, eine Einzelheit bei der
  Kleidung
— Nicht ungewöhnliche Entwicklungsmerkmale: Arme zweidimensional, Beine zweidi-
  mensional, Hals, Hände, Augenbrauen, Arm unten, Ohr, zwei bis drei Einzelheiten bei
  der Kleidung
— Außergewöhnliche Entwicklungsmerkmale: Pupillen, Füße zweidimensional, fünf
  Finger, Proportionen, Nasenlöcher, zwei Lippen, Ellbogen, Profil, Arme an der Schulter,
  Knie, vier Einzelheiten bei der Kleidung

Emotionale Faktoren des ZEM-Testes   Über die entwicklungspsychologische Dimension hinaus möchte Koppitz (1972, S. 16) im Test auch die »unbewussten Bedürfnisse, inneren Konflikte
und Persönlichkeitsmerkmale« erfassen. Die emotionalen Aspekte in einer Menschendarstellung können mit derselben Zeichnung erhoben werden. Koppitz entwickelte hierfür eine Liste
mit 30 spezifischen zeichnerischen Merkmalen, die bei verhaltensauffälligen Kindern bzw. bei
Kindern mit seelischen Problemen signifikant häufig auftraten. Diese Liste der sogenannten
emotionalen Faktoren zeigt sich weitgehend unabhängig von Alter und Reife. Finden sich in
einer Zeichnung zwei oder mehr dieser Faktoren vor, wird dies als auffällig gewertet und kann
ein Hinweis auf eine mögliche Störung sein. Diese Merkmale werden im Folgenden nur stich-
punktartig wiedergegeben.

Emotionale Faktoren im ZEM-Test (Koppitz 1972, S. 56)

1. Unzulängliche Integration von Teilen (z. B. ein Teil, mehrere Teile der Gestalt sind nicht
   mit der übrigen Figur verbunden) (gilt erst für Mädchen ab 6, Jungen ab 7 Jahren)
2. Absichtsvolle, massive Schattierung des Gesichts
3. Massive Schattierung des Körpers/Gliedmaßen (gilt erst für Mädchen ab 8, Jungen ab 9
   Jahren)
4. Schattierung der Hände (gilt erst für Mädchen ab 7, Jungen ab 8 Jahren)

5. Grobe Asymmetrie der Gliedmaßen
6. Schräg geneigte Gestalten (mehr als 15°)
7. Winzige Gestalt (5 cm oder kleiner)
8. Große Gestalt (größer als 23 cm) (gilt erst für Kinder ab 8 Jahren)

…

23. Keine Augen (geschlossene Augen oder leere Kreise werden nicht gewertet)
21. Keine Nase (gilt erst für Mädchen ab 5, Jungen ab 6 Jahren)
22. Kein Mund
23. Kein Körper
24. Keine Arme (gilt erst für Mädchen ab 5, Jungen ab 6 Jahren)
25. Keine Beine
26. Keine Füße (gilt erst für Mädchen ab 7, Jungen ab 9 Jahren)
27. Kein Hals (gilt erst für Mädchen ab 9, Jungen ab 10 Jahren)

Ein Zeichentest kann gerade im Zusammenhang mit weitreichenden Entscheidungen nie allein stehen. Neben der aufmerksamen Wahrnehmung der Zeichnung und des Entstehungsprozesses muss immer auch das gesamte Verhalten des Kindes miteinbezogen werden. Ein Zeichentest kann nur zur Orientierung dienen. Das Ergebnis des Testes kann beispielsweise andere Schulreifetests bestätigen. Bei deutlich von der Norm abweichenden Entwicklungsmerkmalen oder bei auffälligen und gehäuft auftretenden emotionalen Faktoren kann eine Zeichnung einen wichtigen Hinweis geben, das Kind genauer zu beobachten (▶ 2.2.7).

2.3 Plastik

Während zweidimensionale Bilder vornehmlich visuell erschlossen werden, wirken bei der Wahrnehmung dreidimensionaler Gegenstände erweiterte sinnliche Zugangswege. Um ihre Form zu erfassen, müssen Gegenstände aus unterschiedlichen Perspektiven betrachtet werden, d. h., man ist genötigt, sich räumlich zu verhalten und zu bewegen. Die Objekte können aus der Ferne, aus der Nähe, von unten und von oben betrachten werden. Um ihre Beschaffenheit zu erfahren, muss man sie nicht nur umgehen, sondern ist auch gefordert, mit ihnen »umzugehen«. Dass eine Oberfläche spiegelt, kann visuell wahrgenommen werden – ob sie kalt oder warm, hart oder weich ist, kann man durch eine haptische Untersuchung erfahren. Erst wenn Papier geknüllt wird, werden wir uns seiner materiellen Bedingungen gewahr. Die Verletzung der Reinheit, Glätte und Perfektion eines weißen Blattes Papier hat im Alltag oft etwas Entwertendes – unter plastischen Gesichtspunkten hat das Papier aber gewonnen: Die flache Form ist räumlich geworden und wirft unterschiedliche Schatten. Die Knicke im Material zeichnen dünne, nervöse Linien auf das Weiß, die mit den weiten Flächen kontrastieren.

Der Begriff »Plastik« fungiert seit dem 20. Jahrhundert als Überbegriff für dreidimensionale, d. h. körperhafte Gestaltungen. Die Gestaltungsmöglichkeiten sind dabei nahezu unbegrenzt, was sowohl die Auswahl der Materialien als auch die plastischen Gestaltungsverfahren betrifft: das Behauen eines Marmorsteines mit Hammer und Meißel, das Modellieren mit Ton, das Gießen in Bronze oder das Montieren von gefundenen Alltagsgegenständen – die Sprache der Plastik, ihre Formen und Mittel sowie die daraus resultierenden Wirkungen und Bedeutungen sind unendlich.

Beim Modellieren entsteht eine Form durch Drücken und Verschieben von Masse, wenn z. B. aus einem Stück Ton ein Kopf geformt wird. Dabei kann zwar auch Material entfernt und hinzugefügt werden, das eigentliche Modellieren ist aber ein Prozess des Verformens. Entsteht eine Form durch Wegnehmen von Material aus einer Masse, quasi in einem subtraktiven Prozess, spricht man von *Skulptur* (vom lateinischen *sculpere* für »schnitzen«, »bilden«, »meißeln«), z. B. wenn ein Marmorstein mit Hammer und Meißel oder ein Holzstamm mit einer Motorsäge bearbeitet wird. Von *additiven Verfahren* spricht man, wenn eine Form aus verschiedenen Teilen konstruktiv zu einem neuen Ganzen zusammengefügt wird. Unter diese Kategorie fallen auch Werke der Gattung der *Objektkunst*, die seit Beginn des 20. Jahrhunderts zentrale Bedeutung hat. In der Objektkunst beschränkt sich die künstlerische Tätigkeit nicht mehr auf ein Material, das durch ein Verfahren bearbeitet wird wie beim Modellieren oder Meißeln. Die Werke entstehen vielmehr durch Kombination bereits verwendeter Gegenstände, die in einem Werk zusammengeführt werden. Dabei können die Einzelteile durch unterschiedliche Verbindungstechniken wie Schrauben, Schweißen oder Kleben montiert werden. Solche Collagen mit plastischen Objekten werden als *Objektmontagen* oder als *Assemblagen* (vom französischen *assembler* für »aneinanderfügen«, »versammeln«, »zusammenbringen«) bezeichnet. Die entstehenden Plastiken können von allen Seiten betrachtet werden (*Freiplastik*) oder an einen flachen Hintergrund gebunden und auf einer Grundplatte befestigt sein (*Relief*).

Schon diese begrifflichen Festlegungen deuten auf das breite Spektrum plastischer Gestaltungsmöglichkeiten. Dies betrifft sowohl die angesprochenen Verfahren wie auch die Vielfalt möglicher Gestaltungsmaterialien (z. B. Ton, Holz, Stein, Metall, Gips, Kunststoff, Alltagsgegenstände). Die entstehenden Formqualitäten können organisch oder tektonisch sein, Grate und Kanten haben oder in einem Wechselspiel konkaver oder konvexer Formen weich fließend ineinander übergehen. Die Materialien können sehr unterschiedliche haptische Qualitäten aufweisen (z. B. hart, weich, kalt, warm, rau, glatt). In der Oberfläche kann das Material in seiner eigentlichen Beschaffenheit zum Ausdruck kommen, es kann aber auch farbig gefasst werden. Die Vielzahl unterschiedlicher Materialien und Verfahren führt zu unendlichen plastischen Möglichkeiten. Der Phantasie sind bei der Entdeckung neuer Verfahren und Techniken keine Grenzen gesetzt.

2.3.1   Material untersuchen

Eric (3;8) begegnet Ton zum ersten Mal. Er nimmt in jede Hand ein kleines Stück Ton und beobachtet hoch konzentriert die kleinen Veränderungen, die sich durch das Drücken des Materials ergeben (■ Abb. 2.19a). Offenbar ohne eine konkrete Form anzustreben, drückt er mit seinen Fingern 20 min die kleinen Stücke. Als der Ton auszutrocknen beginnt, stellt ihm der Erwachsene eine kleine Schale mit Wasser auf seinen Arbeitstisch und erklärt ihm die Möglichkeit, den Ton wieder anzufeuchten. Eric modelliert seine Werkstücke anschließend weitere 15 min, ehe er die beiden »Handschmeichler« auf der Arbeitsplatte ablegt (■ Abb. 2.19b).

Wenn ein Kind zum ersten Mal neuen Materialien begegnet, sind gewisse Erscheinungsformen des Modellierens auch durch die »Erstbegegnung« bedingt und lassen keine unmittelbaren Rückschlüsse auf einen allgemeinen Entwicklungsstand zu. Ein Kind im gleichen Alter, das schon mehrfach mit Ton modelliert hat, wird bezüglich seiner plastischen Fähigkeiten andere Gestaltungsmöglichkeiten haben. Dieser Aspekt soll deshalb betont werden, weil die Bedeutung der »handwerklichen« Fähigkeiten auf Basis einer motorischen Entwicklung beim dreidimensionalen Gestalten eine noch größere Rolle spielt als in der Fläche.

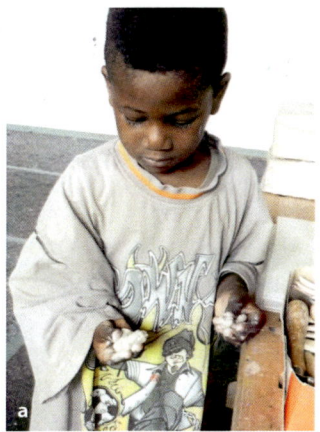
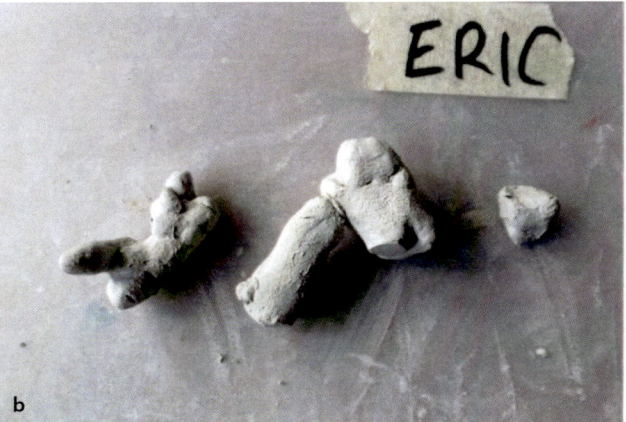

Abb. 2.19 **a** Eric (3;8) begegnet Ton zum ersten Mal, **b** 30 Minuten modelliert er seine »Handschmeichler«

In der ersten Begegnung von Eric mit dem Material Ton zeigt sich aber ein weiterer auffälliger Unterschied zum bildnerischen Verhalten in der Fläche. Während das Medium beim Zeichnen bald selbstverständlich wird und sich der Fokus der Aufmerksamkeit des Kindes auf die entstehenden Spuren richtet, spielt die Exploration des Materials und seiner Möglichkeiten während des gesamten plastischen Prozesses eine zentrale Rolle. Ist beim Zusammenspiel sensueller und motorischer Handlungen beim Zeichnen die Steuerung der Bewegung von zentraler Bedeutung, dominiert bei plastischen Gestaltungsprozessen ohne Werkzeug das Sensuelle.

So vollziehen sich erste Begegnungen in der Regel als ein vorsichtiges Annähern, wobei der im gesamten Gestaltungsprozess wirksame Modus des konzentrierten Zusammenspieles von Auge und Hand hier schon sichtbar wird (● Abb. 2.19a). Anschauung und Handlung bedingen einander unmittelbar: Inwieweit kann das Material verformt werden, und welche Formen entstehen dabei? Die Auseinandersetzung mit dem Material ist so reizvoll, dass sich das Kind ganz und gar im Material verliert. Diese handgreiflichen Untersuchungen haben primär eine explorativ-materielle Ursache. Das Kind begegnet dem Material neugierig und erkundet die materiellen Möglichkeiten, wobei jedes Material zunächst mit den »üblichen« Methoden untersucht wird, weshalb Hildegard Hetzer (1931, S. 7) diese ersten Aktivitäten als »unspezifische Materialbehandlung« bezeichnet hat. Nach dieser staunenden Erstbegegnung bildet sich sukzessive ein spezifisches Materialverständnis, beim Umgang mit Ton das Bewusstsein des Formens und der eigenen Fähigkeiten der Veränderung. Hierfür ist es wichtig, dass geeignetes Material zur Verfügung steht, d. h. solches das mit und ohne Werkzeuge untersucht und gestaltet werden kann. Dies sind in erster Linie die bereits angesprochenen »natürlichen Materialien« wie Sand und Erde, Ton, aber auch Plastilin.

Auch Felix (3;6) begegnet dem Material Ton zum ersten Mal. Vorsichtig befühlt er zunächst den kleinen Batzen und erkennt schon bald, dass das Material nicht nur verformbar ist, sondern sich Einzelteile ablösen lassen (● Abb. 2.20a, 2.20b). Immer wieder löst er diese kleinen, ähnlich großen Teile aus der Masse und drückt sie flach auf die andere Seite der Arbeitsunterlage, bis sich die einzelnen »Chips« zu einer kleinen, geschlossenen Fläche verdichten (● Abb. 2.20c). Danach zerstört er sie wieder und wendet sich einem neuen Untersuchungsmodus zu. Er entdeckt, dass mittels einer Holzstange Löcher in den Ton gestoßen werden können. Auch diese

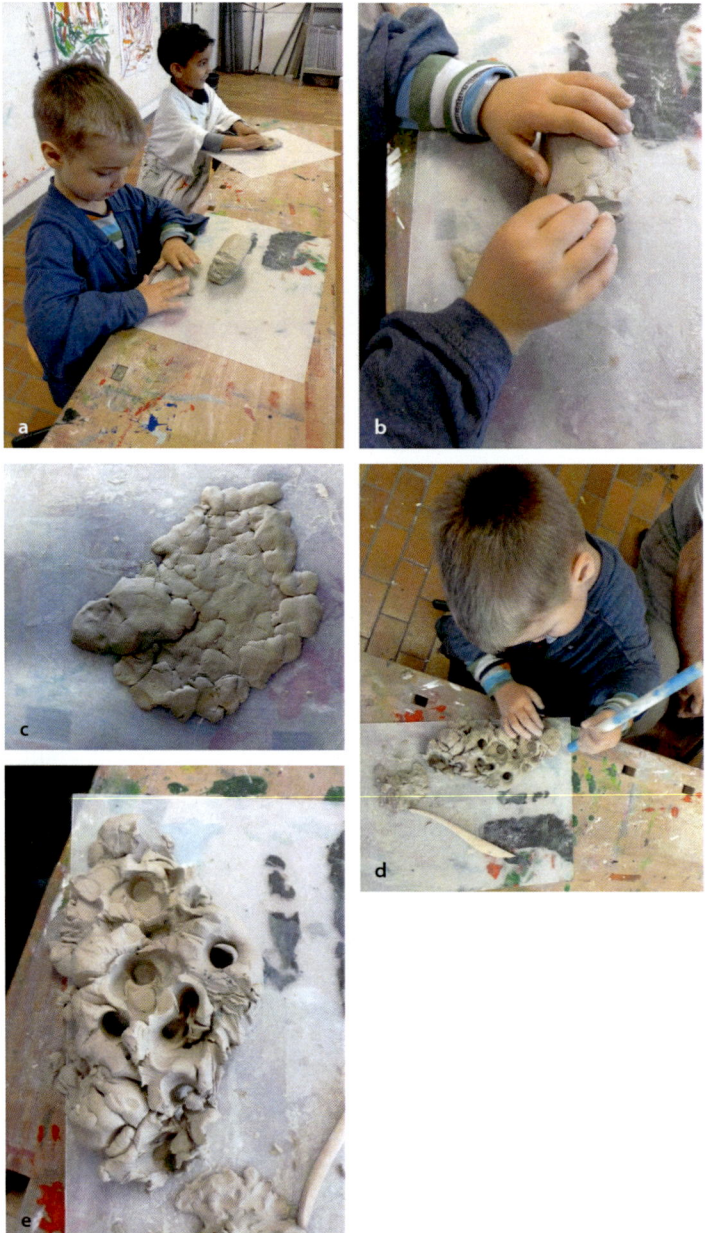

◧ **Abb. 2.20**   **a** Felix (3;6) exploriert Ton, **b** ....und löst kleine »Chips« heraus, **c** ...die er zu einer Fäche verdichtet, **d** Felix schlägt mit einem Stock Löcher in das Tonstück, **e** ....und beendet danach seine Untersuchung

Handlung wiederholt er (◧ Abb. 2.20d), sodass neben den Resten der Bodenplatte schon bald ein durchlöchertes Feld entsteht (◧ Abb. 2.20e).

Bei diesen konzentrierten ästhetischen Handlungen differenzieren die Kinder den Umgang mit dem Material und schlüsseln seine Möglichkeiten auf. Dabei ist ein deutlicher Handlungsbezug zu beobachten, d. h., die Aufmerksamkeit ist auf die Handlung und ihre Wirkung gerichtet. Die Kinder »erfühlen« kausale Zusammenhänge und entwickeln ihre feinmotorischen Fähigkeiten.

Diese Untersuchungen werden mit fortschreitender Entwicklung zielgerichteter, wobei sie weiterhin nicht durch gegenständliche Darstellungsabsichten gekennzeichnet sind. Diese Entwicklung ist bei Felix gut zu beobachten, wenn er vom einfachen Drücken und Verformen zu zunehmend komplexeren Handlungen findet. Er modelliert nicht nur den Ton, sondern löst Einzelteile heraus und schafft mit den dabei entstehenden Formen im weiteren Prozess neue Formen. Stefan Becker (2003, S. 17) nennt diese Einzelteile »(Ton-)Flöckchen« – dem subtraktiven Prozess folgt unmittelbar ein additiver, wenn Felix die herausgelösten Kleinteile zu einer geschlossenen Fläche montiert. So geht das Kind bei wiederholter Begegnung mit dem Material von einer unspezifischen zu einer spezifischen Materialbehandlung über. Dadurch können zum einen grob- und feinmotorische Abläufe zunehmend differenzierter gesteuert werden, zum anderen erschließt sich das Kind neue Gestaltungsmöglichkeiten.

Der Arbeitsprozess von Felix weist auf eine weitere spezifische Materialeigenschaft, die das Arbeiten mit Ton vom Malen und Zeichnen unterscheidet. Die entstandenen Formen können unmittelbar oder mit zeitlicher Verzögerung wieder aufgelöst und das Material für neue Handlungen verwendet werden. So erfährt der Ton bei Felix verschiedene Formtransformationen, wobei die vorigen Stufen nicht mehr oder nur zum Teil stehen bleiben. Diese Reversibilität führt zu offeneren Formprozessen und weist darauf, dass der Prozess an und für sich für das Kind eine größere Bedeutung hat als die gestaltete Form.

Diese Formen sind bei Felix aber nicht nur Ausdruck von spezifischen Materialuntersuchungen. Der Prozess des Aneinanderreihens der kleinen Teile ist bei Felix systematisch, d. h., er wiederholt die gleiche Handlung des Ablösens aus der Masse und des Anbringens an der Fläche mehrfach. Bei diesen typischen Wiederholungen kommt – neben einer Funktionslust – auch ein Bestreben nach Klarheit zum Ausdruck. Hier ist es eine geschlossene Form, die aus ähnlich großen Kleinteilen zusammengesetzt wurde und sich prägnant vom Untergrund abhebt. Wie Kaspar beim Zeichnen des Vulkans (■ Abb. 2.5) definiert Felix eine Fläche und unterscheidet so das Gemeinte vom Nichtgemeinten. Ähnlich verhält es sich mit der folgenden Gestaltung (■ Abb. 2.20e): Auch hier sind Figur und Grund klar differenziert.

Solche Prozesse sind also zum einen Zeichen einer zunehmenden Beherrschung der inzwischen motorisch differenzierteren Tätigkeiten, aus denen sich ein Instrumentarium entwickelt, das später komplexere Prozesse ermöglicht. Sie sind aber auch Ausdruck eines Formbestrebens, in dem ablesbare Intentionen zum Ausdruck kommen. Ehe erste nachträgliche und simultane Sinnunterlegungen als Vorstufe einer intendierten inhaltlichen Gestaltung folgen, ist in Entsprechung zu Kinderzeichnungen ein einsetzendes formales Interesse festzustellen.

2.3.2 Material formen

In einer »Bauecke« hat Tamiro (2;7) Bauklötzchen entdeckt, die dort zum Spielen auf einem festen Teppich in unterschiedlichen Formen in Holzkisten bereitgehalten werden. Während seiner Handlungen bewegt er sich in den nächsten 10 min unentwegt auf dem Teppich und nimmt durch Ortswechsel stetig auch Perspektivwechsel vor: Er sitzt, hockt, kniet und stützt sich mit seinem Arm ab, hat mal eine nähere, mal eine weitere, üblicherweise ein mittlere Distanz zum Ort seines Geschehens. Zunächst stellt Tamiro zwei orthogonal angeordnete Bauklötze aufrecht geschlossen nebeneinander, sodass eine »Ecke« entsteht (■ Abb. 2.21a). Diese Gestalt löst er anschließend auf, kippt einzelne Steine um (■ Abb. 2.21b) und schließt die offene Linie durch einen um 90° gedrehten Klotz (■ Abb. 2.21c). Direkt daneben baut er nun eine Figur, indem er

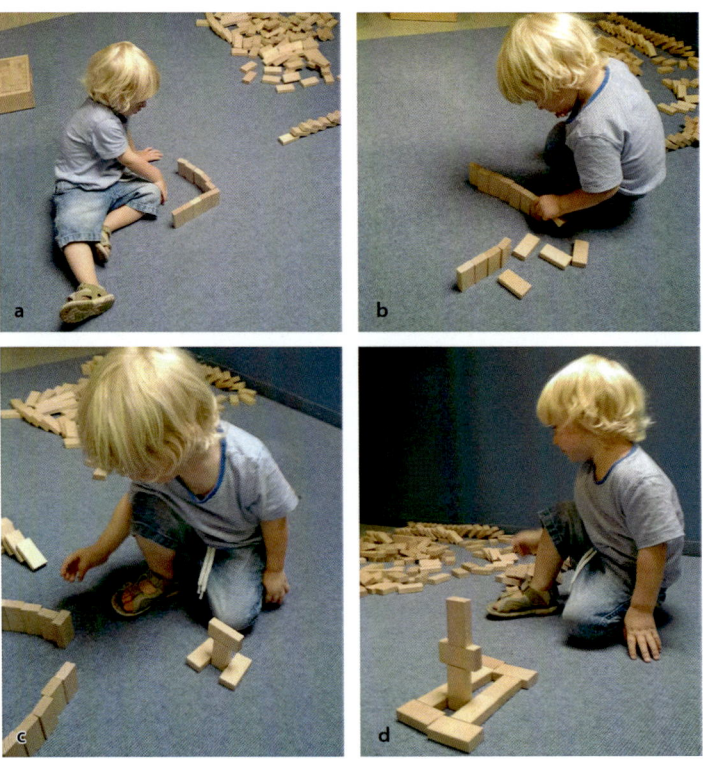

■ **Abb. 2.21   a** Tamiro (2;7) spielt mit Bauklötzen, **b** …und baut eine Ecke,
c Vor diese baut er eine aufgerichtete Figur, **d** …die er schließlich einfriedet

einen Stein vertikal aufrichtet und einen zweiten, um 90° gedreht, bündig auflegt. Diese Figur wird unten durch zwei flach gelegte Steine flankiert (■ Abb. 2.21c).

Auf die aufgerichteten Steine stellt er einen dritten, wiederum vertikal gerichteten Stein, sodass ein regelmäßiges Wechselspiel vertikal und horizontal gerichteter Steine entsteht. Schließlich ergänzt er die Bodenumrandung zu einer geschlossenen Form (■ Abb. 2.21d).

Das Zusammensetzen von Formen aus Einzelteilen liegt Kindern nahe. Diese Teile können selbst hergestellt werden, wenn Kinder – wie gesehen – aus einem Stück Ton kleine Scheiben herauslösen, die sie anschließend wieder zu größeren Formeinheiten zusammensetzen. Sie finden sich aber auch in vorgegebenem Material. Dieses kann heterogen sein, wenn Kinder aus einem Fundus unterschiedlicher Materialien gestalten (▶ 2.3.4.), es kann aber auch homogen sein wie die Bauklötze, die für Kinder offensichtlich animierenden Charakter haben.

Beim Betrachten dieser Sequenz werden die Bedingungen des Materials für die Form deutlich. Die Bauklötze sind regelmäßige geometrische Körper, deren klare Kanten schlüssig aneinandergelegt oder gestellt werden können. Ihre Festigkeit erlaubt Konstruktionen in den Raum, d. h. in die Höhe. Diese Eigenschaften legen keine Gestaltungen fest, eröffnen aber einen spezifischen Möglichkeitsraum, der Tamiros Gestaltungen mitbestimmt.

Augenscheinlich hat Tamiro Vorerfahrungen und geht unbefangen auf die Bauklötze zu. Er hat das Material in seinen Möglichkeiten bereits kennen gelernt und bewegt sich nun auf einer Stufe, in der formale Fragen eine zunehmende Rolle spielen. Dabei spielt die Untersuchung der Bauklötze bezüglich ihrer plastischen (statischen) Bedingungen, das »Ausloten« der materiellen Möglichkeiten, bei seinen Handlungen eine Rolle. Ganz offensichtlich gestaltet

Tamiro aber auch. Das kann man an der Formqualität der entstehenden Gebilde entnehmen. In seiner ersten Handlung kann zweifellos ein räumliches Formbestreben erkannt werden, wenn er die Klötze nicht als »Linien«, sondern plastisch einsetzt und zu der auch räumlich wirksamen Form der Ecke findet. Aus dieser souveränen Handlung entwickelt sich ein Versuch, bei dem Tamiro einerseits statische Möglichkeiten auslotet, wenn er drei Klötzchen mit ihrer dünnen Seite aufeinanderlegt, dabei aber auch eine »Figur« mit beachtlicher Höhe entsteht. Mit der Umfriedung, die diese Figur mittig einschließt, verbindet er keine statischen Ambitionen. Sie ist von der Auffassung her eher zweidimensional als räumlich und zeigt auf eine Gestaltungstendenz, die bei ihm durchgehend zu beobachten ist: das Interesse an klaren und übersichtlichen Anordnungen. Die bewusste Steuerung dieser Prozesse wird nicht nur in der wiederholbaren Klarheit und Kompaktheit der Gestaltungen sichtbar, sondern auch im Raum, den Tamiro für seine Objekte schafft, wenn er ihnen auf dem Teppich einen spezifischen Ort zuweist, auf dem keine weiteren Bauklötze liegen, sodass sich die Figuren markant vom Untergrund abheben.

Die rechtwinkligen Reihungen folgen nicht nur einer immanenten Logik des Materials, sondern gehören zu den Elementarformen, über deren Repertoire das Kind sicher verfügt. Dabei ist die Elementarform Kreuz (Urkreuz), die Tamiro hier mehrfach durchspielt, offenbar nicht gegenständlich gemeint. Wenn hier keine gegenständlichen Absichten verwirklicht werden, bedeutet dies nicht, dass es keine Inhalte gäbe. Wenngleich die Gestaltungen keine Repräsentationen von gegenstandsadäquaten Inhalten sind, werden hier aber Inhalte sichtbar, die Ausdrucksabsicht zeigen wie die Reihung im 90°-Winkel, die Symmetrie oder die Bündigkeit der Klötze zueinander.

2.3.3 Bedeutungen schaffen – gegenständlich gestalten

Erzieherin: »Was ist das jetzt?«
Tamiro: »Da!«
Erzieherin: »Was ist das?«
Tamiro: »Hat auch Zähne.«
Erzieherin: »Was hast du gebaut, Tamiro?«
Tamiro: »Ein Maulwurf.«
Erzieherin: »Einen Maulwurf?«
Tamiro: »Und der kann so fliegen (Geste Arm), so lang (Geste Ende).«
(20 s später)
Erzieherin: »Maulwurf?«
Tamiro: »Ja.«

Wie bei Kinderzeichnungen gibt es auch bei plastischen Gestaltungen eine nachträgliche Bedeutungsgenerierung, wenn Tamiro seiner letzten Plastik (◨ Abb. 2.21d) nachträglich einen »Sinn unterlegt«, wie sich im kurzen Gespräch über mögliche Inhalte nach Abschluss des Gestaltungsprozesses zeigte. Wie solche Deutungen entstehen, lässt sich nicht immer logisch nachvollziehen. Möglicherweise sind es assoziative Verbindungen mit zufällig entstandenen (Teil-)Formen. Der nachträglich unterlegte Sinn kann sich nach einer Zeit auch verändern.

Tamiros Gestaltungen scheinen bei aller Entschiedenheit der Gestaltung keine Übersetzungen zuvor gefasster innerer Bilder zu sein, sondern entstanden spontan beim Bauen. Eine gegenstandsanaloge Ausdrucksabsicht kann nicht festgestellt werden. Diese Sinnunter-

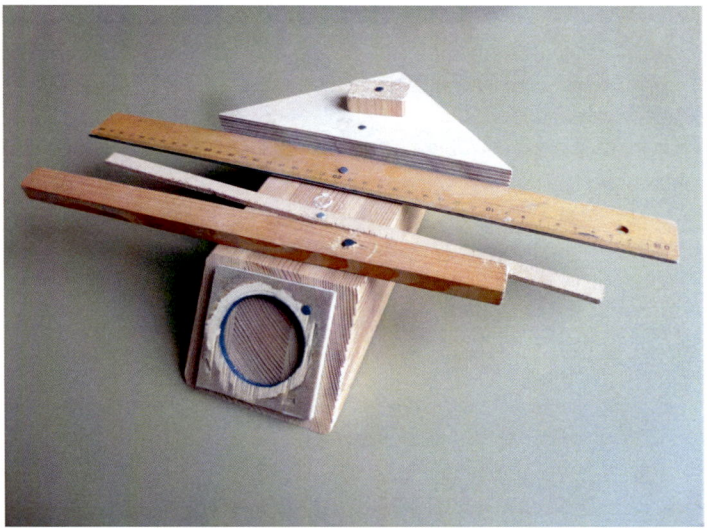

◘ **Abb. 2.22**   Romy (5;8) Romys »Zug« kann fliegen

legungen sind aber Zeichen, dass er sich offensichtlich mit Form-Inhalt-Relationen befasst. Das Bewusstsein dieser Beziehungen führt in der weiteren Entwicklung zur Entdeckung formaler Korrespondenzen von internen Repräsentationen und prozessualen Gestaltungen und schließlich zu gegenstandsorientierten Gestaltungsabsichten. Auch in späteren Entwicklungsphasen bleiben die Handlungen geprägt von situativen Attraktionen, wenn Kinder z. B. sägen und die Beobachtung von auf den Boden fallenden Sägespänen die gesamte Aufmerksamkeit absorbiert und im folgenden Gestaltungsprozess bestimmend wird. Dies führt zu einem notwendigen Verständnis einer Offenheit des kindlichen Gestaltungsprozesses, vor allem einer häufig für Erwachsene verblüffenden Unabhängigkeit von verbal artikulierten Absichtserklärungen. Diese retardierende Durchdringung ist aber kein Zeichen eines Rückfalls in überwunden geglaubte Entwicklungszustände, sondern wesentliches Kennzeichen kreativer bildnerischer Prozesse. Die Bedeutung eines situativen materiellen Ereignisses und ihre Rückwirkung auf Darstellungsabsichten bleibt bis ins Erwachsenenalter erhalten.

Den Kindern wird in der Kunstwerkstatt (▶ 3.1.2) das Arbeiten mit Hammer und Nagel demonstriert. Anschließend werden sie angeregt, selbst mit dem Material Holz und der Verbindungstechnik »Nageln« tätig zu werden. Romy (5,8) hat in der Holzkiste ein Vierkantholz entdeckt, das auf einer Seite im 45°-Winkel abgekantet ist. Sofort nimmt sie diesen Klotz aus der Holzkiste und erklärt, einen Zug bauen zu wollen. Sie legt das Fundstück auf ihren Arbeitsplatz und sucht in der Holzkiste nach weiteren Hölzern. Sie nimmt sich drei unterschiedlich lange, flache Hölzer, darunter ein Holzlineal, ein kurzes flaches Holz, ein dreieckiges Prisma aus weiß beschichtetem Pressspan und eine quadratische Form mit einer mittigen Bohrung. Dieses passt auf die Schräge des Holzklotzes und wird als Erstes festgenagelt. Die anderen Hölzer werden – ohne langes Ausprobieren – nach und nach auf der Oberseite befestigt, wobei Romy von vorn nach hinten vorgeht. Schon während des Gestaltens scheint sie zu bemerken, dass die orthogonale Richtung der oberen Hölzer nicht typisch für einen Zug ist. Sie verkündet während des Schaffens, dass ihr Zug fliegen kann; nach Abschluss des Projekts spricht sie von einem fliegenden Auto oder einem fliegenden Zug (◘ Abb. 2.22).

Auch hier spielt die Bedeutung situativer materieller Ereignisse eine Rolle, denn die Fund-stücke in der Holzkiste sind in ihrer jeweils konkreten Form bereits vorhanden. Trotzdem kann in diesem Fall eine deutlich andere Entwicklung als bei den bisher geschilderten Fällen beobachtet werden. Ganz offensichtlich hat Romy für verschiedene Inhalte wie Zug, Flugzeug, Auto oder auch Fenster interne Repräsentationen gebildet, mit denen sie mögliche Bauteile ihres Objekts abgleicht. Da diese Repräsentationen auch ikonisch begründet sind, können Betrachter diese Korrespondenzen entdecken – die Formen werden so allgemein lesbar. Der abgekantete Holzklotz erinnert an Züge mit einer »schrägen Schnauze« wie einen ICE. Diese sind dem Mädchen offensichtlich bekannt. Das Holzstück mit der Bohrung gewährt einen Durchblick, der beim Mädchen als Fenster abgespeichert sein könnte. Querstreben sind im Bereich Verkehr als Gestaltungsprinzip des Flugzeugs bekannt. Die dreifache Reihung der Flü-gel lässt sich nicht unmittelbar verstehen, auch nicht die abschließende Dreiecksform. Diese könnte ein in die Fläche geklapptes Leitwerk eines Flugzeugs sein. Formal drückt die Pfeilform eine dynamische Bewegung nach vorn aus und bildet einen Kontrast zum runden Fenster auf der Vorderseite.

Die Korrespondenzen der Form und Inhalt ist nicht eindeutig. Die Holzstücke sind in ihrer Form eher unspezifisch und bieten als Elementarformen die Möglichkeit, dass sie für viele Inhalte stehen können. Ganz offensichtlich spielen aber ikonische Analogien zwischen den internen Repräsentationen und visuell beobachtbaren Formen eine wichtige Rolle.

2.3.4 Basteln

Das Thema »Eisenbahn« wird den Kindern im Gespräch über eigene Reisen und durch Foto-grafien älterer Lokomotiven nähergebracht. Im Materialfundus entdeckt Josef Eierkartons und Kronkorken für seinen Zug (Abb. 2.23a). Er teilt den quadratischen Eierkarton in mehrere Doppelreihen und schneidet die Spitzen der ersten Reihe mit der Schere ab (Abb. 2.23b). Weil ihm dies vermutlich zu lange dauert, nimmt er für die zwei weiteren Zugteile einen Hammer und schlägt die Spitzen ein (Abb. 2.23c). Anschließend klebt er die Kronkorken mit weißem Klebeband regelmäßig an beide Seiten der Eierkartons. Als letzten Schritt ergänzt er am vor-deren Eierkarton vier dünne Holzlatten, die er parallel zu den Rändern des Kartons Klebeband befestigt und die an Stromabnehmer erinnern (Abb. 2.23d, 2.23e).

Wer beim Betrachten dieses Zuges auf eine naturalistische Mimesis, d. h. auf die Ähn-lichkeit zu den fotografischen Vorlagen abzielt, könnte hier nicht viel von den spezifischen Formen der Lokomotiven wiederentdecken. Aus der Perspektive des Kindes lässt sich dagegen ein hoher Realitätsanspruch mit einer klaren Darstellungsabsicht erkennen. In Josefs Plastik zeigt sich »Zughaftes« im seriellen Charakter der Eierkartons, die sich wie ein Zug aus meh-reren gleichen Teilen zusammensetzen. Diese Aneinanderreihung findet sich auch bei den regelmäßig an den Kartons befestigten Rädern. In diesen Gestaltungen zeigt sich auffällig, wie sachgerecht das Kind agiert.

Freies Basteln (Bricolage) Josefs Handlungen sind typisch für kindliche Handlungen im Rahmen einer Kunstwerkstatt. Sie charakterisieren anschaulich eine Spielart der ästhetischen Arbeitsweisen, das *freie Basteln*. Darunter versteht man ergebnisoffenes Handeln, selbstbe-stimmtes Verwenden von heterogenem Material und vielfältige selbstgewählte Techniken. Die individuellen Suchbewegungen des bastelnden Kindes stehen so im Gegensatz zu einem her-kömmlichen Bastelverständnis nach vorgegebenem Plan. Eine weit verbreitete »Anleitungs-

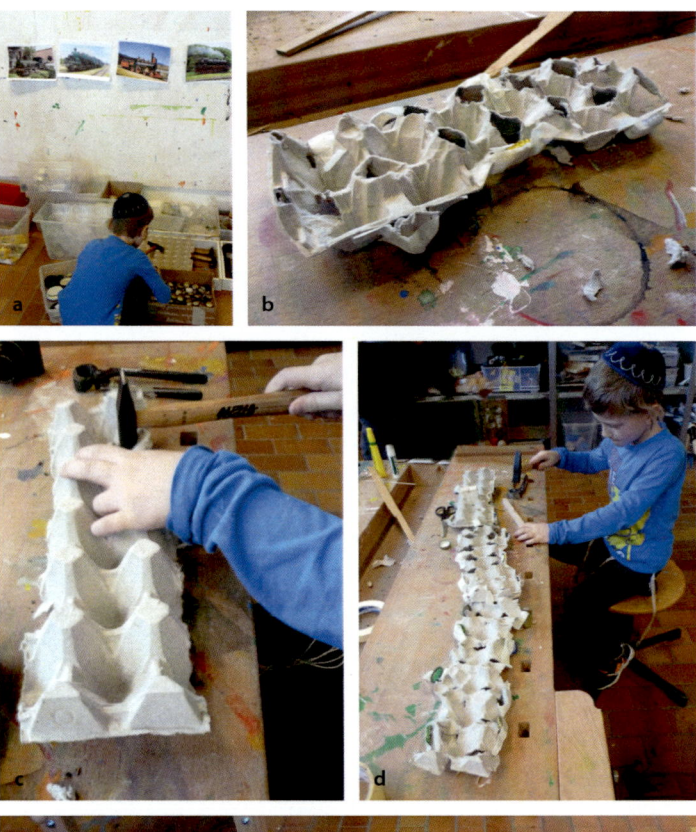

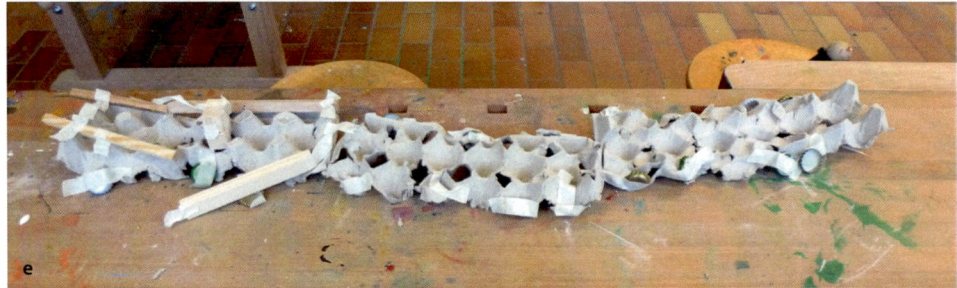

🔲 **Abb. 2.23**   **a** Josef (5;8) sucht geeignete Materialien, **b** Er schneidet mit der Schere die Spitzen ab, **c** Den zweiten »Wagon« Eierkarton bearbeitet er mit dem Hammer, **d** …und reiht mehrere Kartons aneinander. **e** Josefs Zug beindruckt in Form und Länge

kultur«, deren Ziel die Korrespondenz zwischen Plänen und ihrer Verwirklichung ist, steht dem freien, intuitiven Basteln nahezu diametral gegenüber. Werden in Bastelanleitungen Materialien gezielt bereitgestellt, Verfahrensweisen kleinschrittig vorgegeben und der Weg vom definierten Ergebnis her festgelegt, so geht es beim freien Basteln um eine experimentelle und improvisierende Vorgehensweise.

Voraussetzung für die Vorstellung von Bildern, die erst im Werden entstehen, ist das Fehlen von Vorstellungen fertiger Bilder wie z. B. ausgedruckter Bastelbögen. Dies unterscheidet ein künstlerisches Basteln auch von einem technischen Basteln, das in der Prüfbarkeit der Funktionalität seine Stärke hat, die beim freien Basteln der Kinder zugunsten eines zweckfreien Raumes aufgegeben wird. Die Kinder folgen keinen starren Plänen, sondern entwickeln während des Bastelns Strategien, die aber verändert werden können, wenn sich neue, wichtige Aspekte einstellen oder Zufälligkeiten eine Bedeutung gewinnen, die die ursprünglichen Interessen überlagert. Auch Josef hat für seinen Zug keine vorgegebenen Bauteile und keinen Bauplan. Nach Einführung des Themas »Eisenbahn« erhält er auch keine konkreten Hinweise zum weiteren Ziel seines Tuns. Weder bezüglich des Materials noch bezüglich eines möglichen Einsatzes von Werkzeugen gibt es Vorgaben. Er weiß, dass es nicht vordergründig um das Erlernen von Techniken geht, die er im praktischen Tun übend anwenden könnte.

Wenn Josef bastelt, funktioniert sein Zug für ihn ästhetisch. Sein Zug muss nicht bezüglich technischer oder sonstiger Vorgaben funktionieren, was ihm Entdeckungs- und Gestaltungsspielräume öffnet, die er ganz in seinem Sinne nutzt. Ein genauer Blick auf den Gestaltungsprozesses weist auf ein bemerkenswertes Zusammenspiel interner Repräsentationen, offener Suchbewegungen und materieller Entsprechungen.

Josef ist offenbar von dem Materialregal voller unendlicher Möglichkeiten nicht überfordert, sondern findet zielsicher die Materialien, die ihm für die Gestaltung seines Zuges richtig erscheinen. Dabei scheint er keine genauen Vorstellungen zu haben, nach was er sucht. Josef hat keinen »Plan« gemacht. Er sucht zu Beginn mit einer unbestimmten Haltung, wobei nicht zu unterscheiden ist, ob das gefundene Bauteil seinen noch unspezifischen »Suchkriterien« entspricht oder ob sich diese Suchkriterien erst beim Entdecken eines bestimmten Teiles formieren. Das Wechselspiel zwischen unbestimmtem Suchen und unverhofften Entdeckungen ist bezeichnend für die Ideenfindung beim freien Basteln. Die zur Verfügung stehende Materialsammlung bietet einen Spielraum, der zu vielfältigen Entdeckungen und Entscheidungen anregt. Nachdem es hier kein »richtig« und »falsch« gibt, kann Josefs Wahrnehmung offen und »ästhetisch« sein. In assoziativer Ausdeutung der Fundstücke konkretisieren sich im Laufe des Prozesses Josefs Suchbewegungen. Wahrscheinlich wurden die Kronkorken – trotz ihrer vielen spitzen Auswuchtungen – wegen ihrer Rundheit ausgewählt, möglicherweise auch wegen ihrer metallischen Materialität. Ihre Vielzahl und Formgleichheit ermöglichen aber auch eine Reihung der vielen Räder. So hat der Kronkorken für Joseph ikonische (Rundheit, Material) und symbolische Qualitäten (Vielheit). Die Entdeckung dieser Möglichkeit scheint so etwas wie einen inneren Plan zu formieren, der die folgenden Handlungen lenkt.

Auch bei den technischen Verbindungen der gefundenen Bauteile muss das Kind improvisieren und die Gegebenheiten seinen Möglichkeiten entsprechend kreativ nutzen. Die Befestigungen seiner Räder mit Klebebandstreifen könnten unter handwerklichen Gesichtspunkten kritisch gesehen werden, denn weder sind die Räder seines Zuges besonders stabil, noch scheint ihre Befestigung technisch zu »funktionieren«. Der Zug »funktioniert« für Josef auf der ästhetischen Ebene – er bietet genügend unmissverständliche Anmutungen für die konsistente Erscheinung eines Zuges, hat dabei aber genug »Spiel«, um in seiner Gestalt vom Kind weiter ausgedeutet zu werden (▶ 1.3). Das, was der Erwachsene als »unfertig« und »vorläufig« bewertet, ermöglicht gerade dadurch für das Spiel strukturelle Vielfalt – Claude Lévi-Strauss (1973, S. 34) nennt diesen Status der Offenheit »das Poetische in der Bastelei«. Um das freie Basteln von der engen Vorgehensweise unmissverständlicher abzugrenzen, bezeichnet man dies auch als *Bricolage*.

Basteln als kreativer Prozess Zweifellos ist die Tätigkeit von Josef in seinem Bastelprozess kreativ zu nennen, was im Hinblick auf typische Persönlichkeitseigenschaften kreativer Personen unmittelbar anschaulich wird: Josef zeigt Achtsamkeit in der Auseinandersetzung mit dem Material, Flexibilität bei neuen Deutungen der vorgefundenen Gegenstände, Originalität und Risikobereitschaft bei der Kombination der einzelnen Elemente und Selbstvertrauen, um zu dieser Entscheidung auch zu stehen. Er zeigt Ausdauer, wenn es darum geht, schwierige und unklare Situationen auszuhalten und zu überwinden (▶ 1.2).

Das freie Basteln erfordert von den Kindern nicht nur eine hohe Flexibilität, sondern auch eine besondere Frustrationstoleranz. Trotz der Mühsal beim Abschneiden der Eierkarton-spitzen oder bei der Montage der Räder, die zunächst nicht halten wollen, arbeitet Josef un-ermüdlich an der Bewältigung der auftretenden Probleme, bis er sein Projekt verwirklicht hat. Die Konsequenz, wie der Junge bei der Idee und der Sache bleibt zeigt, dass er sich mit den Erfordernissen und den anspruchsvollen Bedingungen gerne auseinanderzusetzen scheint. Das Erlebnis, keine »gestellte« Aufgabe nach engen Vorgaben bewältigen zu müssen, sondern selbst Entscheidungen fällen und verantworten zu können, stärkt offenbar die eigene Selbst-wirksamkeitserfahrung. Am Ende steht ein Produkt als Aufweis einer Elaborationsfähigkeit, der Fähigkeit, etwas ganz individuell entwickelt und entäußert zu haben.

Wohin damit?   Kinder kombinieren gerne Materialien und Techniken. Sie stecken etwa in ein Tonobjekt verschiedene Gegenstände, ohne die technischen Bedingungen des Materials dabei zu erfassen. Technische Standards sind ihnen so unbekannt wie ästhetische Maßstäbe, die die Welt der Erwachsenen durchziehen. Grundsätze wie »weniger ist mehr« zur Vereinheitlichung der Erscheinungsform oder Farbkorrespondenzen zur Schaffung einer Bildeinheit haben für Kinder keine Bedeutung.

Deswegen kommen auf den Erwachsenen in solchen Prozessen zwei Aufgaben zu: Auf der einen Seite muss er Situationen für ästhetische Erfahrungen erkennen, eine Aufgabe und die Umgebung vorbereiten, das Kind im Bastelprozess beobachten und begleiten und dabei Bedingungen für kreative Prozesse im Blick haben. Auf der anderen Seite gehört es zur Profes-sionalität, den Kolleginnen und Eltern die Besonderheiten von freien Bastelprozessen erklären und deuten zu können. Wenn der Erwachsene das Denken und Handeln eines Kindes beim Basteln rekonstruieren kann, hat er die Möglichkeit, auch das Ergebnis adäquat zu »lesen« und zu vermitteln. Dann kann eine gewisse Ratlosigkeit, mit der eine Mutter der Eisenbahn von Josef begegnet, in eine kenntnisreiche Begeisterung umschlagen.

Literatur

Bachmann, H. (1997). *Malen als Lebensspur*. Stuttgart: Klett-Cotta.

Becker, S. (2003). *Plastisches Gestalten von Kindern und Jugendlichen*. Donauwörth: Auer.

Brem-Gräser, L. (1957). *Familie in Tieren. Die Familiensituation im Spiegel der Kinderzeichnung. Entwicklung eines Testverfahrens* (8. Aufl). München: Ernst Reinhardt.

Dehn, M., & Sjölin, A. (1996). Frühes Lesen und Schreiben. In J. Baumann, H. Günther, & O. Ludwig (Hrsg.), *Schrift und Schriftlichkeit*. Berlin: Walter de Gruyter.

Frei, K. (1993). *Sexueller Missbrauch. Schutz durch Aufklärung*. Ravensburg: O. Maier.

Glas, A. (1999). *Die Bedeutung der Darstellungsformel in der Zeichnung am Beginn des Jugendalters*. Frankfurt a. M.: Peter Lang GmbH.

Glas, A. (2013). Imagination, Phantasie und Darstellungsformel. In A. Glas (Hrsg.), *Praxis Dokumentieren, Praxis reflektieren*. Passau: Dietmar Klinger Verlag.

Goodenough, F. L. (1926/1975). *Measurement of intelligence by drawings*. New York: Harcourt, Brace and World Inc.

Hasert, J. (1995). Schreiben im Vorschulalter. In J. Ossner (Hrsg.), *Schriftaneignung*. Oldenburg: Osnabrücker Bei-träge zur Sprachtheorie 51.

Hetzer, H. (1931). *Kind und Schaffen. Experimente über konstruktive Betätigungen im Kleinkindalter*. Jena: Fischer.

Koch, K. (1997). *Der Baumtest. Baumzeichenversuch als psychodiagnostisches Hilfsmittel* (10. Aufl.). Bern: Hans Huber.

Koppitz, E. M. (1972). *Die Menschendarstellung in Kinderzeichnungen und ihre psychologische Auswertung*. Stuttgart: Hippokrates.

Kupky, O. (1918). Beobachtungen über die Entwicklung des Formens. In W. Stern & O. Lipman (Hrsg.), *Zeitschrift für angewandte Psychologie* (Bd. 13.). Leipzig.

Lévi-Strauss, C. (1973). *Das wilde Denken*. Frankfurt a. M.: Suhrkamp.

Luquet, G. (1927). *Le dessin enfantin*. Lausanne: Montréal Bruxelles.

Nguyen-Clausen, A. (1987). Ausdruck und Beeinflussbarkeit der kindlichen Bildnerei. In J. G. P. von Hohenzollern & M. Liedtke (Hrsg.), *Vom Kritzeln zur Kunst*. Bad Heilbrunn: J. Klinkhardt.

Peez, G. (2006). »Schmieren«, der weitgehend unerforschte Beginn der Kinderzeichnung. In G. Peez (Hrsg.), *Fotografien in pädagogischen Fallstudien. Sieben unterschiedliche qualitativ empirische Analyseverfahren zur ästhetischen Bildung – Theorie und Forschungspraxis*. München: kopaed.

Piaget, J. (1975). *Der Aufbau der Wirklichkeit beim Kinde. Gesammelte Werke* (Bd. 1, 2.). Stuttgart: Klett-Verlag.

Piaget, J. & Inhelder, B. (1979). *Die Entwicklung des inneren Bildes beim Kind*. Frankfurt a. M.: Suhrkamp.

Pinquart, M., Schwarzer, G. & Zimmermann, P. (2011). *Entwicklungspsychologie – Kindes- und Jugendalter*. Göttingen: Hogrefe.

Reynolds, C. R., & Hickmann, J. A. (2004). *Draw A person, intellectual ability test for children, adolescents, and adults (DAP:IQ)*. Texas: pro-ed.

Richter, G. (1997). *Die Kinderzeichnung. Entwicklung – Interpretation – Ästhetik*. Berlin: Cornelsen.

Rousseau, J-J. (1974). *Emile oder über die Erziehung, 1. Buch*. Paderborn: UTB, Schönigh.

Schwarzer, G. (2011). Entwicklung des Denkens. In M. Pinquart, G. Schwarzer, & P. Zimmermann (Hrsg.), *Entwicklungspsychologie – Kindes- und Jugendalter*. Göttingen: Hogrefe Verlag.

Seidel, C. (2007). *Leitlinien zur Interpretation der Kinderzeichnungen*. Lienz: Journal Verlag.

Singer, W. (2002). *Der Beobachter im Gehirn. Essays zur Hirnforschung*. Frankfurt a. M.: Suhrkamp.

Stern, A. (2012). *Wie man Kinderbilder nicht betrachten soll*. München: ZS-Verlag.

Stritzker, U., Peez, G., & Kirchner, C. (2008). Frühes Schmieren und erste Kritzel – Anfänge in der Kinderzeichnung. Books on Demand.

Ulonska, H., & Koch, H. (1994). *Sexuelle Gewalt an Mädchen im Zentrum von Therapie und Supervision*. Ruhnmark: Donna Vita.

Widlöcher, D. (1984). *Was eine Kinderzeichnung verrät. Methode und Beispiele psychoanalytischer Deutung*. Frankfurt a. M.: Fischer.

Wygotski, L. S. (1978). Mind in society. London: Harvard University Press.

Wygotski, L. S. (1981). *Denken und Sprechen*. Frankfurt a. M.: Fischer.

Ziler, H. (1958). *Der Mann-Zeichen-Test in detail-statistischer Auswertung MZT*. Münster: Aschendorf.

»Pädagogik des Bastelns« und ihre Didaktik

T. Heyl, L. Schäfer, *Frühe ästhetische Bildung – mit Kindern künstlerische Wege entdecken,*
DOI 10.1007/978-3-662-48105-9_3, © Springer-Verlag Berlin Heidelberg 2016

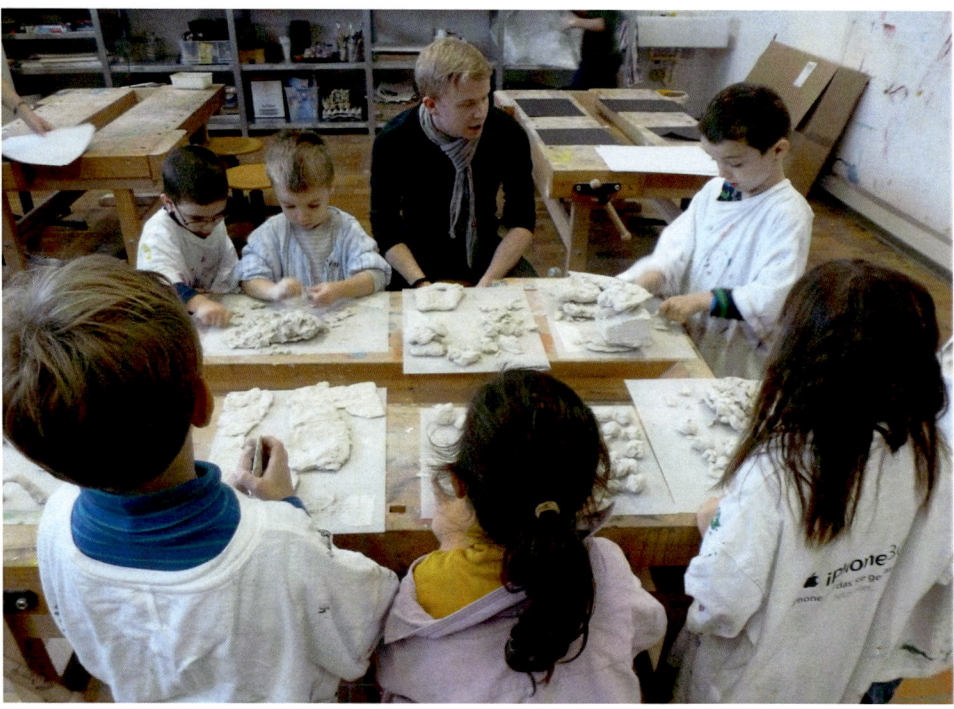

◘ Abb. 3.1   Die Kinder betrachten mit dem Pädagogen die Tonarbeiten

3.1   Didaktische Grundlagen einer künstlerisch-ästhetischen Bildung

Die im folgenden Kapitel vorgestellten Beispiele und Szenarien ästhetischer Bildung reflektieren alle mehr oder weniger die Aspekte des freien Bastelns. Das Bekenntnis dazu steckt den didaktischen Rahmen ab, wie man Situationen schafft, Aufgaben erdenkt und Handlungsräume organisiert.

In der Kunstwerkstatt arbeiten die Kinder zum zweiten Mal mit Ton. Zur Einführung hat der Erzieher die in der Vorwoche entstandenen Werke auf den Tisch gestellt, um mit den Kindern über ihre Arbeiten zu sprechen (◘ Abb. 3.1). Die Kinder sollen versuchen, ihre Werke wiederzufinden. Dies fällt ihnen nicht leicht. In der Vorwoche hatten sie einen anderen Arbeitsplatz, es stand jeweils ein anderes Kind neben ihnen, und vor allem hat sich der Ton im Laufe einer Woche stark verändert. Aus einer grauen, weichen, geschmeidigen und leicht feuchten Masse ist ein helles, trockenes und hartes Material geworden. Auch wenn das Material aus der Vorwoche bekannt ist und die Kinder sich beim Modellieren mit Ihrem Objekt identifiziert hatten, sind sie nun befremdet. Durch den zeitlichen Abstand und die Veränderung des Materials ist aus etwas Bekanntem etwas Fremdes geworden.

Dieser Aspekt des Neuen ist Ausgangspunkt einer ästhetischen Erfahrung. Sie löst unmittelbar eine zunächst zögerliche, aber durchgehend neugierige Untersuchung aus. Nach einem vorsichtigen Berühren und Befühlen der Objekte beginnt Felix (3;9) mit dem weißen Ton auf einer dunkel gefärbten Stelle der Plastikunterlage zu zeichnen. »Guck mal!«, ruft er. Es lässt sich nicht feststellen, ob das Kind damit die Entdeckung der ästhetischen Qualität des Tonobjekts meint, das jetzt möglicherweise durch die Farbe und die Haptik an eine Kreide erinnert, oder ob es das Resultat der hellen Spur auf der Unterlage ist. In jedem Fall erregt die Entdeckung

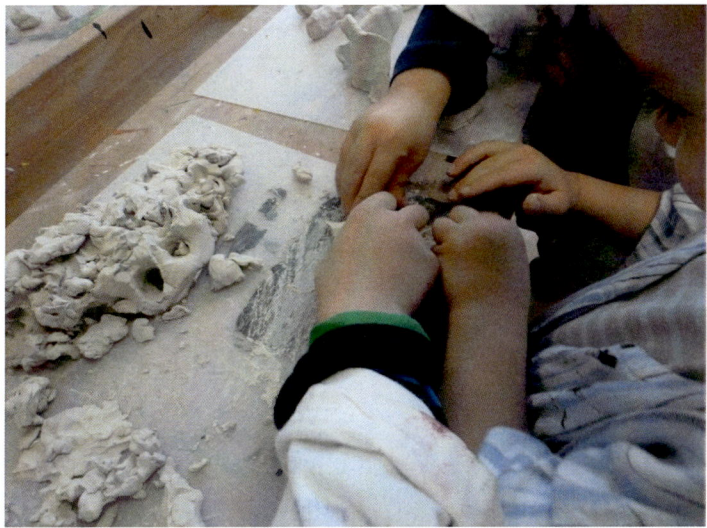

◘ **Abb. 3.2** … da entdeckt Felix (3;9) dass sich sie sich auf der Plastikunterlage abreiben lassen – das Interesse der Kinder ist schlagartig geweckt

dieser neuen Möglichkeiten die Aufmerksamkeit der anderen Kinder, die diese neue »Technik« auch gleich ausprobieren wollen (◘ Abb. 3.2).

Der Erzieher bemerkt die Faszination der Kinder angesichts der Möglichkeit, mit getrocknetem Ton zu zeichnen. Er reagiert situativ, stellt sein eigentliches Ziel, die Werke der Vorwoche zu besprechen, zurück und lässt der unvorhergesehenen Entwicklung Raum. Die Kinder dürfen ihrer Entdeckung nachgehen und die neue Möglichkeit des Zeichnens ausprobieren. Der Erzieher geht aber noch einen Schritt weiter und gibt den eigentlich geplanten Inhalt der Stunde auf. Er stellt nicht das geplante Modellieren mit Ton, sondern das Zeichnen mit Ton in den Mittelpunkt. Dazu holt er aus dem Papierregal schwarzes Tonpapier, auf dem der Abrieb des weißen Tons stark kontrastiert (◘ Abb. 3.3 und 3.5). Er greift den zufällig erfahrenen Spur-Grund-Kontrast der Entdeckung auf und steigert so die reizvolle Wirkung des getrockneten Tons, der sich als Linie, als Pigment in der Fläche oder als plastisches Element auf dem schwarzen Papier wiederfindet (◘ Abb. 3.4).

3.1.1 Kunstdidaktische Professionalität der Erzieherinnen und Erzieher

In diesem Beispiel wird die Komplexität einer didaktischen Situation ersichtlich. Die Kinder scheinen auf den ersten Blick die alleinigen Akteure zu sein – aus der Laienperspektive könnte man sogar befinden, die Kinder widersetzen sich der wohlüberlegten Struktur des Erwachsenen und machen einfach, »was sie wollen«. Auf den zweiten Blick erkennt man, dass der Erzieher professionell mit der Situation umgeht – er erkennt die sich bietende Situation und nutzt seine Möglichkeiten. Inhalt und Ziel dieses Kapitels ist es tiefer zu gehen, um die wesentlichen Wirkkräfte zu identifizieren, die Erzieherinnen und Erzieher im Blick haben müssen, wenn sie ästhetische Bildungsprozesse adäquat initiieren und begleiten wollen.

Situationen schaffen Das bedeutet, sie können bewusst Situationen schaffen, in denen die Kinder handlungs- und entscheidungsfähig sein können, die das Potenzial zu ästhetischen Erfahrungen und damit zu einer kreativen bildnerischen Auseinandersetzung haben. Ästhetische

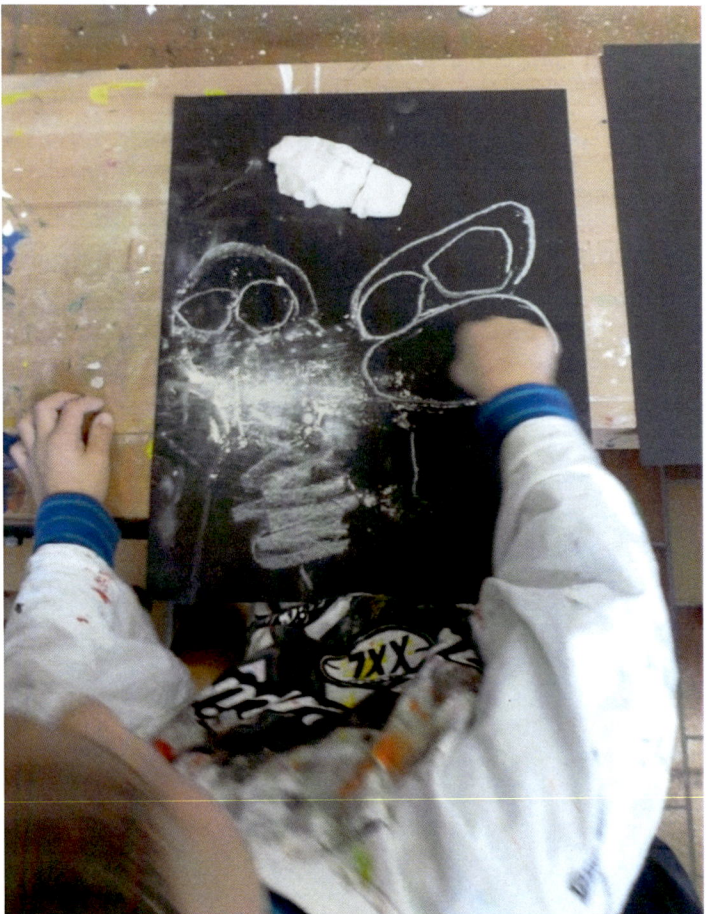

◘ Abb. 3.3   Sie beginnen mit den Tonobjekten auf den bereitgestellten Tonpapieren zeichnerisch zu experimentieren

Erfahrungen gelingen nur dann, wenn das Individuum Diskontinuität erlebt und etwas unmittelbar seine Aufmerksamkeit erregt (▶ 1.1.2). Das Ereignishafte einer ästhetischen Erfahrung kann man nicht einfach »herstellen« – hier bedarf es einer sensiblen »Inszenierung« des Erwachsenen. In unserem Fall stellt der Erzieher zum Auftakt der Stunde die Tonobjekte zu einer Gruppe zusammen. Die Figuren stehen im Abstand und in neuen Kombinationen, vielleicht auch in einer neuen Ansicht den Kindern etwas entrückt gegenüber. Vor allem aber wirkt die Veränderung des Tons selbst. Die vertrauten Objekte der letzten Stunde zeigen sich überraschend anders – die »Fremdheit« ist die Voraussetzung, ihnen auch neu zu begegnen. Die Kinder befühlen sie, knüpfen an ihr Wissen an, assoziieren neue Aspekte und sprechen darüber – sie machen ästhetische Erfahrungen. Die Assoziation »Kreide« ist möglicherweise durch die poröse Materialität und die Farbe, durch haptische und visuelle Vorerfahrungen begründet. In jedem Fall schaffen die Tonobjekte eine neue Situation, die sie zu einer unerwarteten Handlung führt.

Situationen wahrnehmen   Kunstdidaktisch erfahrene Pädagoginnen und Pädagogen können Situationen offen und differenziert zugleich wahrnehmen. Diese Fähigkeit ist besonders wichtig, wenn die Dynamik in der Gruppe von den eigenen Vorstellungen über den Verlauf der geplanten Stunde abweicht. Eine »Beobachtungskultur« geht über die übliche Vorstellung von

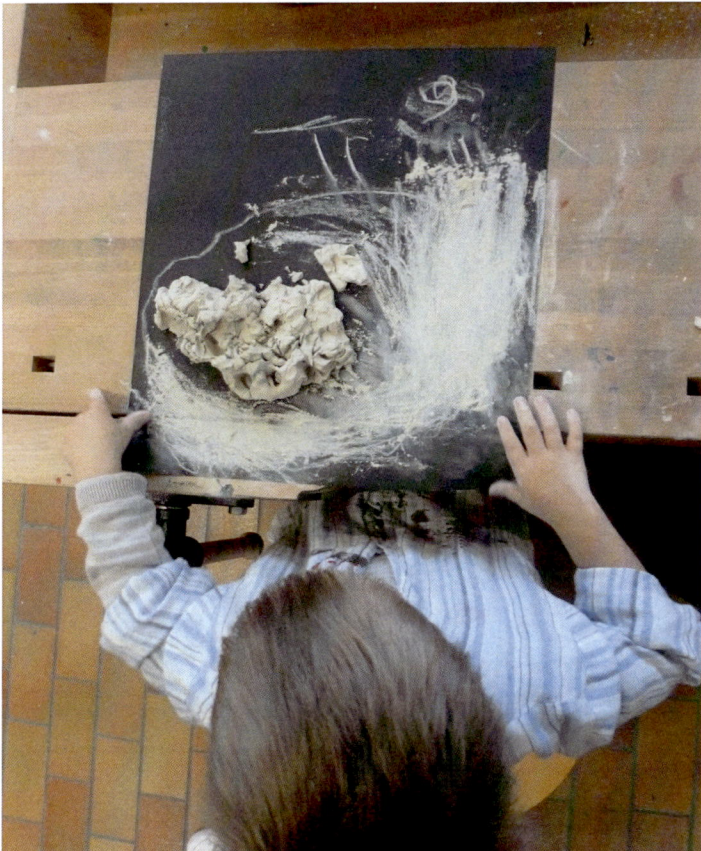

Abb. 3.4 Felix zeichnet eine Katze und integriert dabei sein Tonobjekt

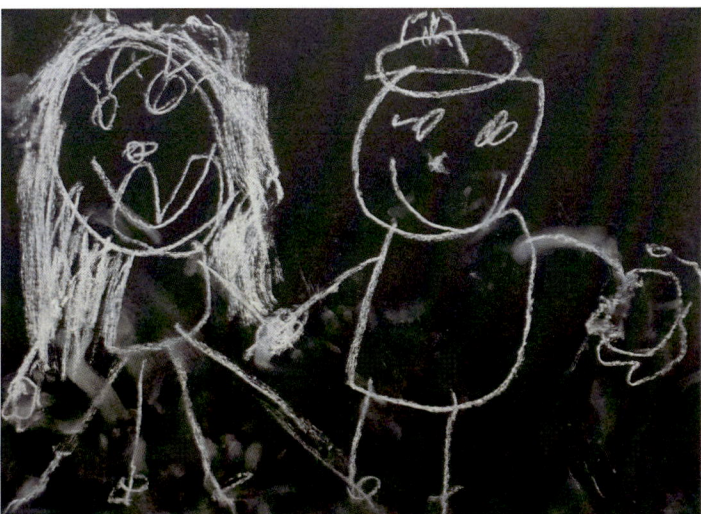

Abb. 3.5 Durch unterschiedlichen Druck und Verwischen lassen sich die Tonwerte der Zeichnung differenzieren

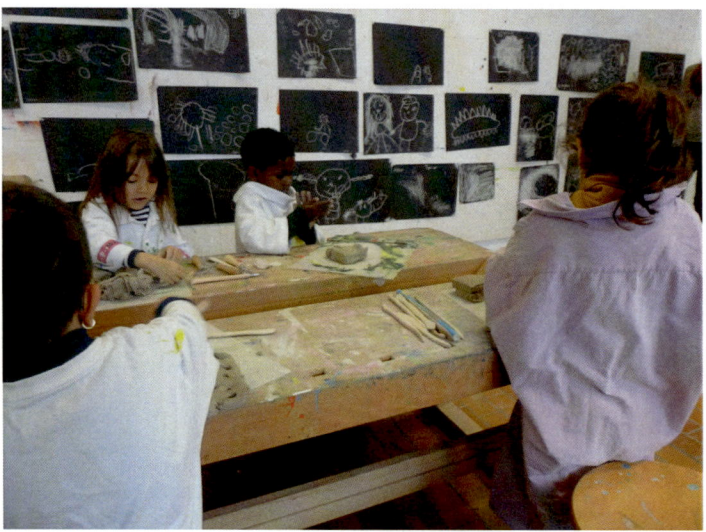

◘ Abb. 3.6   Nachdem die Kinder mit der Zeichnung fertig sind wenden sie sich dem Ton wieder modellierend zu

Beobachtung hinaus, die ein Ziel fokussiert und damit von bereits bestehenden Kategorien geprägt ist, deren Auftreten man gerne bestätigt sehen möchte.

Der Erzieher in der oben dokumentierten Situation beobachtet nicht nur – er kann die ak-
tuelle Situation mit ihren unvorhersehbaren Erscheinungen offen *wahrnehmen*. Diese Fähigkeit ist nicht trivial. Die mit der Tonplastik hantierenden Kinder hätte der Erzieher auch nur
mit der »Brille« seiner Planung beobachten können. Er hätte das nicht erwartete Verhalten der
experimentierenden Kinder dann vielleicht mit der Kategorie »Störung« oder »Destruktion«
gedeutet – stattdessen ist er in der Lage, in dem abweichenden Verhalten »etwas anderes« –
etwas Konstruktives – zu sehen. Nicht nur das zu beobachten, was man zu sehen erwartet,
sondern sich von Situationen überraschen lassen zu können – und das durchaus gern –, zeigt
Achtsamkeit und die Fähigkeit, in einer vermeintlich gewohnten Situation die Qualität von etwas Neuem erkennen zu können. Nicht Kontrollverlust zu erleben, sondern die »Fremdheit«
einer Situation sogar als anregend wahrzunehmen, verweist auf das eigene kreative Potenzial
des Pädagogen, das zum Ausgangspunkt einer kreativitätsorientierten Kunstdidaktik wird.
Indem der Erwachsene seine Wahrnehmung offenhält und sich ebenso eine experimentelle
Haltung aneignet, findet sich eine Entsprechung zum geförderten Verhalten der Kinder, die
variable Situationen nicht als unkalkulierbare Belastung, sondern als Bereicherung verstehen.

Flexibles Fachwissen   Von einem geplanten Vorhaben abzulassen und flexibel zu handeln, fällt
Erwachsenen meist schwer. Der Erzieher in unserem Beispiel kann nicht nur die inhaltliche
Relevanz seiner Beobachtung deuten, sondern auch mit einer eigenen Intervention darauf
reagieren. Er zeigt dabei außerdem spezifisches Fachwissen, indem er blitzschnell entscheidet,
schwarzes Tonpapier aus dem Regal zu ziehen, um so ein neues Aktionsfeld mit weitem Radius
zu eröffnen. Er wählt mit diesem Träger keine beliebige Alternative zu den Modellierunter-
lagen. Auf den dunklen Tonpapieren kann sich eine weitere ästhetische Erfahrung ereignen,
denn die zeichnerischen Setzungen stehen auf einmal in größtmöglichem Kontrast. Weiße,
prägnante Linien sind das Ergebnis entsprechend starken Druckes, leichtere Abriebe führen
zu abgemilderten Tonwerten. Damit gelingt es dem Erzieher, das Phänomen als solches in ein
hochdifferenziertes grafisches Spektrum zu erweitern. Die Qualität des Tonpapiers besticht
also nicht nur durch seine Schwärze, sondern auch durch seine Rauheit. Der Abrieb kann ohne

große Kraftanstrengung gelingen, die Größe des Formats entspricht den motorischen Möglichkeiten der Kinder, mit den ungleichmäßigen Tonklumpen zu hantieren.

An diesem Beispiel wird anschaulich, welche Bedeutung das Fachwissen im Hinblick auf Material und Produktionsweisen hat. In ästhetischen Bildungsprozessen geht es nicht vordergründig um das Nachvollziehen bildnerischer Verfahren (das auch fachfremd durch Anleitungen erworben werden könnte) – vielmehr kann der Erwachsene auf spezifische Aspekte der Aufgabe und in der aktuellen Situation fachlich adäquat reagieren, indem er unmittelbar auf sein Fachwissen zugreift. Voraussetzung sind eigene bildnerische und handwerkliche Erfahrungen, die im Lauf des Berufslebens ein entsprechend großes Repertoire bilden.

Kinder können so erleben, dass bildnerische Techniken kein Selbstzweck sind, dass es vielmehr um die ursprüngliche Bedeutung des aus dem Altgriechischen stammenden Begriffs *technē* geht. Damit werden alle Mittel zum Erreichen eines Vorhabens verstanden. Eine Verfahrensweise wird nicht erlernt, um sie an einem »passenden Thema« probehalber anzuwenden, sondern umgekehrt findet ein inhaltliches Anliegen ein passendes Verfahren. Der Erwachsene kann Fachwissen also bedarfsgerecht und flexibel in die Situationen einbringen, um dem Projekt entsprechende Impulse zu geben.

Das schließt nicht aus, auch dezidiert »klassische« Verfahrensaspekte zu thematisieren. Mit den Kindern spezifische Bearbeitungsmöglichkeiten eines Materials zu erproben oder eine Verbindungstechnik vorzustellen, ist nicht nur möglich, sondern auch sinnvoll. Aus Verfahren lassen sich inhaltliche Ansätze entwickeln. Mit einer Drahtschlinge beispielsweise einen Tonklumpen auszuhöhlen (▶ 3.2.5), ist nicht nur eine Technik, sondern kann auch zu einem Ereignis werden, wenn das Erlebnis, eine Höhle zu graben, zu weiteren Ideen für Behausungen führt.

Der Einsatz von Werkzeug ist ein besonderer Bereich des Fachwissens. Hier lassen sich zwei Aspekte unterscheiden. Der erste betrifft die Bestimmung und herkömmliche Funktion von Werkzeug. Ein Hammer dient zum Einschlagen von Nägeln – das kann das Kind gezielt lernen und üben. Auch entsprechende Verhaltens- und Ablaufregeln können zu seiner Sicherheit explizit besprochen und probiert werden. Doch ein Hammer lässt noch andere Funktionen zu, die das Kind untersuchen und für sich nutzen kann. Sein Gewicht und seine Oberfläche kann es z. B. einsetzen, um eine raue Oberfläche zu glätten.

Lässt sich so etwas mit dem Anspruch auf adäquates Fachwissen vereinbaren? Ist die Zweckentfremdung eines Werkzeugs zu tolerieren oder gar zu fördern? Auch hier steht das eigenständige Suchen nach Wegen und Möglichkeiten, um ein Ziel zu erreichen, im Zusammenhang mit einem grundlegenden Technikbegriff und damit mit dem Prinzip des Bastelns (▶ 2.3.4). Die Expertise des Erwachsenen ist vonnöten, um in der situativen Entscheidung bezüglich Werk- und Materialgerechtheit zwischen handwerklichen Standards und neuen Lösungen abzuwägen.

Künstlerisches Denken Fachliche Kompetenz ist die Basis für künstlerisches Denken. Dies zielt nicht nur auf die Kenntnis über Material und Verfahren ab – heute Tonobjekte zu modellieren und morgen etwas anderes anzubieten –, sondern im Zentrum eines künstlerisch-kreativen Denkens steht das Interesse an kreativer Veränderung. Es zeigt sich auf der konkreten bildnerischen Ebene wie auch im übertragenen Sinn.

In unserem Beispiel am Anfang dieses Kapitels verändert sich die Tonplastik hin zur Zeichnung, die modellierte Figur wird zum Zeichenwerkzeug, und nicht zuletzt finden sich doch noch einmal plastische Elemente im zweidimensionalen Bild wieder (◘ Abb. 3.4). Dass am Ende das Tonobjekt als Katze wieder eine gegenständlich-formale Funktion im Bild erhält, zeigt, wie komplex und vielgestaltig diese Transformationen sein können. Die Kinder entdecken vermeintlich beiläufig, welche Veränderungen sich aus dem Tonobjekt ergeben. Der Zusammenhang von anfänglicher Absicht und Wirkung ist weder geplant noch von vornherein erfolgsversprechend. Es gibt kein kalkuliertes Anwenden von Wissen – vielmehr scheinen die Aktionen und die Bedeutungserzeugung sprunghaft. Es ließe sich ein spontan anderer Einfall und damit ein anderer Verlauf denken. Und doch zeigt sich ein typisches Muster: Es ist die Bewegung im Rahmen eines Vorgangs, den man als lebendiges und waches *Spiel* bezeichnen kann (▶ 1.3). Aus einer ästhetischen Erfahrung erwächst ein dichter kreativer Prozess. Künstlerisches Denken kann im geschützten Rahmen eines Spieles viele spontane und assoziative Formen annehmen – aus Sicht der Kreativitätstheorie manifestiert sich darin das divergente Denken (▶ 1.2).

Im übertragenen Sinn ereignet sich noch eine elementare Transformation: Die Kinder erleben dass sie imstande sind, etwas verändern zu können. Ihre Entdeckungen und Ideen haben Relevanz, was auch das Verhalten des Erwachsenen zeigt, der sie in ihrem Impuls bestätigt, Situationen zu verändern. Damit verändern die Kinder nicht nur Situationen, sondern auch sich selbst. So wird die ästhetische Bildung zu einem humanistischen Anliegen.

Kindliche Ästhetik reflektieren   Kinder kennen beim bildnerischen Arbeiten keine Gattungen und entsprechend keine Gattungsgrenzen. Sie kombinieren Tonplastiken mit Holzstücken, Stoffreste mit Pappmaschee und bemalen Naturmaterialien mit bunter Acrylfarbe. Diese Offenheit ist Ausdruck eines neugierigen und spielerisch-entdeckenden Verhaltens, das zu fördern ist ein erklärtes kunstpädagogisches Ziel. Ästhetische Kriterien der Erwachsenen stehen in diesem Zusammenhang auf dem Prüfstand. Das bedeutet zunächst einmal, etablierten Glaubenssätzen wie z. B. »Weniger ist mehr« oder »Materialgerechtheit« keine vorrangige Bedeutung einzuräumen. Für einen Erwachsenen setzen Kinder Dinge manchmal nicht im »eigentlichen« Sinne des Materials ein. So auch bei der Farbe: Sie verwenden dicke Farbmasse geradezu plastisch oder tragen Farben auf ungeeigneten Oberflächen auf.

Carla (5;1) hat aus den Materialkisten einige Elemente zusammengetragen, die sie auf einem kleinen dünnen Brett zu einer Burg montieren möchte. Neben zahlreichen Korken finden sich eine alte Fahrradbremse, zwei Pfeifenreiniger, eine Papprolle, ein Stück Pappe und Verpackungschips. Carla arrangiert die einzelnen Elemente auf der Platte und klebt sie schließlich auf (◘ Abb. 3.7). Man kann nicht erkennen, was für sie leitend ist. Orientiert sie sich bei der Wahl der Gegenstände an der Form, der Bedeutung oder/und an der Farbe? Aufgrund der ähnlichen Farbigkeit der einzelnen Bildelemente und der Tatsache, dass alle Gebrauchsspuren aufweisen, fügen sich die Bildelemente für den einen beobachtenden Erwachsenen durchaus ästhetisch zu einer Einheit zusammen. Die offenen Oberflächen der Korken und die Patina der anderen

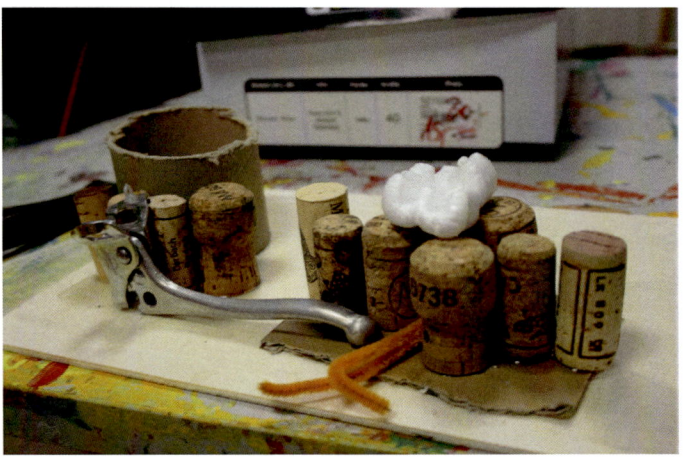

◘ **Abb. 3.7**   Carla 5;1 hat eine »Burg« gebaut

Gegenstände entwickeln für ihn eine angenehme Lebendigkeit. Doch entspricht das einer »allgemeinen« ästhetischen Empfindung? Nein, denn ein anderer Erwachsener bemängelt möglicherweise den Materialmix aus organischen und anorganischen Stoffen. Je mehr man künstlerisch bewanderte Erwachsene befragt, desto uneinheitlicher wird das Bild.

Derweil geht Clara nach dem Prozess der plastischen Gestaltung zur Farbenstation und holt sich bunte Farben, um ihre Burg farbig zu bemalen (◘ Abb. 3.9). Die Attraktivität von flüssiger Farbe ist für das Mädchen offenbar ausgesprochen hoch. Es macht ihr sichtlich Freude, die Burg mit sattem Farbauftrag zu überformen. Die Burg verwandelt sich (zumindest solange die Farben noch nicht getrocknet sind) in ein leuchtend-glänzendes Gebilde. Was für den einen erwachsenen Betrachter nun zu einem derben und grellen Farbmissgriff gerät, sieht der andere durch die Farbe reizvoll homogenisiert (◘ Abb. 3.10).

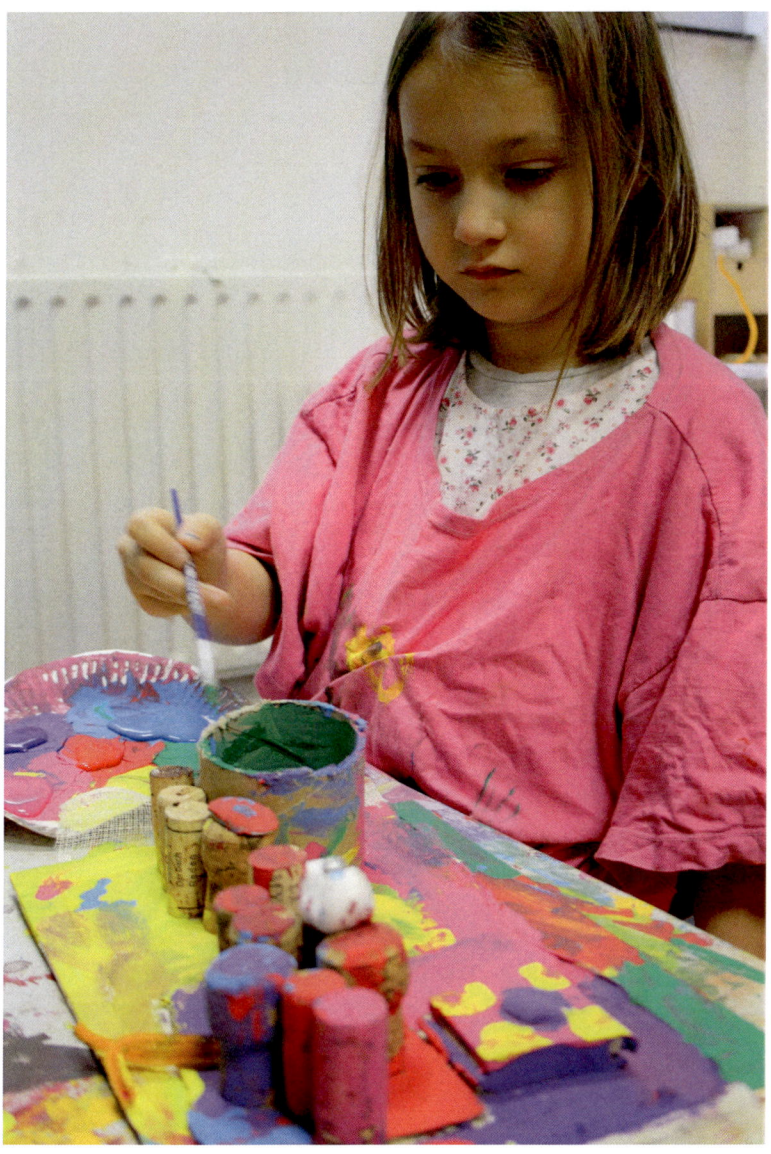

◘ **Abb. 3.8**   Carla übermalt ihre Burg

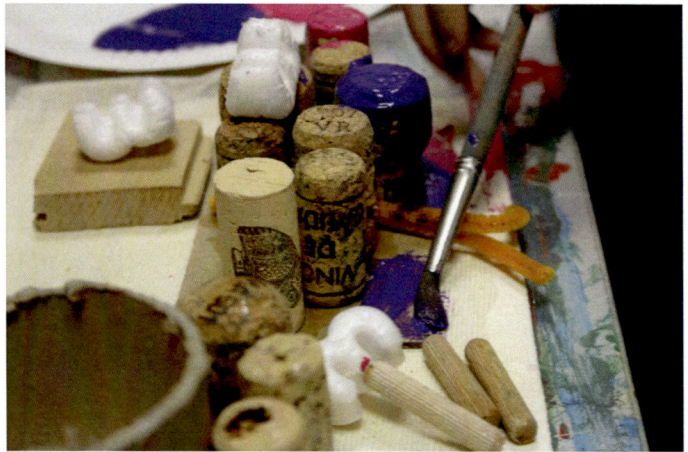

■ **Abb. 3.9**   Sie bemalt ihre Burg

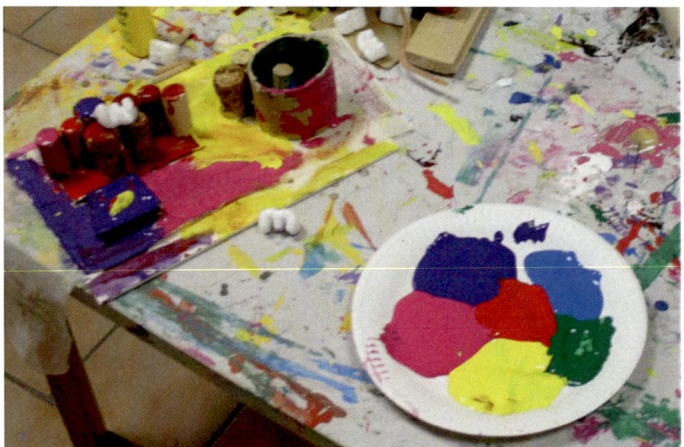

■ **Abb. 3.10**   Carla verwendet eine Palette bunter Farben

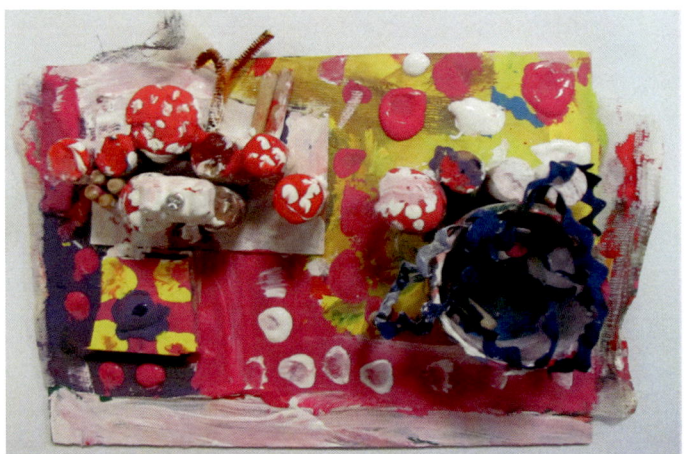

■ **Abb. 3.11**   Carlas farbige Burg

Die Aktion kann nun aber bei genauerer Betrachtung auch unter anderen Vorzeichen wahrgenommen werden. Mit der dicken Farbschicht transformiert Carla die verschiedenartigen Fundstücke ein zweites Mal. Die erste Transformation lag auf der Ebene der Materialien und ihrer »Hintergründe«. Weinkorken, Verpackungschips etc. waren zunächst aus alten Gebrauchszusammenhängen in einen neuen Kontext gebracht worden. Aus Weinkorken und Verpackungschips wurde eine Burg. Mit der Farbe kommt es zu einer zweiten Verwandlung. Die unterschiedlichen Oberflächen und Erscheinungen werden durch die dicke Farbschicht vereinheitlicht und zugleich verfremdet (◘ Abb. 3.8). In der weiteren Überarbeitung gewinnt die Farbe immer mehr Eigenständigkeit. Sie überformt Grenzen, übersetzt Körperformen in die Fläche und setzt neue inhaltliche Akzente (◘ Abb. 3.11). Jenseits des Geschmacksempfindens der Erwachsenen sind die Leistung und die Erfahrung des Kindes gar nicht hoch genug einzuschätzen.

Wenn Kinder »wild« basteln, wenn sie nicht nur Entscheidungen treffen *dürfen*, sondern sogar treffen *sollen*, dann wird die Erwachsenenästhetik, der »gute Geschmack« der Pädagogin oder des Pädagogen gelegentlich auf die Probe gestellt. Bei mangelnder Handwerklichkeit, fragwürdigen Kombinationen der Materialien oder einer bizarren Farbgebung verspürt man den Impuls einzugreifen, um ein »schönes« Ergebnis zu sichern. Wer nicht direkt lenken will, reduziert vielleicht das Materialangebot so, dass eine gewisse »Grundästhetik« gewährleistet ist. Im engsten Fall – dem herkömmlichen Vormach-Nachmach-Vorgehen – haben die Kinder gar keinen Spielraum mehr und vollziehen vorgefertigte und schablonenartige Vorgaben nach. Dabei kommt es zu mehrfachen Missverständnissen. Die Pädagoginnen und Pädagogen denken sich besondere Bastelaufgaben aus, von denen sie und die Eltern annehmen, dass sie besonders »kindgerecht« sind: simple, schematische und stilisierende Formen in »poppiger« Erscheinung und angeleiteter Technik. Doch den Kindern ermöglichen die Erwachsenen nur vermeintlich eine authentische Situation. Lachende Comic-Sonnenblumen oder großäugige Marienkäfer treffen keineswegs die kindliche Ästhetik. Die Kinder »spielen« allenfalls damit und bedienen all die kindertümelnden Formen und Figuren – den Erwachsenen zuliebe.

Ein nie versiegendes Argument für stereotype Anleitungen ist der Einwand, dass die Kinder zur Verbesserung ihrer motorischen Fertigkeiten üben sollten. Der Erfahrung nach wird die motorische Leistung der Kinder mindestens ebenso gefördert, wenn sie eigene Entscheidungen mit ihren eigenen Vorhaben verfolgen. Ein anderes Argument sind die Eltern. Kann man am Elternabend mit windschiefen und für das erwachsene Auge rohen Objekten punkten? Sehr wohl, zumindest dann, wenn man die vielen Überlegungen und Entscheidungen der Kinder transparent macht und dabei erkennen lässt, was hier alles zu beobachten ist. Erleben Eltern ernsthaft argumentierende Erzieherinnen und Erzieher, werden sie eher nachvollziehen können, dass in der kindlichen Ästhetik mehr zu entdecken ist als handwerkliche Sekundäraspekte an kindertümelnden Schablonen.

Wenn man den Kindern auf allen bildnerischen Ebenen Entscheidungen zubilligt, findet sich ein großes Spektrum technischer Lösungen und ästhetischer Erscheinungen. Kinder erleben dabei auch untereinander, dass es Vielfalt gibt, dass ein und derselbe Ausgangspunkt zu unterschiedlichen Lösungen führen kann, wenn nicht normativ ästhetische Standards gesetzt werden.

Natürlich sprechen uns die Arbeiten der Kinder auf unterschiedliche Weise an. Warum sollten Erwachsene nicht den Kindern rückmelden, dass sie hier eine Farbwirkung ansprechend, dort eine Materialverbindung spannend finden? Die Kinder leiten daraus nicht ab, dass sie den Erwachsenen »zuliebe« in Zukunft z. B. die Farben so oder so einsetzen. Dazu müssten sie bei der Beurteilung der Wirkung bildnerischer Mittel eine zu große Abstraktionsleistung vollführen – sie erleben aber einen Erwachsenen, der sich für ihren Beitrag interessiert, der ihre Entscheidungen ernst nimmt und der dabei aber auch seinen ganz eigenen Kopf hat, eigene Vorlieben formuliert und sich offenbar schon viel mit Kunst beschäftigt hat. Auf diese ebenbürtige Weise können sich beim Kind nicht nur kreatives Verhalten, sondern auch ein sukzessiv wachsendes Verständnis und eine differenzierende Wahrnehmung für ästhetische Phänomene entwickeln.

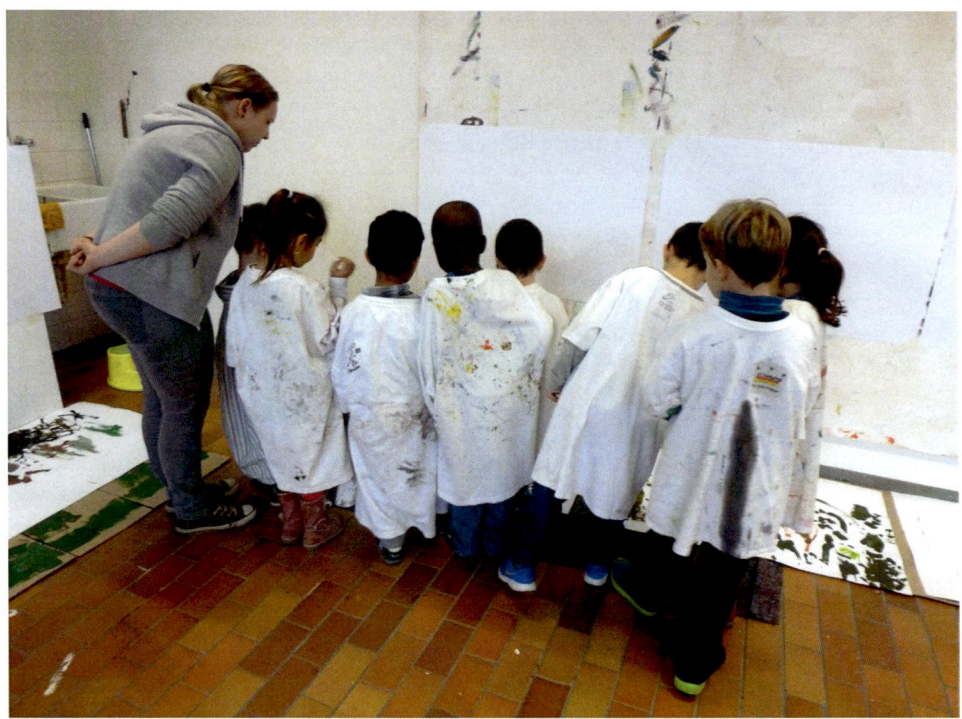

■ **Abb. 3.12**   Die Wiederentdeckung der eigenen Werke als Einstiegsaufgabe

Über Bilder reden: Ästhetische Erfahrungen mit Bildern   Ästhetische Erfahrungen kann man
nicht nur im produktiven, sondern auch im rezeptiven Bereich machen, wenn Kinder eigene
und fremde Bilder betrachten. Dies geschieht bereits, wenn sie Spuren ihrer Bilder verfolgen
und kontrollieren. Aus den eigenen Aktivitäten entsteht häufig ein Mitteilungsbedürfnis. Manche Kinder verspüren den Drang, ihren bildnerischen Gestaltungsprozess verbal zu begleiten
und über ihre Bilder zu sprechen.

Die prozessbegleitende Kommunikation ist eine anspruchsvolle Aufgabe für den Erzieher,
bei der er nicht nur sein Fachwissen wegen der häufig überraschenden Wendungen in den
bildnerischen Prozessen flexibel halten muss, sondern auch seine Beobachtungsfähigkeit.

Dabei spielt die nonverbale Kommunikation eine ebenso große Rolle wie die verbale. Die verbale Sprache unterscheidet sich grundlegend von der Bildsprache. Wenn über Bilder gesprochen
wird, erweckt dies bei manchen Erwachsenen den Eindruck, dass die verbale Sprache die zugrunde liegenden bildnerischen Handlungen spiegeln und so erfassen könne. Dem ist aber nicht so.
Es gibt vor allem für Kinder keinen zwingenden Zusammenhang zwischen Bildproduktion und
verbal kommunizierter Rezeption. Ein Wechsel vom Schaffens- zum Kommunikationsprozess ist
kein natürlicher Übergang, sondern ein Systemwechsel. Für den bildnerischen Prozess bedeutet
dieser Wechsel einen Bruch, der bedacht werden muss. Die Kinder sollen ungestört ihre Bilder
entwickeln und während des Gestaltungsprozesses nicht genötigt werden, in den sprachlichen
Modus zu wechseln. Die Kinder sind im Schaffensprozess oft so involviert dass es ihnen schwer-
fällt, einen distanzierten Blick einzunehmen. Fragen wie »Was malst du denn da?« drängen das

Denken und Reden über Bilder in begrifflich gefasste Kategorien, die dem unmittelbaren Geschehen im Moment nicht gerecht werden. Wenn man den Flow (▶ 1.2.3) eines Kindes erkennt, ist es naheliegend, erst einmal abzuwarten und abzuwägen, wann ein Gespräch über das Bild sinnvoll ist. Erwachsene kommunizieren bereits mit dem Kind, wenn sie dem Prozess wertschätzende Aufmerksamkeit schenken und damit Präsenz zeigen.

Beim Reden über Bilder kann der Erwachsene einen ästhetischen Erfahrungsprozess vorleben. Sätze wie »Das sieht aus wie …« oder »Das erinnert mich an …« zeigen ästhetische Wahrnehmung und regen zu einer gemeinsamen Erkundung des Bildes an. Damit wird deutlich, dass ein Bild weniger Beleg für einen sprachlich gefassten Gedanken ist, den der Erwachsene »abfragt«, sondern selbst ein Ereignis und damit Ausgangspunkt zu einer gemeinsamen ästhetischen Erfahrung werden kann. Sprache benennt und kategorisiert dann nicht nur, sie beschreibt auch, assoziiert und fabuliert. (◘ Abb. 3.13b)

Nachgängige Kommunikation über die eigenen Bilder unterscheidet sich grundsätzlich von prozessbegleitenden Gesprächen. Schon das obligatorische Aufräumen schafft eine zeitliche Distanz zum Schaffensprozess. Wird die praktische Arbeit in einer weiteren Sitzung fortgesetzt, bietet sich eine Bildbetrachtung auch zu Beginn der nächsten Sitzung an (◘ Abb. 3.12). Die Wiederentdeckung der eigenen Werke ist dann eine spannende Einstiegsaufgabe.

In der Regel greifen die Kinder gerne die freie Anregung der Pädagogin oder des Pädagogen auf, ihre Entdeckungen in Bildern anderer Kinder mitzuteilen. Die Impulse können dabei auch auf Verfahren und andere Besonderheiten gelenkt werden. Fragen zur Technik wie »Könnt ihr erkennen, ob Felix die Farbe mit einem Pinsel aufgetragen hat?« oder »Was hat Erora abgedruckt?« schulen das genaue Hinsehen und die Beobachtungsfähigkeit als Grundlage des »Lesens von Bildern« in besonderer Weise (◘ Abb. 3.13a).

Das besondere Potenzial beim gemeinsamen Betrachten der Bilder ist gegenseitige Wertschätzung. Die Entäußerungen der anderen erst einmal wahrzunehmen, ist bereits eine erste Anerkennung. Wenn das Kind erlebt, dass das eigene Bild den Betrachter zu einer Entdeckung und Deutung motiviert, erlebt es, dass Bilder eine Beziehung schaffen können. Und noch mehr: Es beginnt den grundlegenden Sinn von künstlerischem Handeln zu spüren.

Auch Werke aus der Kunstgeschichte können Anlass zu einer Bildbetrachtung sein. Am Beginn oder am Ende einer bildnerischen Aktion lassen sich Abbildungen fruchtbar einbeziehen. Die Rezeption eines Kunstwerks kann Anlass zu einer produktiven Auseinandersetzung sein, aber auch umgekehrt. Wenn die Kinder sich mit einem Thema beschäftigt haben, sind sie bereits »Experten« und können ein Kunstwerk ganz anders wahrnehmen. Ihr Verständnis von der Sache und ihre Erfahrungen dazu bereiten dann einen wichtigen Einstieg in das Verständnis des Kunstwerks. Ein Motiv und eine Malweise zu entdecken oder ein Verfahren zu beurteilen, gelingt ihnen dann besonders leicht.

Gegenständliche Bilder bieten die Möglichkeit, sich unmittelbar mit den Inhalten zu »identifizieren« und diese mitzuerleben. Das Nacherzählen, aber auch das Nachstellen der Szenen kann das Verständnis klären, die emotionale Auseinandersetzung mit den Bildern steigern und zu einem Ausgangspunkt für eine eigene malerische oder plastische Auseinandersetzung mit dem Thema führen. Nach der Betrachtung eines spätromantischen Gemäldes im Museum reagieren die Kinder auf eine dramatische Darstellung eines Bootes in Seenot – die gemeinsame Betrachtung reflektiert dabei nicht nur die erzählerischen Inhalte sondern auch den Farbauftrag und die Malweise. Worin zeigt sich z. B. ein vom Sturm aufgewühltes Meer (◘ Abb. 3.14)?

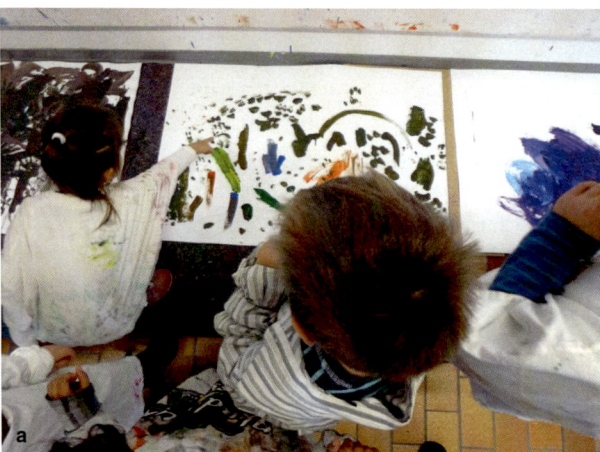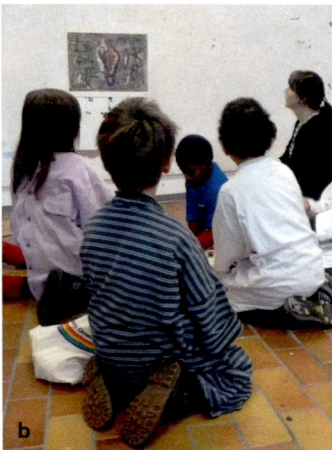

🔲 **Abb. 3.13 a** Konkrete Fragen schulen das genaue Hinsehen, **b** Ein Bild kann Ausgangspunkt ästhetischer Erfahrungen werden

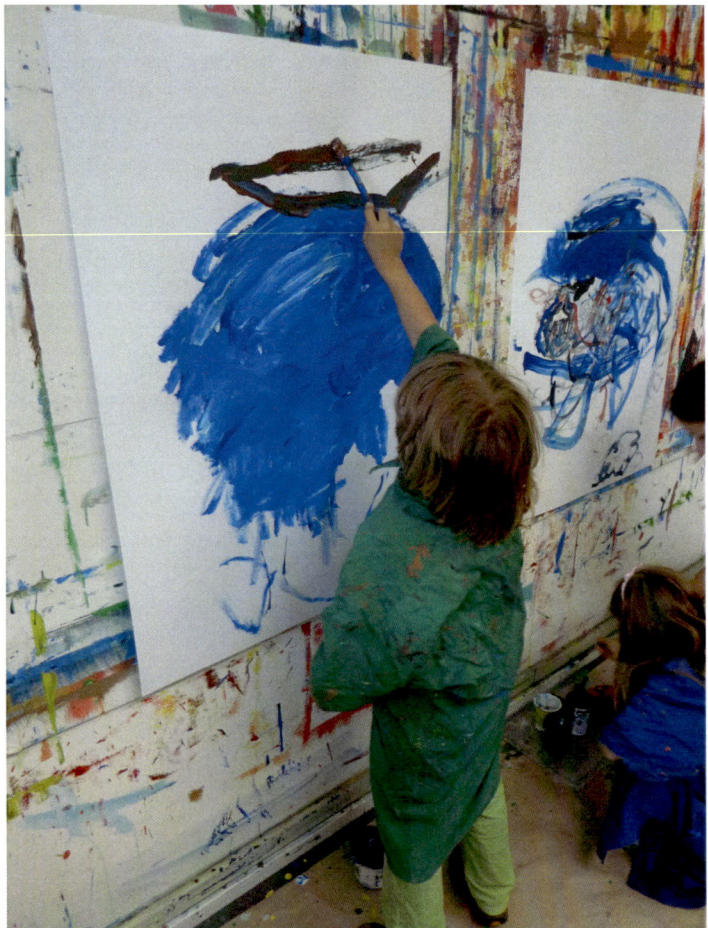

🔲 **Abb. 3.14**   Seenot in aufgewühltem Meer

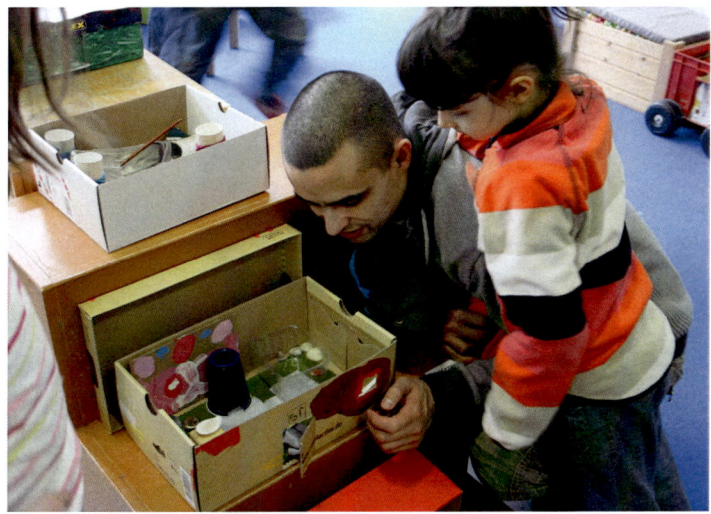

□ **Abb. 3.15**   Eltern interessieren sich

Aber vor allem auch abstrahierende und gegenstandslose Bilder regen Assoziationen an. Gerade mehrdeutige Formen und Figuren evozieren Phantasien und erzählen Geschichten, die in den eigenen Bildern weitergesponnen werden können.

Am besten gelingt die Begegnung mit einem Kunstwerk vor dem Original. Gerade dann, wenn z. B. der Farbauftrag eine besondere Rolle spielt und die Kinder die Vorgehensweise rekonstruieren können, lassen sich Ansätze für die eigene Arbeit ableiten. Aber auch die Größe der Werke kann nur hier authentisch wahrgenommen werden. Die Begegnung mit Kunstwerken im Museum eröffnet noch eine weitere Dimension. Das Museum wirkt auf das Verhalten der Kinder ein. Die Bilder im Museum gewinnen durch die aufwendige Präsentation eine spürbare Aura. Bilder sind nun nicht mehr flüchtige Alltagserscheinungen, sondern laden zur konzentrierten Betrachtung ein.

Bedeutung haben auch Gespräche zwischen Eltern und Kindern. Regelmäßige Präsentationen der entstandenen Werke bieten die Möglichkeit, mit den Eltern ins Gespräch zu kommen und diese neugierig auf die Dinge zu machen, die die Kinder gestaltet haben. Hier obliegt es der Pädagogin bzw. dem Pädagogen, die Kommunikation nicht nur anzubahnen, sondern auch dafür zu sensibilisieren und vermittelnd tätig zu werden. Reden über die Bilder der Kinder kann auch für die Eltern eine ästhetische Erfahrung werden (□ Abb. 3.15) Das beginnt mit einer interessierten Annäherung an die Sache, was gerade dann von zentraler Bedeutung ist, wenn die Eltern (noch) keine Erfahrung mit ästhetischen Bildungsprozessen haben und lediglich auf oberflächliche Effekte oder motorische Fertigkeiten achten. Wenn sie beginnen, genauer hinzusehen, wenn sie mit der Unterstützung der Pädagogin oder des Pädagogen nachvollziehen können, welche Ideen und Entscheidungen ihr Kind beschäftigt hat, gelingt es leichter, nicht durch ein Statement zu werten, sondern über das Werk mit dem eigenen Kind ins Gespräch zu kommen.

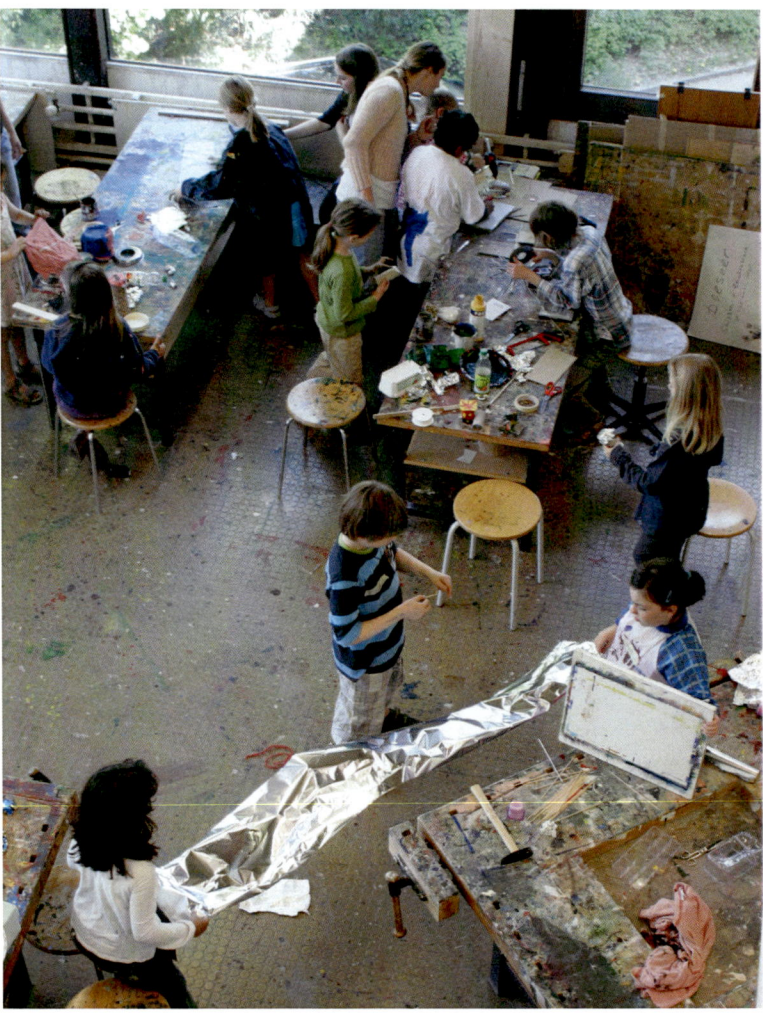

◘ Abb. 3.16 Kunstwerkstatt

3.1.2 Pädagogische Rahmung

Die Fähigkeit und Möglichkeit, Kinder in ihren ästhetischen Erfahrungen zu begleiten und kreative Prozesse anzubahnen, bedarf nicht nur kompetenter fachlicher Entscheidungen, sondern grundlegender Einstellungen. In ihnen zeigt sich die Professionalität eines Pädagogen. Die Tatsache, dass sich künstlerisch-kreative Prozesse nicht lückenlos planen lassen, sondern situative Offenheit erfordern, kollidiert nicht mit pädagogischen bzw. kunstdidaktischen Konzepten, sondern prägt diese. Das künstlerische Denken als Basis eines kunstdidaktischen Verständnisses schließt an allgemeine didaktische Überlegungen und pädagogische Grundsätze an.

Konstruktivismus/Ko-Konstruktion   Wenn Kinder ästhetische Erfahrungen machen (▶ 1.1.2) und sich aktiv die Erscheinung der Welt interpretierend erschließen, stehen sie in der direkten Auseinandersetzung mit der Umwelt. Diese Form der untersuchenden und forschenden

Annäherung wird mit dem Modell des Konstruktivismus (Diesbergen 1998; Reich 2006) als Selbstbildungskonzept beschrieben. Lernen ist demnach kein passives Empfangen im Rahmen einer vom Erwachsenen gesteuerten Wissensvermittlung, sondern eine selbstständige konstruktive Aufbauleistung des Subjekts. Durch die Interaktion mit der umgebenden Umwelt, zugänglich durch die Sinnesorgane, entwickelt das Kind eine Vorstellung und beginnt, sie in die eigene kognitive Struktur zu integrieren und entsprechend zu interpretieren.

Diese Beziehung zwischen dem Kind und der Sache muss aber erweitert gesehen werden. Wenn die Kinder in dem obigen Beispiel die Tonobjekte als »Kreide« entdecken und mit diesem neu erfundenen »Werkzeug« zu zeichnen beginnen, dann zeigt sich neben dem Kind-Sache-Bezug auch die soziale Dimension. Die Interaktion mit der Sache ist untrennbar mit einer gemeinschaftlichen Interaktion (»Guck mal…«) der Kinder untereinander verbunden und lässt eine kollektive Bedeutungserzeugung erkennen. Die Kinder vernetzen nicht nur ihre individuelle Konstruktionsleistung, sondern die soziale Interaktion selbst wird zur gemeinschaftlichen Konstruktion. In diesem Zusammenhang spricht man von einer *Ko-Konstruktion*. Die Ko-Konstruktion ist ein zentrales Konzept im aktuellen Bildungsverständnis. Dazu zählt auch der Erwachsene, der nicht nur aus dem Hintergrund die Konstruktionen der einzelnen Kinder beobachtet und darauf bestätigend eingeht, sondern selbst aktiv wird. Er »schafft Situationen« (▶ 3.1.1), bringt Kinder zu verschiedenen Handlungsformen, in denen sie explorativ vorgehen, Entscheidungen treffen und verantworten können (Konstruktivisten sprechen in diesem Zusammenhang von »Methodenkompetenz« bzw. »Methodenpool«; Reich 2004, S. 272). Der Erwachsene nimmt nach diesem Verständnis aktiv an dem gemeinsamen Konstruktionsprozess teil. Er überlegt gemeinsam mit den Kindern, stellt Vergleiche an und probiert möglicherweise selbst, wie sich ein Material anfühlt und einsetzen lässt. Er zeigt sich nicht in pädagogischer Distanz, sondern als Erwachsener, der selbst Lust hat, sich auf die Phänomene aktiv forschend einzulassen.

Der Erzieher im Eingangsbeispiel kennt durch sein Fachwissen zwar die Wirkung und die Möglichkeiten, die vom Abrieb des hellen Tons ausgehen, er vermeidet aber, sein Wissen unmittelbar in den Mittelpunkt zu stellen, um dann beispielsweise mit der für ihn längst bekannten Kategorie »Kreide« den weiteren Verlauf der Situation zu steuern. Stattdessen entdeckt er gemeinsam mit den Kindern die sich entwickelnden neuen Möglichkeiten. Würde er nur die Kategorie »Kreide« aufgreifen, entginge ihm möglicherweise die weitere Entdeckung des Jungen, der den Tonbrocken in seine Zeichnung integriert (◘ Abb. 3.4). In der Ko-Konstruktion kann diese Idee zur gemeinschaftlichen Überraschung werden und im Verlauf der Sequenz möglicherweise weitere Kreise ziehen.

In ästhetischen Bildungssituationen bedeutet Ko-Konstruktion für den Erwachsenen nicht, seinen Wissensvorsprung als »Herrschaftswissen« einzusetzen. Wenn Fragen und Schwierigkeiten im Prozess auftauchen, etabliert er sich nicht als erste und zentrale Instanz, die zur Lösung der Probleme von den Kindern befragt wird, sondern er regt die Kinder zu eigenen (und gemeinsamen) Überlegungen an. Das bedeutet nicht, die Lösung für z. B. ein technisches Problem künstlich zu verstecken (um es gleichsam von den Kindern »suchen« zu lassen), sondern sich selbst auf die Sachebene zu begeben. Er ermutigt die Kinder zu eigenen Überlegungen, oder er denkt gemeinsam mit ihnen nach, wie man sich auf die Lösung eines Problems zubewegen könnte. Zu »wissen, als ob man es nicht wüsste«, ist dabei kein eigenartiger didaktischer Kniff, sondern die Möglichkeit, ebenfalls einen unvoreingenommenen, neuen Blick auf vermeintlich Bekanntes zu werfen. Vertrautes zu »befremden«, einen Zustand nicht als für immer gegeben zu sehen und Prozeduren nicht schematisch zu vollziehen, lässt auch für den Erwachsenen Raum für kreatives und künstlerisches Denken.

Gleichwohl wächst dem Erwachsenen im ko-konstruktiven Prozess die Rolle zu, nicht nur »mitzuschwimmen«, sondern die gesamte Dynamik im Blick zu behalten und die Prozesse zu moderieren. Ergebnisse zusammenzufassen und Reflexionen anzustoßen, Fragen zu stellen, unterschiedliche Entwicklungen im Raum zu vernetzen, Aspekte aus einer anderen Perspektive zu »beleuchten«, Alternativen aufzuzeigen und Anregungen für weiteres Vorgehen zu geben. Dazu steuert er durchaus Facetten seines Wissens und seiner Kompetenzen bei – als Erwachsener hat er einen anderen Horizont und kann somit die Kinder zu neuen Wegen anregen.

Beobachtungskultur   In der didaktischen Rahmung manifestiert sich, wie das Beispiel zu Beginn des Kapitels zeigt, der Anspruch, die Prozesse der Kinder aufmerksam wahrzunehmen bzw. zu beobachten und daraus Erkenntnisse zu gewinnen und Entscheidungen abzuleiten.

Das Lernen selbst kann man nicht beobachten, die Konstruktionsleistungen des Kindes lassen sich nur in den Verhaltensänderungen und Äußerungen des Kindes erschließen und das lediglich interpretierend (de Boer 2012, S. 68). Ästhetische Bildungsprozesse bergen aber den großen Vorteil, dass sich die ästhetischen Handlungen der Kinder, ihre Äußerungen und Gesten in Bezug zur materialen Umgebung setzen. Wenn Kinder in bildnerischen Prozessen agieren, treffen ihre verbalen, gestischen oder mimischen Äußerungen (Siehe Beispiel im ▶ 1.3) auf gegenständlich »lesbare« Aspekte des entstehenden Bildes oder Objekts – so spricht nicht zuletzt das Produkt und kann deshalb Teil der Wahrnehmung des Erwachsenen werden. Insofern bietet die bildnerische Arbeit besonders anschauliche Anlässe zur Entwicklung einer Beobachtungskultur (Heyl 2012).

Subjekt- und Stärkenorientierung   Die Wahrnehmung ästhetischer Verhaltensweisen geht über die Beobachtung des bildnerischen Entstehungsprozesses hinaus. Im bildnerischen Handeln zeigen sich Interessen und Vorlieben des Kindes. Im Prozess kann das Kind individuelle Ausdrucksformen finden und entscheiden, ob, wo und wie es Wege verfolgt oder wieder beendet. Künstlerisch geprägte ästhetische Bildung beginnt dort, wo das Kind selbst für sich relevante Ansätze findet. Vor dem Hintergrund konstruktivistisch verstandener Lernvorgänge ist das generell nicht anders möglich – doch immer noch und immer wieder gerät das Kind in den Sog äußerer, normativer Beurteilung, was es »bereits kann oder noch nicht kann«. Spätestens im Vorschuljahr beginnen mehr oder weniger konkret konstatierte »Defizite« die Inhalte der Beobachtung zu dominieren. Dann können z. B. normative Beurteilungen über motorisches Vermögen bzw. Unvermögen das überdecken, was den Kern ästhetischer Bildung ausmacht: die Orientierung an den Möglichkeiten und Vorlieben des Kindes. Dies immer wieder zu vergegenwärtigen, die Ressourcen des Kindes im Blick zu haben, ist die Aufgabe des Kunstpädagogen.

Inklusion   Mit der Orientierung an den Ressourcen des Kindes und mit der Förderung seiner individuellen Ausdrucksmöglichkeiten zeigt sich, dass Heterogenität in ästhetischen Bildungsprozessen generell angenommen wird. Es bedarf keiner besonderen Interpretation oder didaktischen (Um-)Denkens, um darin den Anspruch einer Pädagogik der Inklusion zu erkennen.

Die eigene ästhetische Erfahrung lebt vom individuellen Zugang. Ziel einer ästhetischen Erfahrung ist nie der Abgleich in Hinblick auf eine einzig »richtige« und adäquate Herangehensweise. Viel näher liegt der Blick auf der Differenz – nicht um Unterschiede im Sinne von Defiziten zu manifestieren sondern um Vielfalt zu erreichen. Gerade bei der expliziten Präsentation einer eigenen, individuellen Lösung kann das Kind erleben, dass es nicht nur »anders sein« darf, sondern dass in der Unterschiedlichkeit der Mehrwert für alle steckt. Umgekehrt kann es lernen, seinen eigenen Blick zu schulen, um Vielfalt auch in seiner Umgebung zu erkennen – nicht zuletzt um daraus auch Vorteile für seine eigenen Vorhaben zu ziehen.

Nicht das Erlernen enger Fertigkeiten steht im Mittelpunkt ästhetischer Bildung, sondern die interpretationsoffene kreative Transformation. Die Veränderung und Verwandlung des Gewohnten in etwas anderes, Neues ist der Kern des kreativen Prozesses. Dabei wird das »andere« auch dann toleriert – oder sogar besonders wertgeschätzt –, wenn es unfertig und unperfekt ist. Deswegen sind Differenz und individueller Eigensinn nicht nur möglich, vielmehr ist das Nichtnormative für künstlerisch-ästhetische Prozesse konstituierend.

In diesem Erleben, »anders sein« zu dürfen und »anders werden« zu können, realisiert sich so in dem gemeinschaftlich erlebten ästhetischen Bildungsprozess die Erfahrung von Inklusion als Möglichkeit sozialer Lernprozesse.

Zeit Ästhetische Erfahrungen, Eigeninitiative in bildnerischen Prozessen und Spiel haben eines gemeinsam. Sie sind virtuell unendlich angelegt. Immer dann, wenn Kinder einen eigenen Ansatz finden, wenn ihre Explorationen immer weitere Kreise ziehen und sie in einen bildnerischen Prozess gefunden haben, erreichen sie einen Grad der Versenkung in die Tätigkeit, aus dem ein »Herausreißen«, von ihnen als Störung oder zumindest als unangenehm empfunden wird. Geraten die Kinder in einen Flow (▶ 1.2.3), erleben sie den Abbruch als schmerzhaften Einschnitt. Eine achtsame Wahrnehmung des Erwachsenen, ob und wann eine Intervention sinnvoll ist, gehört zu seinen wichtigsten Aufgaben. Das ist umso bedeutsamer, als die Zonen selbstbestimmten aktiven Handelns und Spielens auch bereits vor der Schule mehr und mehr eingeschränkt sind.

Ästhetische Bildungsprozesse sind nicht von einem Themen- und Verfahrenswechsel, sondern vielmehr von sukzessiver Entwicklung und Anschlussfähigkeit geprägt. Das benötigt Zeit und Ruhe. Der Erzieher in unserem Beispiel (▶ 3.1) wird durch seine Beobachtung zu klären versuchen, ob die Entwicklung in der zweiten Sitzung bereits eine direkte Fortsetzung anbahnt, ob z. B. aus der Kombination von Tonplastik und Zeichnen mit Ton eine Idee für die weitere Entwicklung erwächst.

3.1.3 Kunstdidaktische Rahmung

Aufgaben finden/Projekt entwickeln Wie finden Kinder in den bildnerischen Prozess? Was muss die Pädagogin oder der Pädagoge dafür tun? Vielen erscheint die Suche nach einem Thema als zentrale Aufgabe. Ein geeignetes Thema muss kindgerecht, d. h. für die Kinder anregend sein (▶ 3.2). Tatsächlich ist das Thema nur ein Teil einer *kreativen Situation*, an der, wie oben gesehen, Materialien, Werkzeuge und Verfahren entscheidend mitwirken. Schon durch sie kann sich eine Dynamik entwickeln, die zu einer intensiven Auseinandersetzung führt, in der die Kinder ihren Ansatz, ihre Aufgabe und auch ihr Thema selbst finden. Das Potenzial von Prozessen, die Kindern diese Entwicklung ermöglichen, liegt im Grad ihrer Involviertheit.

Ausgangspunkt des Interesses kann dabei ein einzelner Aspekt sein, ein erster Auftakt, der zu einer Kern- oder Leitidee wird (▶ 1.2.3). Eine Idee, die sich im Verlauf entwickelt, aber auch wandeln kann. Ein Fundstück, eine Geschichte, ein Sachverhalt, eine Frage. Kinder sind nicht nur am bildnerischen Handeln im Sinne der Produktion interessiert, sondern auch an den Inhalten auf der Sachebene, die sie über bildnerische Zugänge entwickeln und verändern können. Das Was ist genauso relevant wie das Wie.

Das Setzen eines Anfangsimpulses, das gemeinsame Hineinfinden über einen verbalen Austausch und über ästhetische Erfahrungen, das ko-konstruktive Entwickeln und Verändern der Ausgangsidee – das zeigt eine Grundstruktur, die methodisch am nächsten dem Projekt verwandt ist.

Die vorbereitete Umgebung: Material Dass der Erzieher in obigem Beispiel (▶ 3.1) in der konkreten Situation mit dem schwarzem Tonpapier intervenieren kann, liegt daran, dass im Raum eine Fülle von Material auf »Vorrat« bereitliegt. Das schwarze Tonpapier wurde nicht gezielt für die Intervention besorgt, sondern ist Teil einer Materialsammlung (▶ 1.1.5). Mit diesem Materialfundus verbinden sich zwei Ansprüche. Zum einen ist er möglichst vielfältig. Er versammelt alle Materialien, die grundsätzlich im Rahmen der Altersstufe zum Einsatz kommen können. »Reine« Materialien entsprechend bildnerischer Gattungen wie Ton, Papier oder Pappe; Materialien, die sichtlich aus einem anderen Verwendungszusammenhang stammen, z. B. Verpackungen wie Milchtüten, Kronkorken oder Plastikschalen; »Naturmaterialien« wie Blätter, Stroh oder Steine sowie besondere einzelne Fundstücke.

»Reines« Material wie etwa Papier von der Rolle oder Ton ist meist als ein Rohstoff (virtuell) unendlich erhältlich. Wenn es sich nicht um Schnee oder um selbst gegrabenen Lehm handelt, so ist dieses Material im Handel zu erwerben. Viele Materialien haben eine Vorgeschichte, die sich auch bei den »reinen« Materialien zeigen kann. Ein Brett kann sowohl vom Baumarkt normiert und neutralisiert sein oder aber durch seine Spuren auf die Baustelle, auf der es gefunden wurde, verweisen. Viele Materialien kennen die Kinder aus dem Funktionszusammenhang, manche erzählen dezidiert eine Geschichte.

Zu der generellen Bevorratung kommt zum anderen die entsprechende Darbietung. Der Erzieher kann in dem Moment direkt auf das Papier zugreifen, weil er genau weiß, was er in seinem Fundus hat, oder weil er vielleicht gerade in diesem Moment den Stapel sieht.

Die Frage, welche Materialien genau gesammelt und präsentiert werden können, muss nicht abschließend geklärt sein. Jede Abteilung einer Materialsammlung hat ein »Thema«. Die Ordnung kann nach klassischer Sortierung vorgenommen werden (Holz, Metall, Schnüre etc.), aber auch nach anderen (ästhetischen) Kriterien (Rundes, Flaches, Weiches, Glitzerndes etc.). Besondere Beachtung erhält das Material, wenn es nicht vom Erwachsenen einseitig unerschöpflich nachgefüllt wird, sondern als Sammlung auch von den Kindern erweitert und selbst strukturiert wird.

Von zentraler Bedeutung ist die Ordnung der Materialsammlung (❐ Abb. 3.17 und 3.18). Auch wenn viele der Fundstücke üblicherweise entsorgt werden, hat eine Materialsammlung nichts mit dem Chaos zu tun, das in einer Grünen-Punkt-Tonne herrscht. Die Sammlung gewinnt den Reiz ihrer variablen Anregungsqualität erst durch die Klarheit der Struktur. Zwar können Kronkorken einfach eine Kiste geworfen werden, ohne sie nach Farben oder Firmen vorzusortieren, es sollten sich darin aber keine Schleifpapierreste oder Klopapierrollen finden. Neben der Materialsammlung im Regal kann auch ein Materialtisch eingesetzt werden.

Ein wesentliches Entscheidungskriterium für die Darbietung von Material ist seine strukturelle Offenheit bzw. seine Komplexität. Das wird besonders deutlich, wenn es um Fundstücke geht. Ein Fundstück wie eine alte Armbanduhr hat eine fundamental andere Qualität und Bedeutung für den Bastelprozess als z. B. ein Kronkorken. Das Kind kann bei beiden Objekten den alten Funktionszusammenhang rekonstruieren, beide Objekte haben in etwa die gleiche Form und Dimension. Und doch gibt es einen wesentlichen Unterschied bezüglich ihrer jeweiligen strukturellen Offenheit: Die Rundheit und die Materialbeschaffenheit des Kronkorkens kann das Kind leichter in einen neuen inhaltlichen Zusammenhang stellen als die Uhr. Der Unterschied liegt im Grad der Abstraktion, vor allem aber auch in der »Aufgeladenheit« mit Bedeutung. Die komplexe »Abgeschlossenheit« der Uhr hat viel mehr Fetischcharakter und lässt sich nur schwer in einen neuen Deutungszusammenhang überführen. Als objektiv werthaltiges Fundstück bleibt sie deutlich länger als »Uhr« determiniert als der Kronkorken.

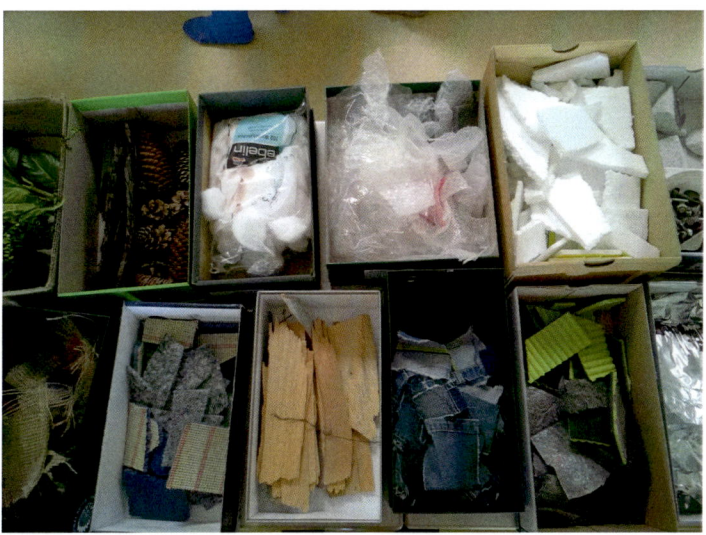

▣ **Abb. 3.17** Materialsammlung in Schachteln

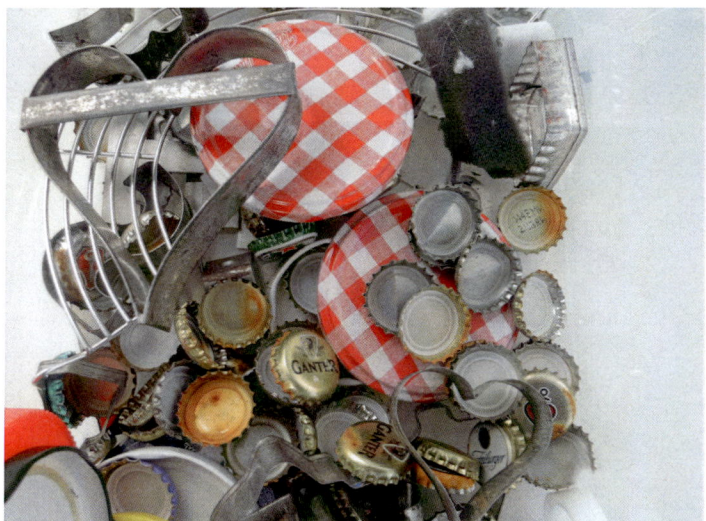

▣ **Abb. 3.18** Materialsammlung »rundes« aus Metall

Deshalb ist bei Fundstücken zu prüfen, ob sie sich im Bastelprozess zur Neudeutung und damit Verwandlung eignen. Eine spannende Alternative bietet das Fragmentieren. Einzelteile eines größeren Komplexes lassen sich so leichter in neue inhaltliche Zusammenhänge bringen.

Die vorbereitete Umgebung: Werkzeug Werkzeug ist anthropologisch gedeutet die Erweiterung der eigenen Hand und damit des *Hand*lungsspielraumes. Der zunehmende Umgang mit Werkzeug sollte für die Kinder selbstverständlich sein und immer vertrauter werden. Die Erfahrung im individuellen Umgang mit Werkzeug bestätigt das Kind in seinem Selbstkonzept. Ein Werkzeug selbst zu wählen und zu prüfen, ob es den gewünschten Effekt erzielt, differenziert die eigenen Handlungsoptionen und stützt damit das Gefühl der Selbstwirksamkeit. Einsatz und Umgang mit Werkzeug müssen gelernt und geübt werden. Damit die zunehmende Erfahrung mit Werkzeug zu einem vertrauten Umgang führt, muss es verlässlich sein. Spezielles Werkzeug für Kinder ist aber nicht grundsätzlich »kindgerechter«. Vor allem wenn es von minderer Qualität ist, ist es ist keine wesentliche Erweiterung der Hand, sondern eher ein Signal für Vorbehalte der Erwachsenen. Erst ein normal großer Hammer bietet die nötige Masse, um einen Nagel auch einzuschlagen, eine größere Zange den günstigeren Hebel. Sobald ein Kind so groß ist, dass es über die entsprechende Kraft verfügt, sobald die Griffgröße und damit die Handhabbarkeit gewährleistet sind, ist »normales« Werkzeug effektiver.

Raum als »dritter Erzieher«   Das Paradigma ästhetischer Erfahrungen im Rahmen der (Ko-)Konstruktion setzt eine Umgebung voraus, in der die Kinder Entdeckungen machen, Initiative ergreifen und Entscheidungen treffen können. Das erfordert eine entsprechende Haltung des Erwachsenen, was die Schaffung der Situation, die Begleitung und die Interventionen betrifft. Die wesentliche Determinante der »Situation« ist die reale Umgebung, der Raum mit seiner Atmosphäre, seiner Einrichtung, seinen Materialien.

Ein Raum kann von seiner Struktur her sprechen – er kann ein bestimmtes Verhalten einfordern, wenn z. B. Werkbänke wie in der Schule aufgereiht und montiert signalisieren, dass hier gleichzeitig dieselben Arbeitsschritte zu vollziehen sind. Wenn dazu noch Werkzeug entsprechend der Gruppengröße abgezählt aufliegt, ist die Botschaft: Hier hat der Erwachsene einen genauen Plan, der vermutlich nachzuvollziehen ist. Den Kindern wird signalisiert, dass ihre eigenen Ideen *gegen* diese Struktur stehen.

Ein Raum, der ästhetische Erfahrungen und Eigeninitiative nicht nur zulässt, sondern sogar anregt, muss deshalb ein bewusst gestalteter Teil der pädagogisch-didaktischen Rahmung sein. In der italienischen *Reggio-Pädagogik* (Dreier 2010; Hermann 1993) wird dem Raum deshalb die Bedeutung des »dritten Erziehers« neben dem erwachsenen Erzieher und den anderen Kindern in der Gruppe zugesprochen (Lingenauber 2011, S. 136). Der Raum lässt zugleich Entdeckung und Handlung zu – sowohl in der Auseinandersetzung des Kindes mit der Sache als auch in ko-konstruktiver Hinsicht mit dem Erwachsen bzw. den anderen Kindern.

Bei der Konzeption des Raumes geht es um eine Doppelstrategie, die einen zweifachen Anspruch – durchaus in einem Spannungsverhältnis stehend – in gleicher Weise zu berücksichtigen versucht:

- Der Raum bietet einen größtmöglichen Anregungs- und Handlungsspielraum.
- Der Raum bietet eine möglichst klare und verlässliche Struktur.

In demselben Maß, wie den Kindern Freiräume eröffnet werden, muss die Werkstattordnung Halt und Orientierung bieten. Eigene Ideen zu verfolgen und die Angebote im Raum zu nutzen, soll die Kinder zunehmend daran gewöhnen, entsprechend Verantwortung für ihre Entscheidungen zu übernehmen. Die Werkstatt ist nicht nur der neutrale, praktische Rahmen, sondern eine Vereinbarung aller Beteiligten. Die Bezugspunkte für diesen Doppelcharakter liegen auf der einen Seite in den Lernwerkstätten der Reformpädagogik (Freinet, Jenaplan), auf der anderen Seite im Künstleratelier.

Kunstwerkstatt   In den letzten Jahren hat sich, inspiriert von der Reggio-Pädagogik, vor allem in der Primarstufe der Schule mehr und mehr die sogenannte *Kunstwerkstatt* etabliert (Heyl 2008; Erbach 2011). Die Kunstwerkstatt ist zugleich konkreter Raum und auch eine spezifische Konzeption. Sie bietet alle Möglichkeiten der konzentrierten Auseinandersetzung des einzelnen Kindes mit der Sache und ist zugleich variabel für alle Sozialformen. Damit sowohl An-

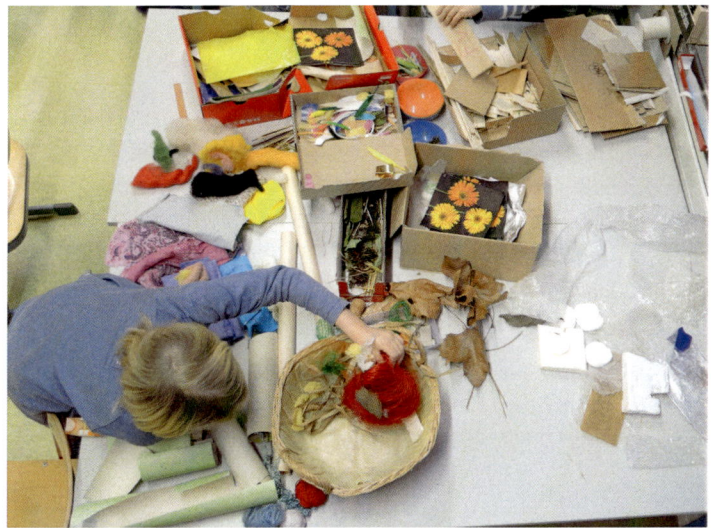

■ **Abb. 3.19**   Materialtisch in ausgewogener Balance zwischen reizvoller Anregung und übersichtlicher Struktur

regungscharakter als auch Struktur gleichermaßen berücksichtigt werden können, lassen sich einzelne Merkmale und generelle Anforderungen erkennen:

– Der Raum ist belastbar. Arbeits- und Farbspuren lassen erkennen, dass bildnerisches Handeln ein selbstverständlicher Bestandteil im Kindergarten- bzw. Schulalltag ist. Tischdecken und Zeitungspapier zum Abdecken sind nur bei besonders flüssigen Farben angebracht.

– Oberflächen laden zum Arbeiten ein. Es kann z. B. direkt auf den Boden gezeichnet werden.

– Das Mobiliar ist kindgerecht. Niedere Tische sind robust und lassen sich variabel einsetzen. Nicht alle Kinder arbeiten gleichzeitig an üblichen Tischen- oder Werkbänken. Viele Kinder, vor allem jüngere, arbeiten lieber auf dem Boden. Die Bodenfläche darf dreckig werden. Aus diesem Grund benötigt auch nicht jedes Kind einen festen Arbeitsplatz. Je mehr freie »Verkehrsfläche« zur Verfügung steht, desto variabler kann gearbeitet, können Spielräume eröffnet und Aktionsräume angepasst werden. Stühle sind deshalb in der Kunstwerkstatt eher hinderlich. Wenn Sitzgelegenheiten gebraucht werden, bieten sich stapelbare Hocker oder Stuhlkissen an.

– Material und Werkzeug sind im Raum differenziert dargeboten. Werkzeug steht den Kindern beispielsweise auf einem »Werkzeugbuffet« zur Verfügung. Da Kinder meist nicht gleichzeitig dieselben Arbeitsschritte vollziehen, ist nicht jeweils ein Gruppensatz nötig. Das spart Kosten und ermöglicht den Erwerb höherwertiger Werkzeuge. Analog zum Werkzeugbuffet kann es einen Materialtisch geben, der je nach Bedürfnissen und Anforderungen von der Pädagogin oder dem Pädagogen vorbereitet wird (■ Abb. 3.19).
Hier wiederholt sich der Anspruch, der an den Raum gestellt wird. Material soll sich einerseits entdecken lassen und andererseits so strukturiert sein, dass die Kinder sich z. B. beim Zurücksortieren orientieren können.
Material lässt sich dabei sinnvoll in einem Regalsystem bereithalten (■ Abb. 3.17 und 3.18) Wenn dabei Pappschachteln teilweise einsehbar oder Kunststoffkisten transparent sind, werden auch hier Anreize zu Entdeckungen ermöglicht und zugleich Ordnungskriterien bewahrt. Da die kleineren Kinder noch keinen erwachsenen Weitblick haben, können die Materialkisten für sie auch auf den Boden gestellt werden. Dies entspricht ihrer größenbedingten Perspektive.

- Wichtige Aspekte in der Materialdarbietung sind die adäquate Zugänglichkeit und die bereitgestellte Menge. Wenn Material zu kompakt dargeboten wird (z. B. gerollte Papiere), dann impliziert das Geschlossenheit und Unzugänglichkeit. Auch eine zu große Menge vom Gleichen ist hinderlich. Einzelne Toilettenpapierrollen entfalten in einer Schachtel einen anderen/größeren Aufforderungscharakter als ein ganzer Sack davon. Deshalb gibt es für jede Kunstwerkstatt ein Lager, aus dem immer wieder aufgefüllt wird.
- Klare Werkstattregeln und Rituale signalisieren den Kindern zentrale Ordnungs- und Strukturkriterien. Die Einführung und konsequente Durchsetzung von z. B. Aufräum- und Ordnungsritualen bilden den verlässlichen Rahmen.

Nicht jede Kindertagesstätte kann einen separaten Funktionsraum zur Verfügung stellen um, eine Kunstwerkstatt einzurichten. Als Einstieg kann man im Gruppenraum auch eine kleine »Atelierecke« etablieren und die Gruppentische mit einer Werkbank ergänzen.

3.2 Praxis ästhetischer Bildung

3.2.1 Malen

Farbe: Phänomen und Wahrnehmung   Auch wenn wir uns das nur selten bewusst machen, begegnen uns Farben überall. Für ihre Wahrnehmung ist Licht nötig. Entsprechend unterschiedlicher Lichtsituationen werden unterschiedliche Nervenreize ausgelöst, die zu einer unterschiedlichen Farbwahrnehmung führen. Wir nehmen die Farbigkeit eines Gegenstands in der Sommersonne ganz anders wahr als an einem grauen Novembertag. Je nach Beleuchtung und Umgebung verändert sich die Farbe: Schatten im weißen Schnee erscheinen blau, die Hauswand wird in der Abendsonne rot – man nennt dies *Erscheinungsfarbe*. Mit dem Verschwinden des Lichts am Abend verschwinden auch die Farben. Nachts sind alle Katzen grau.

Jeder Gegenstand hat aber auch eine eigene Farbigkeit, die *Gegenstands-* oder *Lokalfarbe*, die ihn von seiner Umgebung unterscheidet. Diese Unterschiede können verschieden groß sein. Beispiele in der Natur machen dies anschaulich. Bei großen Kontrasten hat die Farbe eine *Signalwirkung*, die die Aufmerksamkeit erregt; sind die Farbkontraste klein, z. B. zwischen einem Tier und Pflanzen in seiner Umgebung, entsteht eine Tarnwirkung, die hilft, unentdeckt zu bleiben.

Solche Wirkungen lassen sich gezielt erzeugen. Eine bunte Leuchtreklame, die spätestens ab der Dämmerung ihre Wirkung entfaltet, stellt zur Umgebung nicht nur einen Hell-Dunkel-, sondern auch einen Qualitätskontrast dar, worunter das Aufeinandertreffen bunter und unbunter bzw. trüber Farben (s. unten) verstanden wird. Bei einem Fußballspiel tragen die Spieler der beiden Vereine in der Regel auffällig bunte und kontrastierende Trikots, damit die Zuschauer auch aus größerer Entfernung das Spielgeschehen wahrnehmen können. (◘ Abb. 3.20)

Kulturelle Bedeutung und individuelles Empfinden von Farbe   Beim Blick auf die Zuschauertribüne findet sich diese bunte Farbigkeit nicht mehr. Die individuelle Farbwahl ist auch gesellschaftlich bestimmt, wobei in unserer Gesellschaft bei der Kleiderwahl trübe oder unbunte Farben (s. unten) dominieren und sogenannte bunte Vögel eine Ausnahme darstellen. Hier zeigt sich, wie Farben auch als Ausdrucksträger fungieren und in unserem Kulturkreis bunte Farben eher mit »Spiel« verbunden werden, gedeckte Farben hingegen »Seriosität« vermitteln. Diese kulturelle Gebundenheit des Farbempfindens wird auch bei der Farbe Schwarz deutlich, die in unserer Gesellschaft für das Gefühl der Trauer steht, während in östlichen Kulturen die Farbe Weiß diese Funktion übernimmt.

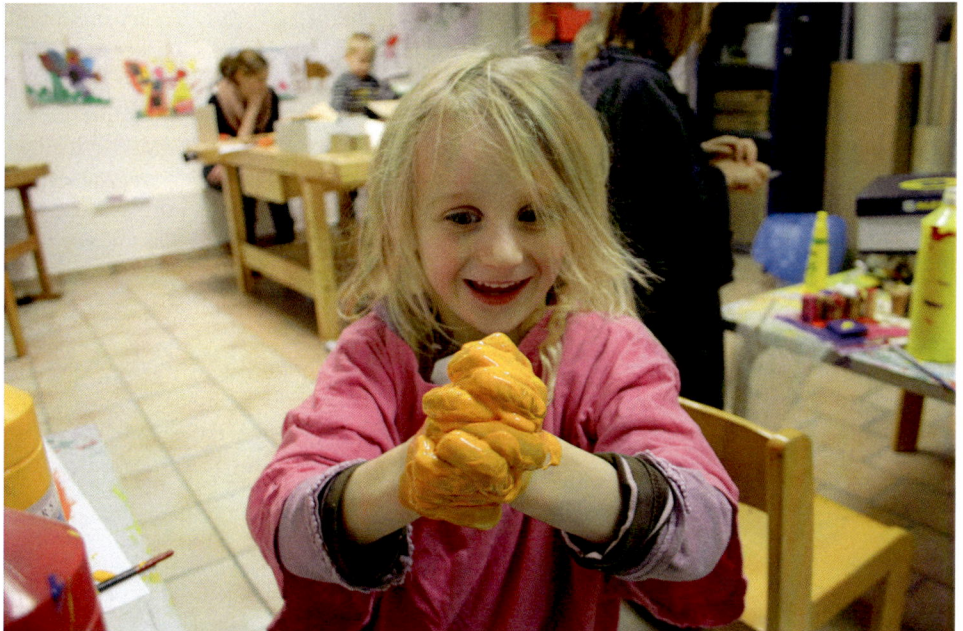

■ **Abb. 3.20**   Farbe ist auch ein materielles Ereignis

Neben diesem kulturell entwickelten Farbempfinden gibt es aber auch ein wahrnehmungs-psychologisch begründetes Farbempfinden. Untersuchungen zur Farbpsychologie ergeben, dass Farben des Farbbereichs Gelb und Rot allgemein eher warm und aktiv wirken. Die Assoziationen dazu sind Sonne und Feuer. Blau hingegen wirkt eher kühl, während Grün, das Anteile von Gelb und Blau vereint, bei hohem Gelbanteil lebendig, bei hohem Blauanteil eher beruhigend wirkt. Deshalb werden Schultafeln häufig grün lackiert. Die Farbwahrnehmung ist in auffälliger Weise auch immer individuell bestimmt. Ob jemand Blau, Orange oder Grau als Lieblingsfarbe nennt, lässt sich nicht infrage stellen.

Malfarben   Farbe als Substanz, mit der man malen kann, setzt sich aus Farb- und Bindemittel zusammen. Beide Bestandteile der Farbe lassen sich vielfältig variieren, sodass ein breites Spektrum einsetzbarer Malfarben mit jeweils individuellem Charakter entsteht. Meist verwendet man als Farbmittel *Pigmente*. Das sind Feststoffe wie farbige Erden oder Mineralien, die zu Pulver gemahlen und durch Lösungsmittel verflüssigt werden. Zu einem Farbteig vermengt werden sie mit Bindemittel haltbar verbunden. *Farbstoffe* hingegen sind flüssige Farbmittel wie ausgekochte Pflanzen, die zum Färben verwendet werden. Auch wenn die meisten Pigmente und Farbstoffe heute synthetisch hergestellt werden, lohnt sich ein Blick auf die Herkunft der Farbmittel – auch im Hinblick auf die eigene Herstellung von Farben.

Neben der synthetischen Produktion können Farben aus Steinen und Erden, aus Pflanzen und Tieren gewonnen werden. Viele Farbnamen verweisen noch immer auf diese Herkunft. So werden die Pigmente der Farbe Gebrannte Siena bis heute als Erde aus der Gegend um Siena gegraben. Zu Pigmenten zermahlen, wird sie gebrannt. Teuer ist das Lapislazuli-Blau, das aus zermahlenen Halbedelsteinen gewonnen wird. Das Farbmittel von Sepia-Blau stammt vom Tintenfisch, aus Purpurschnecken wird das Purpur-Rot gewonnen.

Den Charakter der Farbe, d. h. seine Erscheinung und Oberflächenbeschaffenheit, bestimmt neben dem Ausgangsfarbstoff aber auch ganz entscheidend das Bindemittel. Ob eine Oberfläche glänzt, matt oder stumpf aussieht, hängt davon ab, ob die Farbmittel mit Öl, Acryl, mit Eiern oder anderen Bindemitteln gebunden werden. Das Bindemittel bindet nicht nur die Farbmittel aneinander, sondern auch auf einen Träger wie ein Blatt Papier oder eine Leinwand. Das Bindemittel bestimmt zudem das Lösungs- und Verdünnungsmittel. Bei der Aquarellfarbe ist es Wasser, das die feste Substanz des Farbmittels, das mit Gummi arabicum als Bindemittel in den Töpfchen zu einem festen Block verbunden ist, anlöst und verarbeitungsfähig macht. Bei Ölfarbe wird Terpentin als Lösungsmittel und zur Verdünnung genutzt. Während das Bindemittel dauerhafte Bindung mit dem Untergrund gewährleistet, verflüchtigt sich das Lösungsmittel beim Trocknen.

Farben mischen   Der besondere Reiz der Farbe entfaltet sich beim Mischen. Dabei wird die Farbmaterie »subtraktiv« gemischt, d. h., je mehr Farben ineinander vermengt werden, desto weniger Farbanteile des auf den Farbton treffenden Lichtes werden reflektiert, und die Farbe wird dunkler. Im Idealfall entsteht aus gleichen Anteilen reinster Grundfarbe Schwarz – in der Praxis eher ein dunkeltrüber Braunton.

Farben ordnen   Es gibt unendlich viele Farben. Diese unendliche Vielfalt zu ordnen, führte zu einer Vielzahl von Farbenlehren. Die bekanntesten sind die von Johann Wolfgang von Goethe, Philipp Otto Runge, Johannes Itten oder Josef Küppers. Um Übersichtlichkeit zu gewährleisten, orientieren sich die meisten dieser Farbenlehre an mathematischen Systemen und machen ihre Prinzipien in geometrischen Modellen anschaulich.

Grundsätzlich spricht man von den drei Farbqualitäten bunt, unbunt und trüb. Als *bunt* werden die drei Grundfarben Rot, Gelb, Blau (Farben der primären Farbordnung), die daraus zu mischenden Farben der sekundären Farbordnung (Orange, Grün und Violett) und die daraus wiederum zu mischenden Farben der tertiären Ordnung (Rotorange, Grünblau, Gelbgrün etc.) bezeichnet. *Unbunt* nennt man die Farben Schwarz und Weiß sowie alle dazwischenliegenden Grauausmischungen. Als *trüb* werden Farben bezeichnet, deren Buntheit durch Beimischen anderer Farben gebrochen wurde.

In vielen Farbordnungen werden die bunten Farben in einem Farbkreis so angeordnet, dass verwandte Farben nebeneinander- und kontrastierende gegenüberliegen. Das bekannteste Beispiel für eine solche Ordnung ist der Farbkreis von Johannes Itten. Der Nachteil dieser Ordnung ist, dass die trüben und unbunten Farben fehlen. Deren Integration gelingt nur in einem räumlichen Modell wie der Farbkugel von Philipp Otto Runge. Hier findet sich der Farbkreis als »Äquator«. Die »Pole« der Kugel bestehen aus Weiß bzw. Schwarz. Die reinen Farben auf dem »Äquator« werden durch Beimischungen von Weiß bzw. Schwarz hin zu den Polen sukzessive unbunter aufgehellt bzw. abgedunkelt.

In Farbordnungen werden Farbbeziehungen anschaulich. Die wichtigsten Farbkontraste sind der Hell-Dunkel-Kontrast, der Warm-Kalt-Kontrast und der Qualitätskontrast. Vom *Hell-Dunkel-Kontrast* spricht man, wenn helle Farben wie Gelb auf bunte Farben wie Braun oder Blau treffen. Unter *Warm-Kalt-Kontrast* versteht man die Kombination eher kühler wirkender Farben, die um die Farbe Blau gruppiert sind, mit warm wirkenden Farben wie Rot, Gelb und Orange. Als *Qualitätskontrast* bezeichnet man das Aufeinandertreffen von bunten mit unbunten bzw. trüben Farben.

Aus Farbordnungen werden manchmal auch Harmonielehren entwickelt, mit dem Ziel, Farbgesetze zu finden, nach denen sich Farbharmonien konstruieren lassen. Die Frage nach »schönen« Farbkombinationen ist aber einerseits individuell geprägt und andererseits vom jeweiligen Kulturkreis des Wahrnehmenden abhängig.

Verarbeitung – Werkzeuge – Malweise   Malerei wird nicht nur durch unterschiedlichen Farbqualitäten bestimmt, sondern auch durch die Malweise bzw. den Farbauftrag. Grundsätzlich kann eine Farbe *transparent*, *deckend* oder *pastos* aufgetragen werden, wobei die verschiedenen Farben auch noch spezifische Qualitäten haben.

Aquarellfarben bieten die ideale Möglichkeit, Farbe in transparenten Schichten aufzutragen und einen differenzierten Farbklang durch die Überlagerung zu erreichen. Lässt man die einzelnen Schichten trocknen, entstehen Farbflecken mit präzisen Konturen. Bei der Nass-in-Nass-Technik fließen verschiedene Farbflecken in noch feuchtem Zustand direkt ineinander. Aquarellfarbe kann auch dickflüssig angelöst und eher deckend aufgetragen werden. Gegengleich können Tempera- und Acrylfarben, die sich eher für eine deckende Malweise eignen, mit Wasser verdünnt und lasierend eingesetzt werden. In großer Menge aufgetragen, kann Farbe wie eine Paste »greifbar« werden, weshalb man dann von einem pastosen Farbauftrag spricht.

Farben werden in einer großen Bandbreite von Eigenschaften und Qualitäten angeboten. Meist werden sie gebrauchsfertig gekauft. Man kann Farben (z. B. Kleisterfarben; s. unten) aber auch selbst aus Pigmenten, Löse- und Bindemitteln herstellen.

Grundsätzlich stellt sich die Frage, wie viele Farbtöne man bei der Arbeit mit Kindern braucht. Zu empfehlen sind wenige und dafür hochwertige Farben. Billigen Farben ist ein hoher Anteil an »Füllstoffen« beigemengt, die die Ergiebigkeit der Farbe strecken. Sobald man diese Farben mischt, wirken sich diese Füllstoffe negativ auf das Mischergebnis aus: Statt reizvoll leuchtender Zwischentöne liegen auf allen Mischfarben mehr oder weniger dumpfe Grauschleier. Gerade wenn man das Erlebnis des Mischens erlebbar machen und reizvolle Farbklänge auch nach dem Trocknen der Bilder erhalten möchte, sind gute – oder bei der Verwendung von nur drei Grundfarben sogar sehr gute – Farbqualitäten aus möglichst reinen Pigmenten anzuraten.

Vergleichbares gilt auch für Pinsel. In guten Qualitäten bleiben sie lange einsetzbar, vorausgesetzt sie werden richtig genutzt und gepflegt. Pinsel nicht mit den Haaren nach unten im Wasserglas stehen zu lassen und Borstenpinsel gelegentlich mit Seife auszuwaschen, erhält ihre Form und ihre Einsatzmöglichkeiten. Statt ein billiges Pinselset für jedes Kind bereitzuhalten, bietet sich besser ein dickerer hochwertiger Haarpinsel an, der sowohl eine Spitze für Feinheiten bilden als auch eine größere Farbmenge für größere Flächen aufnehmen kann. Der Vorteil liegt darin, die Kinder motorisch an die differenzierten Einsatzmöglichkeiten des *einen* Pinsels heranzuführen.

Je dünner die Farbe ist, desto besser eignen sich Haarpinsel zum Farbauftrag. Borstenpinsel sind robuster und werden bei pastoser Farbe verwendet. Doch ein Pinsel muss nicht das einzige Malwerkzeug sein. Farbe kann man auch mit Schwämmen, Tüchern, Ohrenstäbchen oder mit den Fingern auftragen. Neben dem Werkzeug ist natürlich auch das Temperament des Malenden entscheidend für den Charakter des Bildes.

Malerisch versus linear   Wenn ein Maler eine Zimmerwand mithilfe einer Rolle einfarbig anstreicht, bemüht er sich, alles »sauber« zu verstreichen. Die Farbe soll an der Raumkante klare Grenzen bilden, Spuren seiner Arbeitsgeräte sollen nicht sichtbar bleiben. Unter künstlerischer Perspektive bedeutet »malen« etwas anderes.

Mit dem Werkzeug, sei es mit dem Finger oder mit dem Pinsel kann das Kind entweder eine Linie ziehen, mit der es eine Form als »Umriss« begrenzt, oder einen Fleck setzen, den es entweder erweitert oder durch weitere Flecken zum Teil eines größeren Fleckenbildes machen kann. Damit werden gerade in der Malerei zwei ganz unterschiedliche Prinzipien sichtbar: die malerische Auffassung (◘ Abb. 3.21) und die lineare Vorgehensweise (◘ Abb. 3.22). Beide sind gleichberechtigt; sie entspringen tendenziell dem zur Verfügung stehenden Material – aber auch den Vorlieben und dem Darstellungswunsch des Kindes. Bei einer *malerischen* Auffassung spielt

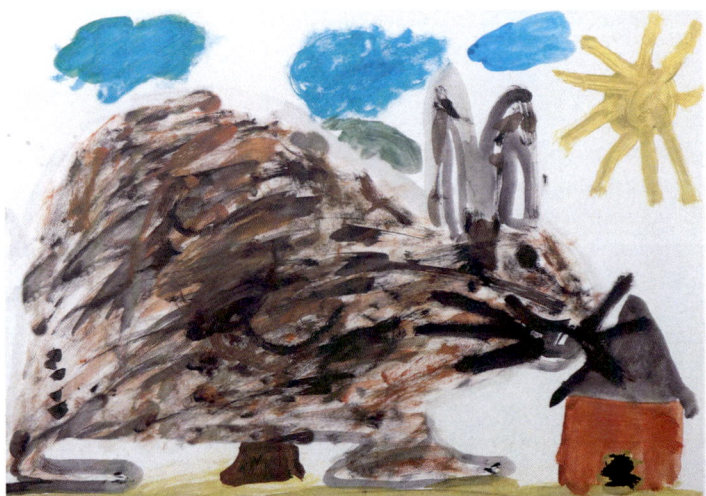

◘ **Abb. 3.21**   Hase in eher malerischen Auffassung

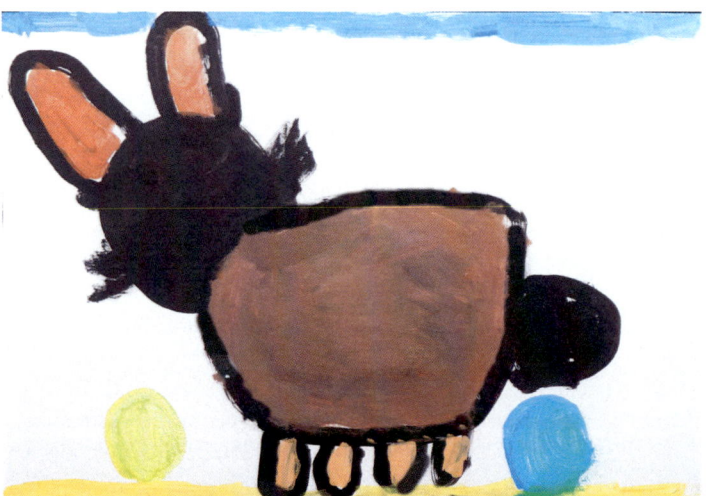

◘ **Abb. 3.22**   Hase in linearer Auffassung

die Frage einer präzisen Abgrenzung einer Form durch eine markante Umrandung eine nach-
geordnete Rolle. Die Spuren des Entstehungsprozesses und des Farbauftrags bleiben sichtbar.
Der *lineare* Stil ermöglicht eine klarere Abgrenzung der Form, die durch »Ausmalen« dann
auch flächig werden kann. Malerisch gesetzt entwickelt der farbige Fleck oft eine besondere
Ausdruckskraft. Kinder bevorzugen meist den linearen Typus – das hat möglicherweise mit
ihrem Klärungsbedürfnis zu tun, entspringt aber auch vielen Vorbildern und der Einstellung
der Erwachsenen. Ein »Fleck« wird oftmals eher mit unklar und »schmutzig« konnotiert.

■   **Praxisbeispiele**

Farben selbst herstellen (◘ Abb. 3.23**)**   Pigmente und Farbstoffe selbst herzustellen, ist nicht
nur ein Ereignis, sondern auch die Gelegenheit, Farbe nicht nur in gekauften Tuben oder Näp-

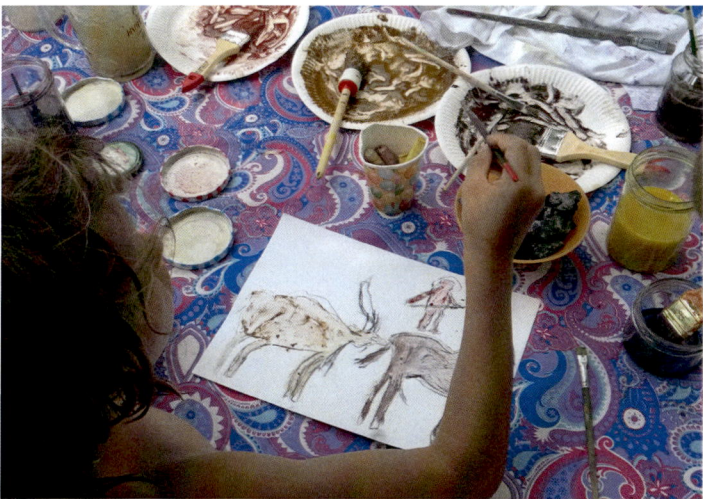

Abb. 3.23 Toni malt mit Erdfarben Steinzeittiere

fen zu erleben. Man kann z. B. Steine oder Ziegel zermalmen, um Pigmente zu gewinnen. Das ist ein etwas anstrengender Weg.

Pflanzenbestandteile wie Blätter lassen sich zu Färbemitteln machen, indem sie verkocht werden. Ein farbiger Sud entsteht, der unmittelbar als flüssige Farbe eingesetzt werden kann. Knospen von Pflanzen können zunächst separiert und anschließend im Mörser zu Pigment verarbeitet werden (■ Abb. 3.24a). Gemüse (z. B. Rotkohl) kann auch im Mörser zermalmt werden (■ Abb. 3.24b).

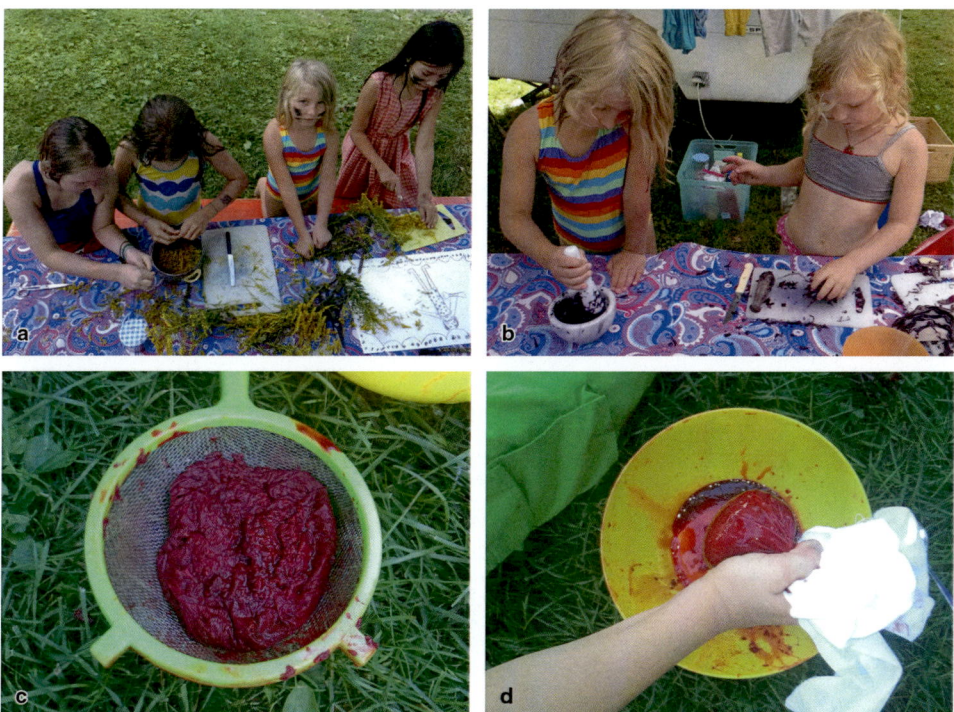

Abb. 3.24 **a** Pflanzen bieten ein unendliches Farbspektrum, **b** Emma und Martha zerkleinern Kohl, **c** Fruchtmus aus Beeren, **d** Fruchtsaft als Farbe

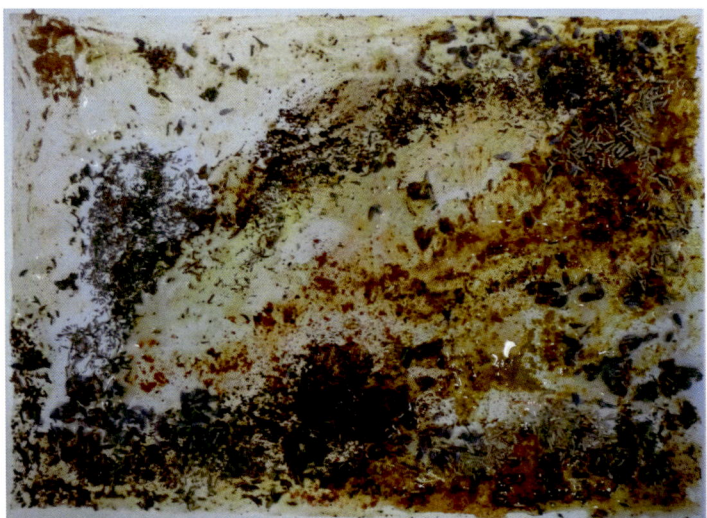

Abb. 3.25   Tapetenkleister als Bindemittel

Leichter lassen sich Färbemittel aus Erden oder Beeren gewinnen. Die einfachste Art, Farbstoffe herzustellen, ist das Auspressen von Früchten. Der Saft wird anschließend durch ein Stofftuch oder Sieb passiert (Abb. 3.24b und 3.24d). Die entstehende Flüssigkeit kann anschließend pur oder verdünnt aufgetragen werden. Zum Malen eignen sich dabei Haarpinsel. Bei Früchten bedarf es keines Bindemittels, da die Süße der Früchte als »Klebstoff« ausreicht.

Während Erden nach dem Zerreiben und Malen ihren Farbton beibehalten, verändern sich viele Farben aus Pflanzen schon bald, nachdem sie aufgetragen wurden. Aus manchem Rotton wird Braun, manche Farben verschwinden ganz. Sie sind meist nicht lichtecht. In jedem Fall ist die Beobachtung der Farbveränderung spannend.

In der Praxis hat sich als Bindemittel auch Tapetenkleister aufgrund seiner einfachen Herstellung und unproblematischen Anwendung bewährt (Abb. 3.25).

Vom Farbauftrag zum Farbfleck   Mit Farbe und Pinsel können die Kinder die bildnerischen Möglichkeiten untersuchen. Farbe wird deckend oder lasierend aufgetragen, verspritzt oder getropft, sie wird nebeneinandergesetzt, verläuft, wird trüb, wird bunt, konzentriert sich zu einem kompakten Kreis oder bildet fahrig einen Kringel (Abb. 3.26). Beim gemeinsamen Betrachten erfahren die Kinder, dass sie die Pinsel im Wasserbecher säubern müssen, wenn sie die bunten Farbtöne erhalten wollen. Aus den Versuchen und Betrachtungen lässt sich immer mehr entwickeln. Wasserfarben eignen sich z. B. gut für »Abklatschbilder«: Dazu muss die Farbe dick und feucht aufgetragen werden, ehe die Blätter in der Mitte geknickt und aufeinander gedruckt werden. Das Wiederholen des Vorgangs mit dem gleichen Blatt lässt reizvolle Überlagerungen entstehen (Abb. 3.27).

Kompositionen von unterschiedlichen Farbflecken können durch eine Geschichte angeregt werden, aber auch selbst eine Geschichte erzählen, z. B. die Geschichte vom Grün, das Angst vor dem Schwarz hat und sich auf den Weg in ein anderes Land macht. So eine kleine inhaltliche Anregung befördert, dass die Kinder nicht alle Farben zu einem Grau- oder Braunton mischen, sondern bestimmte Farben in reiner Form belassen (Abb. 3.28).

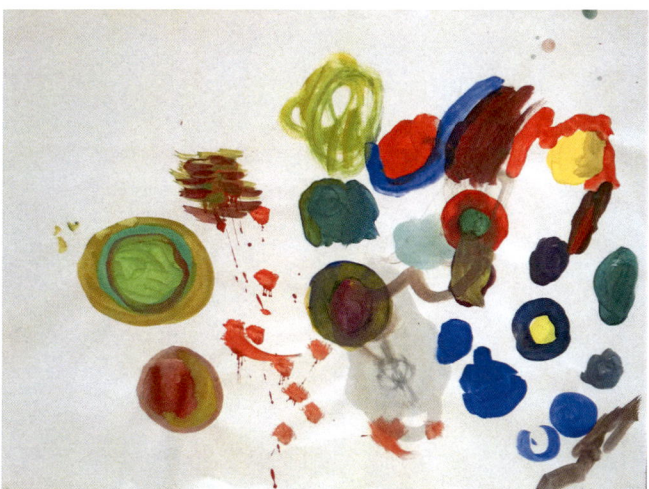

Abb. 3.26   Spielerisch malerische Möglichkeiten erkunden

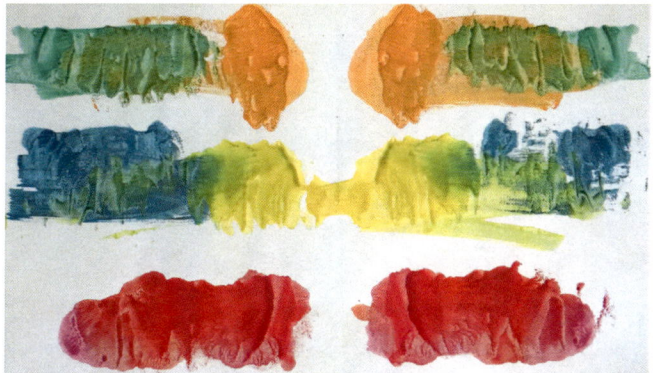

Abb. 3.27   Abklatschtechnik

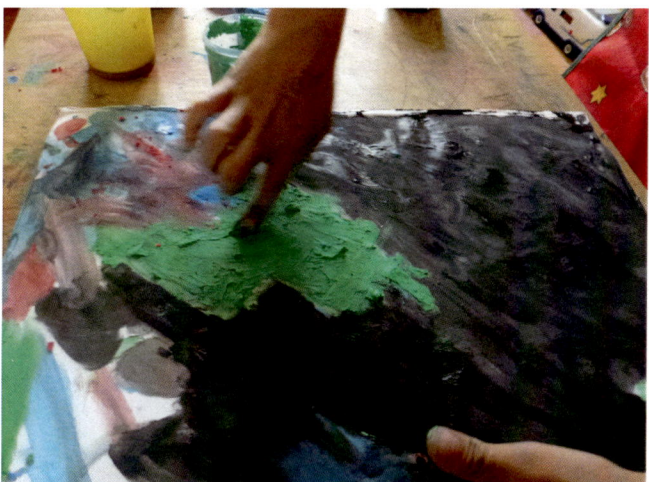

Abb. 3.28   Die Finger als Werkzeug

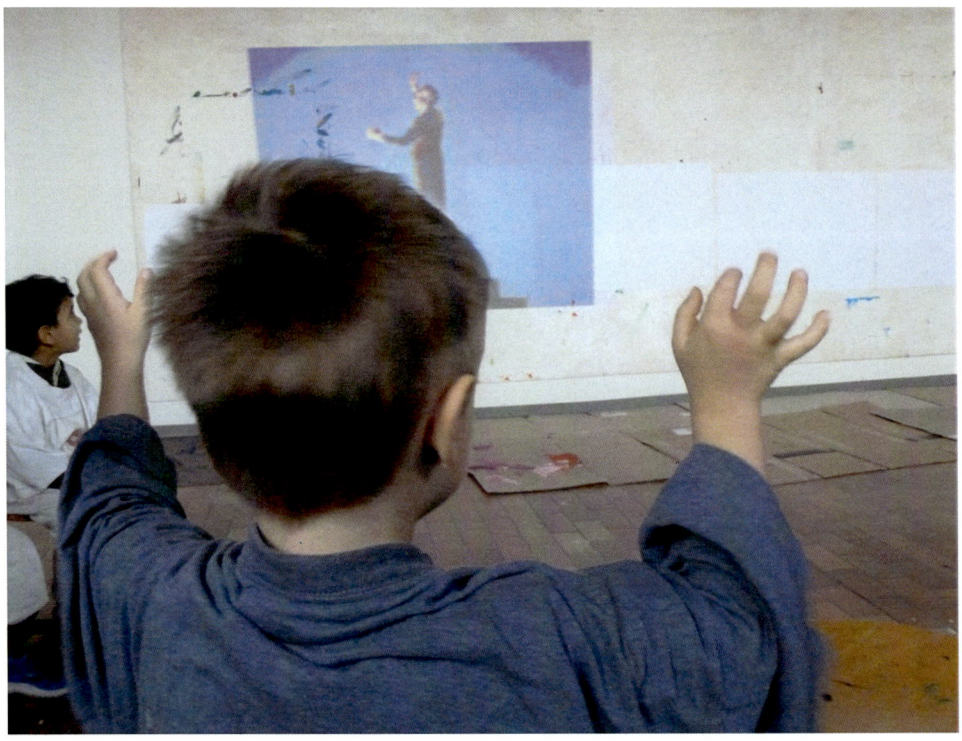

■ **Abb. 3.29**   Die Kinder ahmen einen Dirigenten nach

Malbewegungen   In ■ Abb. 3.29 betrachten die Kinder in der Gruppe einen Film mit einem Dirigenten. Sie ahmen seine Bewegung zur Musik in flüssiger Bewegung pantomimisch nach. Später wird der Taktstock durch den Pinsel ersetzt. Im Raum bleibt die Musik, was die Entstehung der Bilder mitbestimmt. Solche synästhetischen Erfahrungen erleichtern vielen Kindern den Weg in den Malprozess. Die Spuren entwickeln ihre spezifische Qualitäten im Zusammenspiel des Pinsels und dem malerischen Temperament des Kindes (■ Abb. 3.30, 3.31, 3.32 und 3.33). Zum Malen eigenen sich auch die Hände, was über Fingerspiele wie »Kommando Bimberle« gut eingeführt werden kann. Der Kontakt zur flüssigen Farbe ist direkter, der Malprozess ist für die Kinder ein ganz besonderes sinnliches Erlebnis (■ Abb. 3.32 und 3.33).

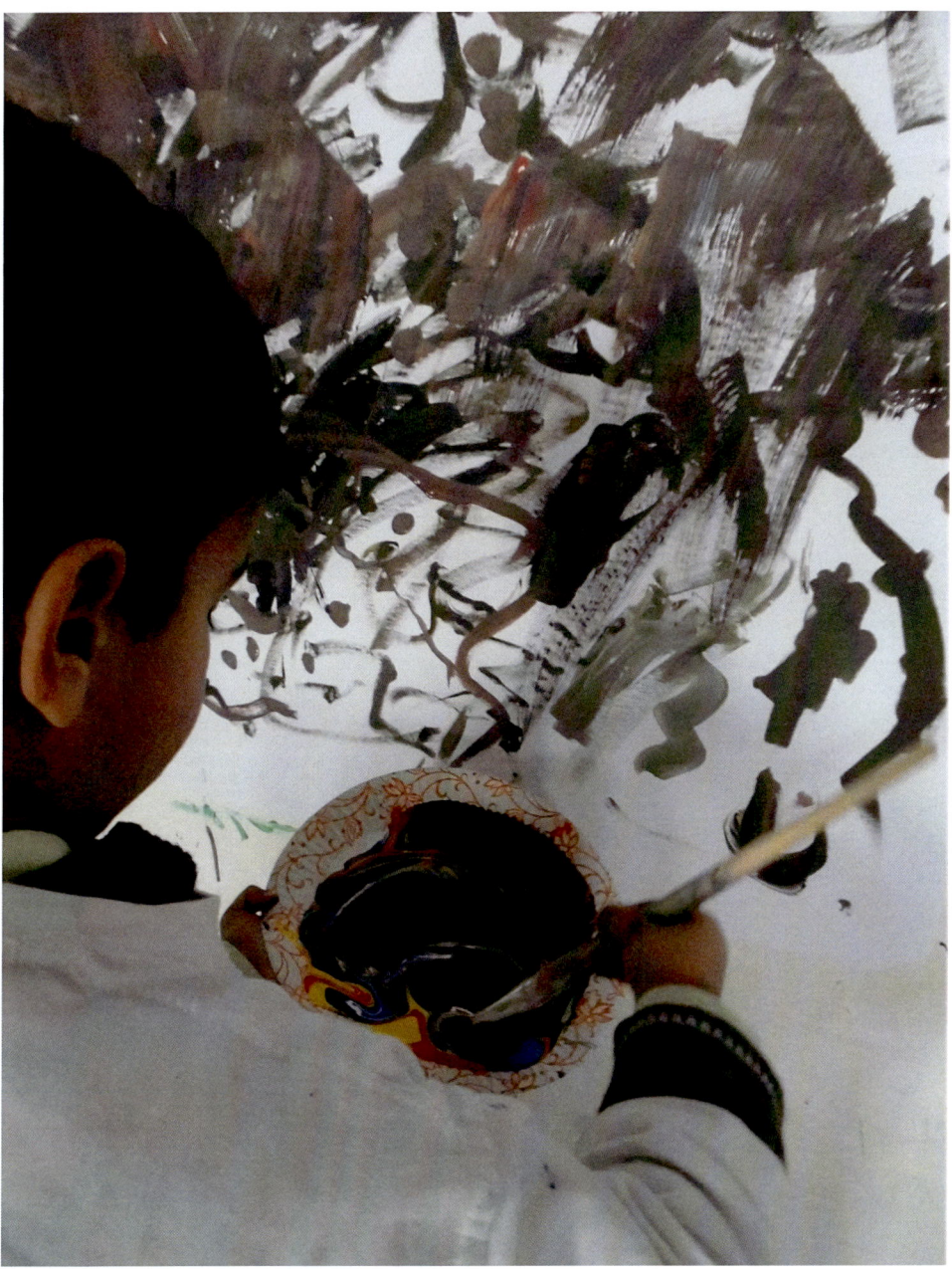

◼ **Abb. 3.30**   Der Pinsel als Malwerkzeug

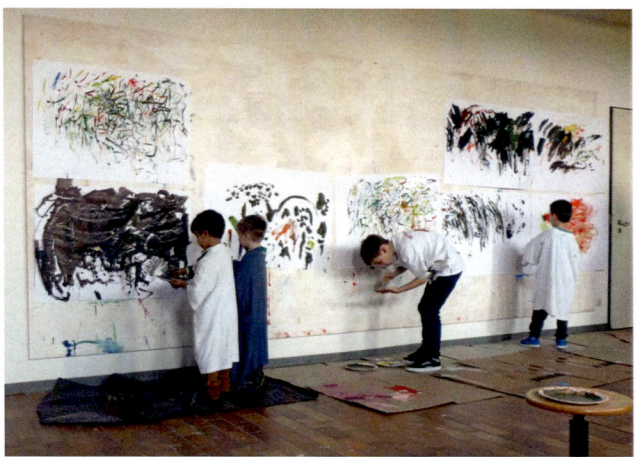

Abb. 3.31   An einer Malwand können die Kinder sich frei bewegen

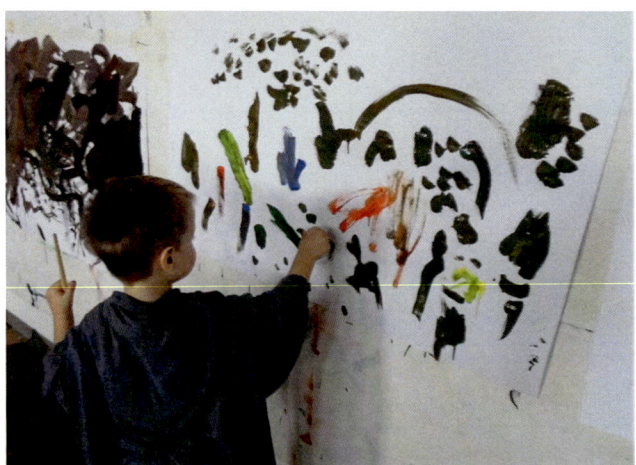

Abb. 3.32   Die Hände als Malwerkzeug…

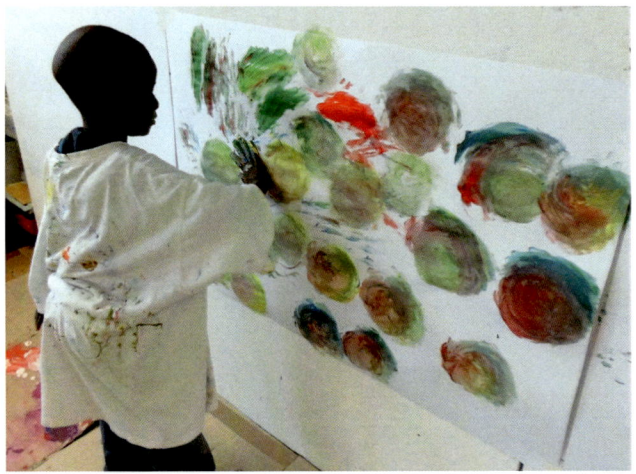

Abb. 3.33   … bieten unmittelbaren Materialkontakt

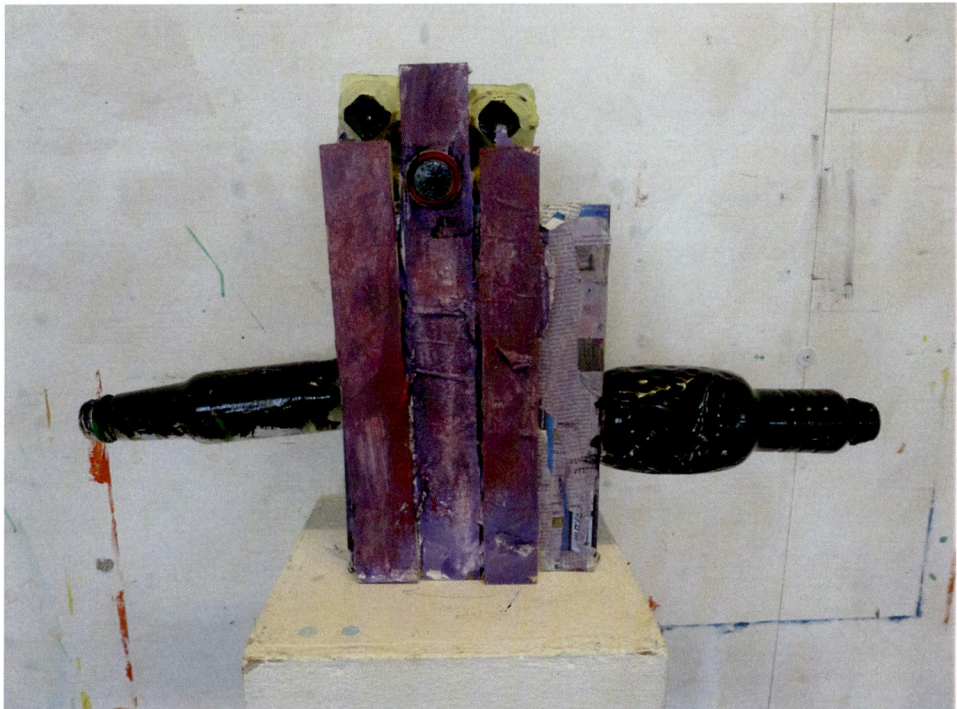

■ **Abb. 3.34**   Scolti (5;4) Monster

Plastiken farbig fassen   Plastische Objekte anzumalen, d. h. zu »fassen«, hat eine eigene Qualität, die sich gerade bei freien Basteleien aus Alltagsmaterialien anbietet. Wenn Farben zur Verfügung stehen, werden Kinder in der Regel diesem Reiz nachgehen. Die vertraute Erscheinung eines Materials oder Fundstückes bleibt dann in seiner charakteristischen Form erhalten, verwandelt sich aber in seinem Aussehen. Die Farbe überschreitet Grenzen der Form, homogenisiert Oberflächen und schafft so Abstand, der in der Verwandlung zu neuen ästhetischen Erfahrungen und zur Rekonstruktion (»Was war das?«) anregt. Die Kinder können sich für Farben entscheiden, die nach ihrem ästhetischen Empfinden den Ausdrucksgehalt der Plastik verstärken. Durch den dunklen Farbklang aus Schwarz und Violett sowie die Kontrastierung der schwarzen Augen mit der hellgelben Umrandung steigert der Junge Scolti (5;4) die beängstigende Wirkung seines »Monsters« (■ Abb. 3.34).

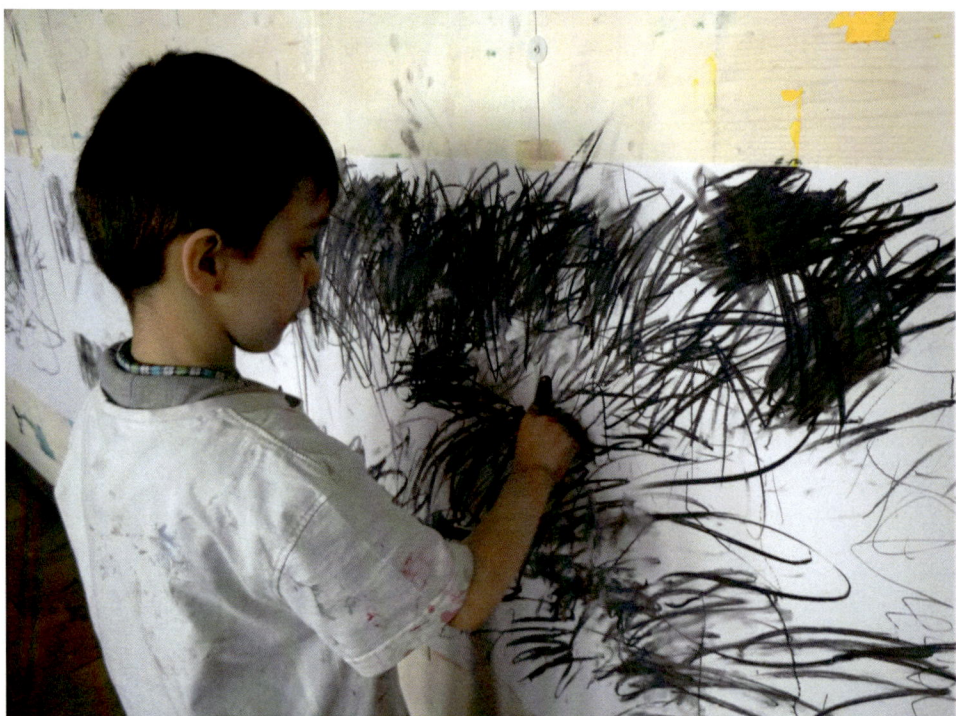

■ **Abb. 3.35**   Ilirian (6;0) Sturm über der Stadt

3.2.2 Zeichnen

Zeichnen ist die einfachste Art, eine Spur hervorzubringen – bereits der Finger im Sand, der Abrieb eines Steines oder von Kohle wird zu einer Linie. Gerade weil Zeichnen so radikal einfach ist, fasziniert es immer wieder aufs Neue. Wenn sich die Möglichkeit bietet, greift jedes Kind nach Stiften und zeichnet. Die Unmittelbarkeit und schnelle Erreichbarkeit machen das Zeichnen zu einer alltäglichen Erfahrung.

Zeichnen heißt, Beobachtungen oder Erlebnisse zu entäußern. Dabei kann eine einfache Linie Unglaubliches leisten. Sie grenzt das eine vom anderen ab. Die Fähigkeit der Linie zum Umriss ermöglicht ein Verhältnis zur sichtbaren Wirklichkeit. Ein Kreis, zwei Punkte und zwei Striche können so angeordnet werden, dass dieses Gebilde von anderen als Gesicht gelesen werden kann. Die Fähigkeit, für die äußere Wirklichkeit eine schnell verstehbare Form zu finden, ist eine besondere Qualität der Zeichnung. Die andere ist ihre Ausdruckskraft. Die grafischen Spuren interpretieren dabei nicht nur das Verhältnis des Zeichners zum Inhalt der Zeichnung, sondern sind auch Zeugen seiner individuellen Persönlichkeit. »Jede Zeichnung, könnte man sagen, ist wie eine Summe von Fingerabdrücken, die unverfälschbare und lesbare Äußerung des Individuums« (Koschatzky 1986, S. 21)

Linien als Ausdrucksträger sind Ergebnis der individuellen Disposition des Zeichnenden, seiner Kraft, Mentalität und Stimmung. So können Linien einen fröhlichen, einen aggressiven, lauten oder leisen Ausdruck tragen, sie können schüchtern oder beschwingt sein, zögerlich, orientierungslos oder entschieden auftreten, spontan oder überlegt, hart oder weich wirken.

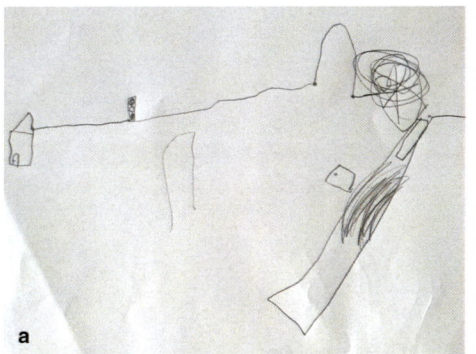 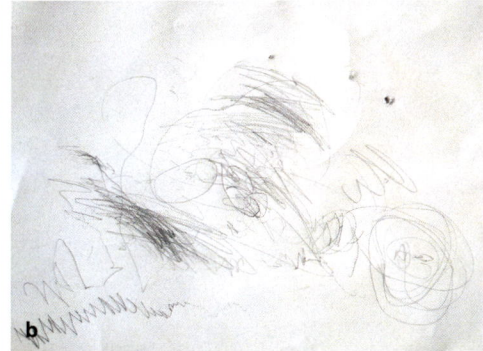

Abb. 3.36 a Mbarek (5;4) Liniengeschichte, **b** Felix (4;5) Liniengeschichte

- Praxisbeispiele

Zeichengeschichte: Ein Punkt geht auf die Reise

» Eines Tages ging ein Punkt auf eine Reise und machte sich auf den Weg zu einem Rummelplatz. Der Punkt ging zunächst die Straße entlang und kam an eine Ampel. Er musste kurz warten, und als die Ampel auf Grün umschaltete, ging er über die Straße. Die Straße machte nun einen Bogen und führte direkt zum Rummelplatz. Dort entdeckte er als Erstes das Riesenrad. Der Punkt stieg ein und drehte einige Runden. Von oben hatte er eine tolle Aussicht über die Stadt! Nach der Reise mit dem Riesenrad ging der Punkt weiter und kam zum Kettenkarussell. Nachdem er eingestiegen war, fing das Karussell schon an sich zu drehen. Immer schneller und schneller drehte es sich im Kreis, bis dem Punkt schwindlig wurde. – Jetzt musste er erst mal etwas essen. Der Punkt ging zu einem Stand und kaufte sich eine Zuckerwatte…

Der Künstler Paul Klee (1879–1940) erzählte seinen Schülern gerne »Geschichten mit dem Stift«, um sie anzuregen, die Möglichkeiten verschiedener Linien auszuloten. Eine Adaption dieser Liniengeschichte Paul Klees kann ein geeigneter Einstieg sein, die Kinder mit ihren Stiften auf eine Reise zu schicken, bei der es um die Vielfalt der Linien geht. Das Auge des Betrachters rekonstruiert die Wege der Linien. Die Linie dient hier weniger einer gegenständlichen Abbildung, der Stift selbst wird zum Handelnden, kann gleichsam pantomimisch auf dem Papier als Punkt verharren oder sich wie im Karussell drehend ein Kreisknäuel hervorbringen. Die elementarsten gestalterischen Elemente, Punkt und Linie, werden hier zu autonomen bildnerischen Mitteln.

In der Zeichnung Mbareks (5;4) zeigen sich die unterschiedlichen Funktionen der Linie (Abb. 3.36a). Sie gibt die gegenständlich sichtbare Wirklichkeit wieder (Haus, Ampel) und ist zugleich Spur eines immatrikulierten Weges (Gerade und Bogen oben). Sie ahmt vorgestellte Bewegungen des Riesenrades oder Kettenkarussells pantomimisch nach, was einen sehr dynamischen Eindruck auf dem Papier hinterlässt (Spirale oben rechts).

Jüngere Kinder wie Felix (4;5) übersetzen einen Geschichtsimpuls in verschiedene Kritzelarten, z. B. Schwingkritzeln, Kreiskritzeln, Zickzackkritzeln, auch Hiebkritzel (Abb. 3.36b) (▶ 2.2.3).

Mit Kohle zeichnen Zeichenkohle ist Holzkohle, nämlich Stäbchen aus verkohltem Holz. Dieses Zeichenmittel ist wohl das älteste der Menschheit, es wurde mit der Erfindung des Feuers schon in prähistorischer Zeit entdeckt, wie z. B. die Zeichnungen in Steinzeithöhlen wie Altamira in Spanien belegen.

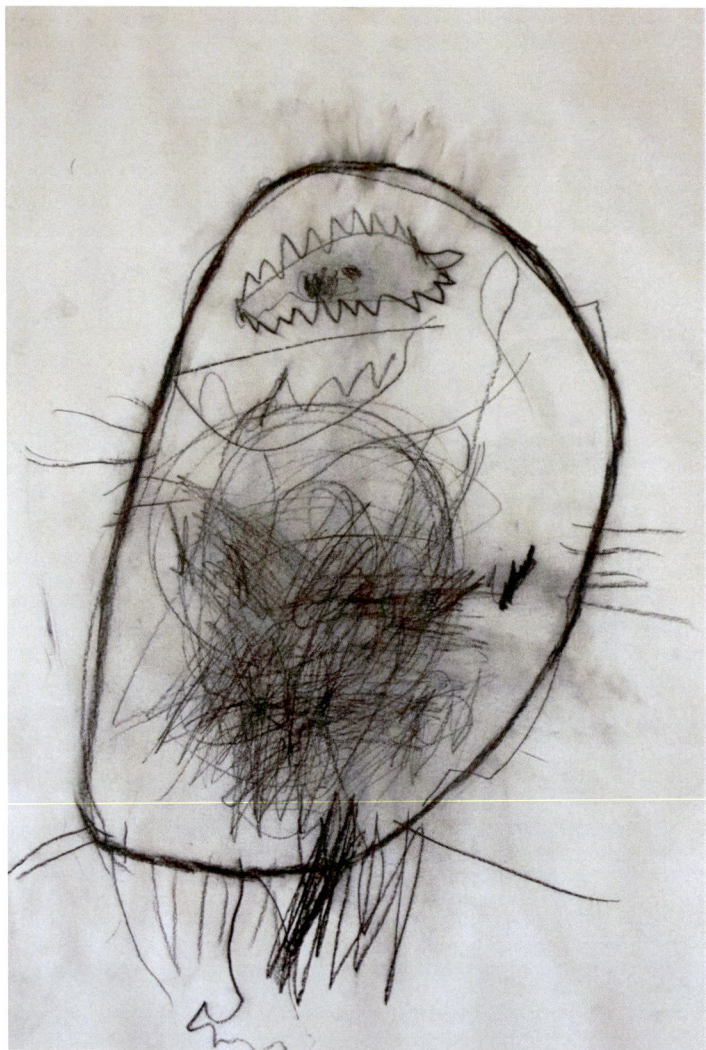

Kohle gehört eher zu den breit zeichnenden Werkzeugen, wenngleich sie auch sehr dünne, spitze Striche hinterlassen kann. Zeichenkohle eignet sich besonders für die Arbeit in der Kindertagesstätte. Gerade weil bereits ein leichter Abrieb eine gut sichtbare Spur hinterlässt, lassen sich große Figuren und Gesten auf das Papier bringen. Der Tonwertumfang ist besonders groß: Sanfter Druck führt zu zarten grauen Linien, kräftiges Aufdrücken zu sattem Schwarz. Besonders Bewegungsspuren mit der ganzen Armlänge eröffnen große grafische Vielfalt. Mit der Hand lassen sich Kohlespuren »malerisch« verwischen und aufhellen. Dass Linienverwischen beim Zeichenprozess mit Kohle nicht zu verhindern ist, ist eine besondere Qualität. Mit Haarspray lässt sich die Kohlezeichnung auf dem Blatt fixieren.

Ein »Sturm über der Stadt« (◘ Abb. 3.35 und 3.38) ist zum Beispiel ein geeigneter Anlass mit großen Gesten, markanten Strichen und malerischen Verwischungen einen stimmungsvollen

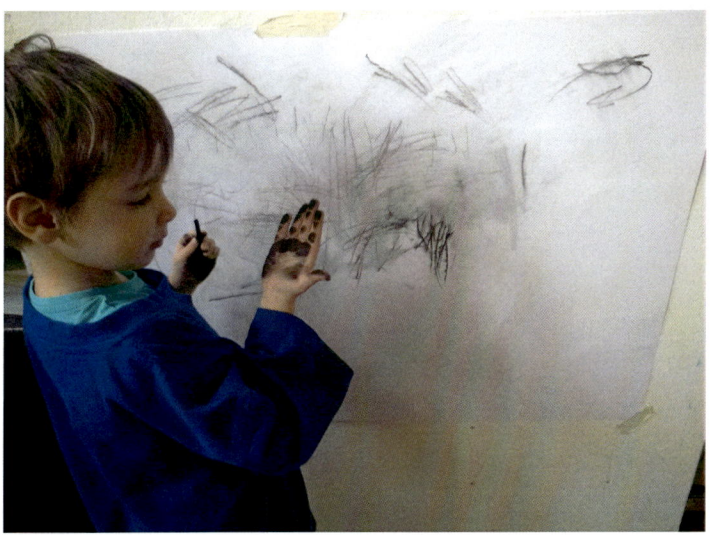

Abb. 3.38   Felix (4;5) Holzkohle lässt sich leicht verwischen

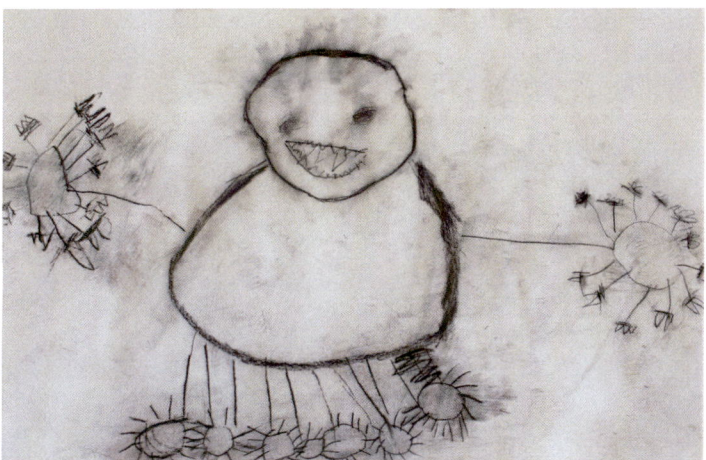

Abb. 3.39   Robert (5;2) Das tiefe Schwarz und die Verwischungen unterstützen die Wirkung des Vampirs

Ausdruck zu finden. Gegenständliche Formen wie Wolken gehen eine unlösbare Verbindung mit den »stürmischen« Zeichenbewegungen ein.

Die Kontraste zwischen linearen und zeichnerischen Momenten bringen eine ungemeine Lebendigkeit mit sich, was auch in den Kohlezeichnungen von Robert (5;2) und Daniel (4;3) zum Ausdruck kommt (▣ Abb. 3.37 und 3.39). Angeregt durch Halloween griff die Erzieherin das Thema »Monster, Vampire und Gespenster« auf – die Spuren der Zeichenkohle transportieren dabei sowohl vielfältige Formen als auch eindrückliche Stimmungswerte. Wenn eine Holzkohlezeichnung gesichert werden soll, muss sie fixiert werden. Dafür eignet sich auch Haarspray, das preisgünstiger als spezielles Fixativ ist.

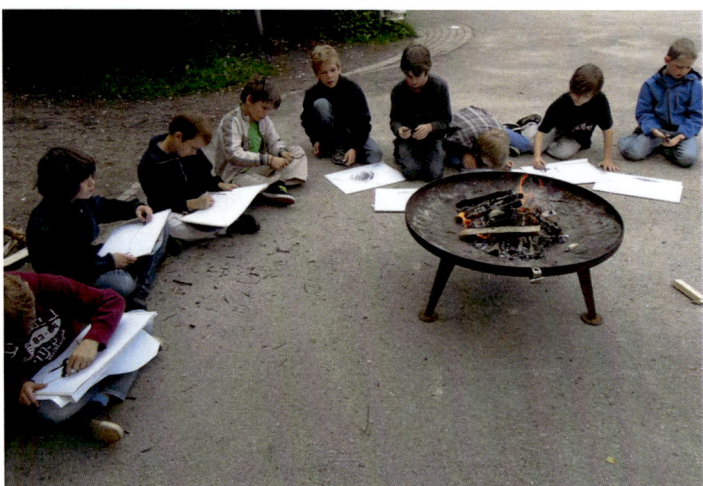

Abb. 3.40   Kohle selbst machen ist einfach und wirkungsvoll

Kohle selbst herstellen   Ein besonderer Reiz ist es, Zeichenkohle selbst herzustellen (Abb. 3.40). Wenn es eine kleine Feuerstelle oder Feuerschale gibt, geht dies ohne großen Aufwand: Die Kinder sammeln im Garten kleine gerade Stöckchen und schälen mit einem Messer die Rinde ab. Die Stöckchen müssen dabei nicht trocken sein. Es ist ratsam, in etwa eine gleiche Dicke zu vereinbaren, da sonst eine unterschiedliche Verkohlungsdauer nötig wäre. Die Länge der geschälten Stöckchen wird so bemessen, dass möglichst viele davon so kompakt wie möglich in eine verschließbare Metalldose (z. B. Keksdose) passen. In den Deckel der Dose werden mit Hammer und Nagel einige Löcher getrieben, anschließend wird die Dose befüllt und der Deckel dicht verschlossen. Danach wird die Dose in die Feuerstelle gesetzt, und zwar so, dass sie von allen Seiten weitgehend mit Glut bedeckt ist. Lediglich das obere Drittel der Dose soll herausragen. Nach einiger Zeit beginnt es aus den Löchern der Dose zu qualmen – die Stöckchen verkohlen, aber sie verbrennen nicht, weil durch das ausströmende Gas kein Sauerstoff in die Dose gelangt. Je nach Dicke der Stöckchen benötigt diese Prozedur 20–30 min. Lässt man die Dose zu lange im Feuer, wird die Kohle immer weicher, bis sie schlussendlich ganz zerfällt – übrig bleibt in diesem Fall ein schwarzes Farbpulver.

Mit Pastellkreide zeichnen   Pastellkreide besteht im Unterschied zu Wachs- oder Ölkreiden aus Farbpigmenten, die wie Aquarellfarben gebunden sind. Sie beinhalten jedoch deutlich weniger Bindemittel. Deshalb können die leicht bröseligen Stifte auf dem Papier trocken »abgerieben« werden und hinterlassen, ähnlich wie die Kohle, ein weites Spektrum an zarten und kräftigen bzw. farbigen Tonwerten (Abb. 3.42). Das Besondere dieser Technik ist, dass die Zeichnung anschließend mit dem Finger fein verwischt (Abb. 3.41) oder mit Wasser und Pinsel »vermalt« werden kann. Hier zeigt sich die Verwandtschaft zum Aquarell, denn die Farben lassen sich leicht mit Wasser lösen.

Pastelle haften nur schwach, deshalb empfiehlt es sich, ein eher raues Papier und am Schluss ein Fixierspray zu verwenden, wenn man die Bilder aufheben und in einer Mappe aufbewahren möchte (Abb. 3.43).

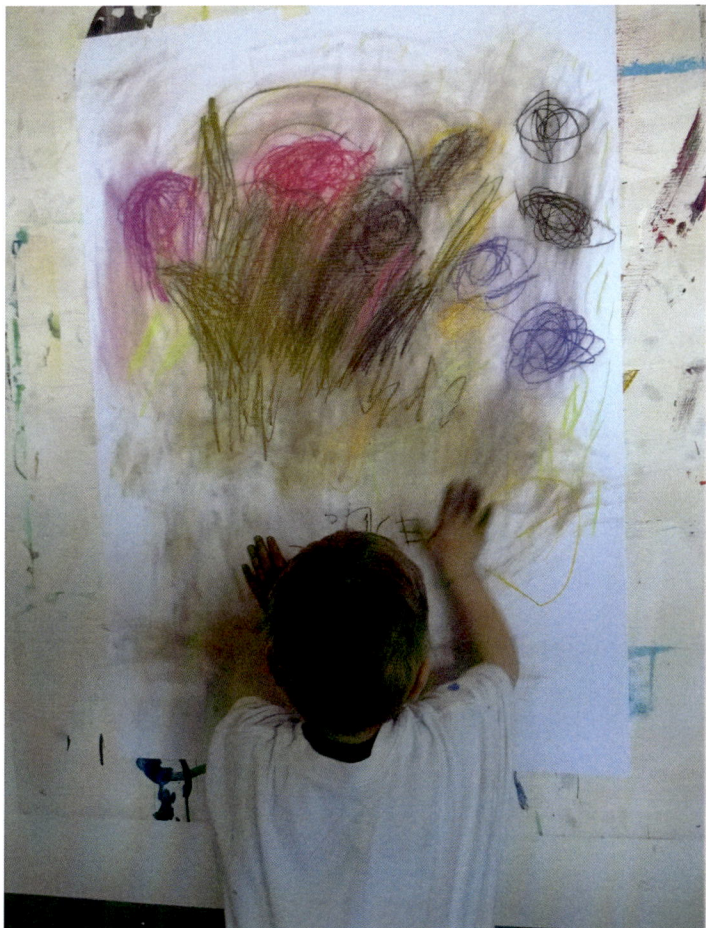

Abb. 3.41   Elias (4;0) Es ist reizvoll die linearen Spuren malerisch zu verwischen

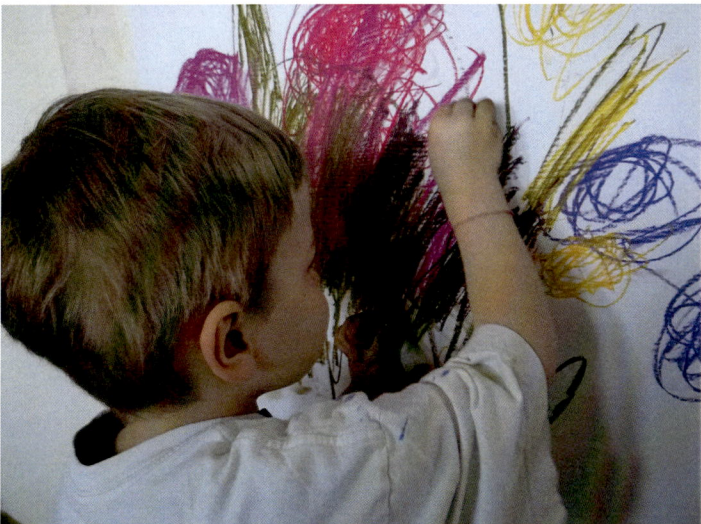

Abb. 3.42   Elias (4;0) Pastellkreiden lassen sich wie Kohle einsetzen

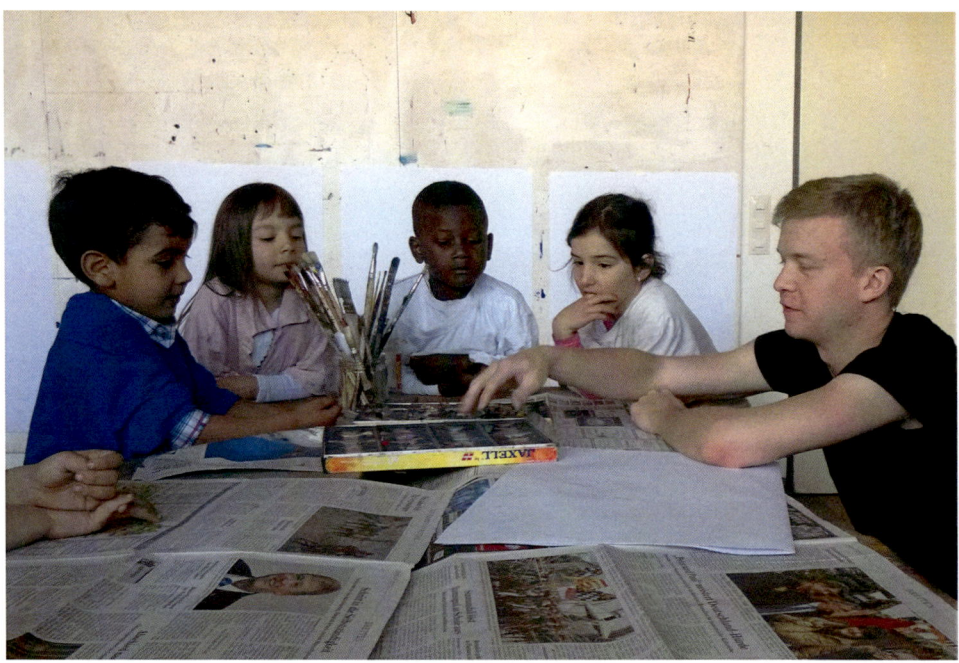

■ **Abb. 3.43** Gemeinsames Erkunden der Pastellkreiden

Experimente – Zeichnenspe mit Stock (■ Abb. 3.44 und 3.45a)   Zeichnen fordert geradezu zu Experimenten heraus. Was passiert, wenn man in beiden Händen einen Stift hält, wenn man einen Stift mit dem Fuß hält oder den Stift an einen Stock bindet? Die besondere Wirkung einer Zeichnung liegt auch im unmittelbaren Kontakt des Zeichners zum Bildträger. Man kann fast vergessen, dass beim Zeichnen ein Werkzeug, der Stift, zwischen Mensch und Bild liegt. Dies kann man bei Experimenten mit dem Werkzeug erfahrbar machen.

Wenn man den Stift z. B. mit Klebeband an einen Stock bindet, wird nicht nur ein Werkzeug verlängert, sondern auch der Arm. Nun fühlt sich die Spur anders an und lässt sich auch nur ganz auf andere Weise als üblich kontrollieren. Der lange Arm/Stift sorgt zudem für eine größere Distanz des Zeichnenden zum Bildträger. Man muss bei diesen Versuchen stehen und ganz andere Bewegungen als an einem Tisch sitzend koordinieren. Die Zeichnungen entstehen deutlich stärker aus dem ganzen Körper heraus, wobei die Distanz auch für eine Spannung sorgt. Deshalb ist es wichtig, dass die angeklebten Stifte leicht Spuren hinterlassen (z. B. Wachsmalkreiden oder Ölkreiden, ■ Abb. 3.45b).

3.2.3 Drucken

Das Wort »drucken« bedeutet, dass ein Gegenstand mit Kraft auf einen anderen einwirkt. Dabei kann er ablesbare Spuren hinterlassen. Wenn ein Mensch über ein Schneefeld geht, hinterlassen die Profile seiner Schuhe Abdrücke im Schnee, ein Auto, das einen matschigen Feldweg entlang fährt, zeichnet das Profil seiner Reifen in die Erde, ein gefärbter Daumen hinterlässt einen präzisen Fingerabdruck auf einem Papier.

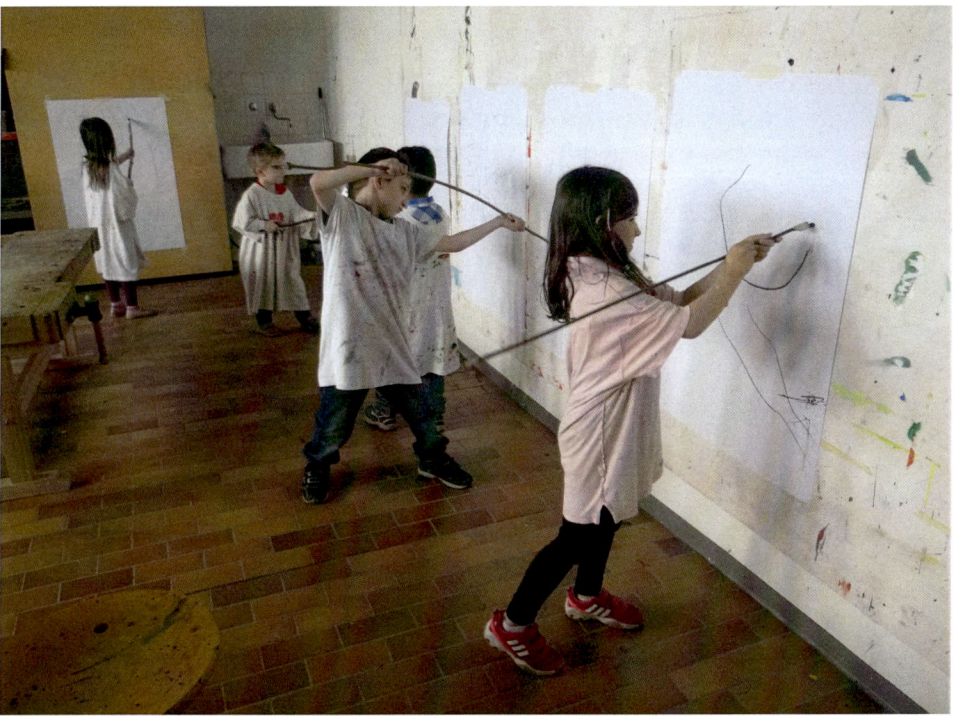

◻ **Abb. 3.44**   Der Stock ermöglicht eine größere Distanz zum Papier

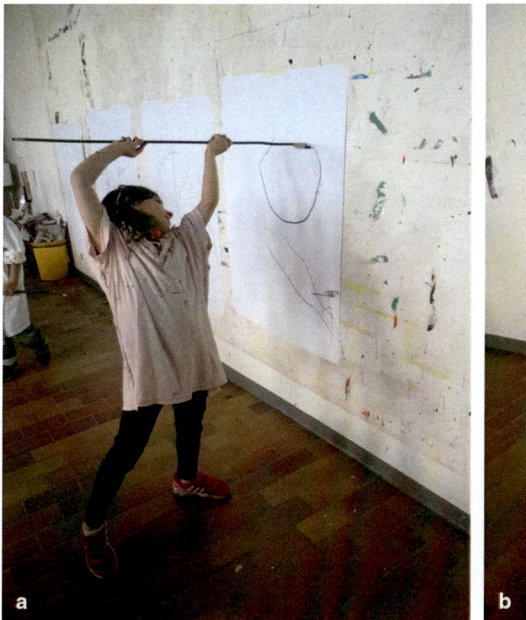

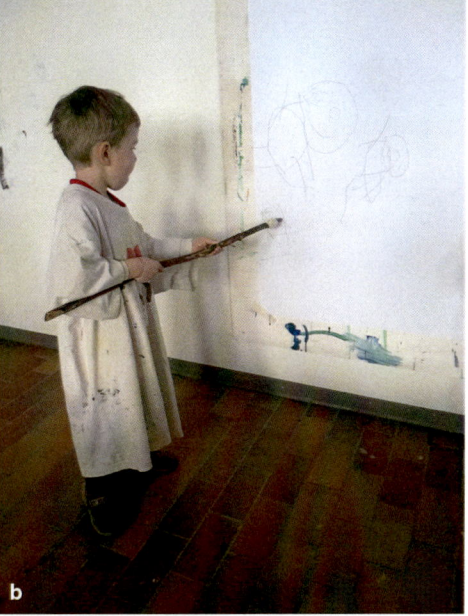

◻ **Abb. 3.45**   **a** Beim Zeichnen mit dem Stock kommt die Bewegung aus dem ganzen Körper, **b** Elias (4;2) Die Spuren des Graphitstiftes sind zarter

Dieses Prinzip prägt die künstlerischen Druckverfahren und integriert dabei ein weiteres Charakteristikum. Die Wiederholbarkeit. In der Drucktechnik entstehen Abdrücke nicht beiläufig, sondern sind Ziel eines gesteuerten Prozesses. Die Möglichkeit, von einem Druckstock mehrere, virtuell unendlich viele Abzüge herstellen zu können, spielt in der Geschichte der Menschheit bis heute eine besondere Rolle. Durch den Einsatz beweglicher Lettern konnte Johannes Gutenberg Bücher in Serie herstellen. Zuvor mussten diese mühsam von Hand abgeschrieben werden. Heute begegnet uns der Druck im Alltag auf vielfältige Weise. Ob in der morgendlichen Zeitung, den darin liegenden Werbeprospekten, auf dem Joghurtbecher oder auf Kleidungsstücken. Die Drucktechnik ist eine hochentwickelte Form der Gestaltung, die technischen Hintergründe lassen sich teilweise nur noch erahnen.

In der ästhetischen Bildung bietet das Drucken die Möglichkeit, den Gestaltungsprozess als Experiment zu begreifen und durch Variantenbildung zu systematisieren. Besondere Bedeutung hat der Zufall, der vor allem beim wiederholten Drucken sichtbar wird. Kein Druck gleicht dem anderen (◘ Abb. 3.46).

Man unterscheidet vier Arten des Druckes: den Hochdruck, Tiefdruck, Flachdruck und Durchdruck. Für ästhetische Bildungsprozesse in der Kindertagesstätte eignen sich besonders Hoch- und Tiefdruck sowie die Monotypie als Sonderform des Flachdruckes:

- *Hochdruck:* Beim Hochdruck wird die Druckfarbe nur von den erhabenen Teilen des Druckstockes übertragen, die tiefer liegenden Teile werden nicht gedruckt.
  Klassische Hochdruckverfahren sind der Holzschnitt, der Linol-, der Material- und der Schablonendruck. Holz- und Linolschnitt erfordern den Einsatz von speziellem Schneidewerkzeug und sind für die Arbeit in der KiTa nicht geeignet. Leicht lassen sich dagegen Kartoffeln und Dämmplatten bearbeiten. Eine besondere Variante ist der Schablonendruck. Hier wird nicht der Umraum der Form weggeschnitten, sondern es werden umgekehrt die ausgeschnittenen Formen und Figuren (z. B. aus Pappe) auf eine Trägerplatte geklebt. Das Druckprinzip ist das gleiche wie bei jedem Hochdruck. Die erhabenen Stellen werden mit Druckfarbe eingewalzt und gedruckt. Hierfür ist eine Druckerpresse nicht notwendig. Das Papier kann auf den eingefärbten Druckstock gelegt werden, mit der Kraft des Daumenballens (oder eines Löffels) kann man in kreisenden Bewegungen genügend Druck ausüben. Dieses Verfahren des Handabriebs ist einfach und hat seinen besonderen Reiz darin, dass es keine perfekten Ergebnisse liefert und so das Drucken zu einem experimentellen und ergebnisoffenen Verfahren macht.
  Einen besonderen Reiz entfaltet das Prinzip des Hochdruckes im Materialdruck. Fundstücke und Gegenstände (Holzstücke, Metallgitter, Baumrinde etc.) lassen sich ganz einfach einfärben und als »Druckstock« wie einen Stempel nutzen (◘ Abb. 3.47). Dabei ist es sinnvoll, dünne und flexible Materialien wie Schnur, Stoff oder Stücke eines Fahrradschlauches auf einen Träger zu kleben. Das Besondere des Materialdruckes ist, dass sich beim Druck nicht nur die Form des Gegenstands auf das Papier überträgt, sondern auch die spezifische Struktur der Oberfläche. So wird Vertrautes wieder »fremd« und damit Anlass zu ästhetischen Erfahrungen.
- *Tiefdruck:* Bei Tiefdruckverfahren sitzt die zu druckende Farbe nicht auf der Oberfläche des Druckstockes, sondern in den eingeritzten Vertiefungen. Ein traditionelles Beispiel für ein Tiefdruckverfahren ist die Kaltnadelradierung. Mit einer »Radiernadel« werden Linien in eine Kupfer-bzw. Zinkplatte geritzt. Metallplatten sind für Kinder nicht geeignet, doch das Prinzip lässt sich auch mit anderen Materialien, z. B. mit leeren Getränkeverpackungen durchführen (◘ Abb. 3.54, 3.55a, b, 3.56, 3.57, 3.58, 3.59 und 3.60).

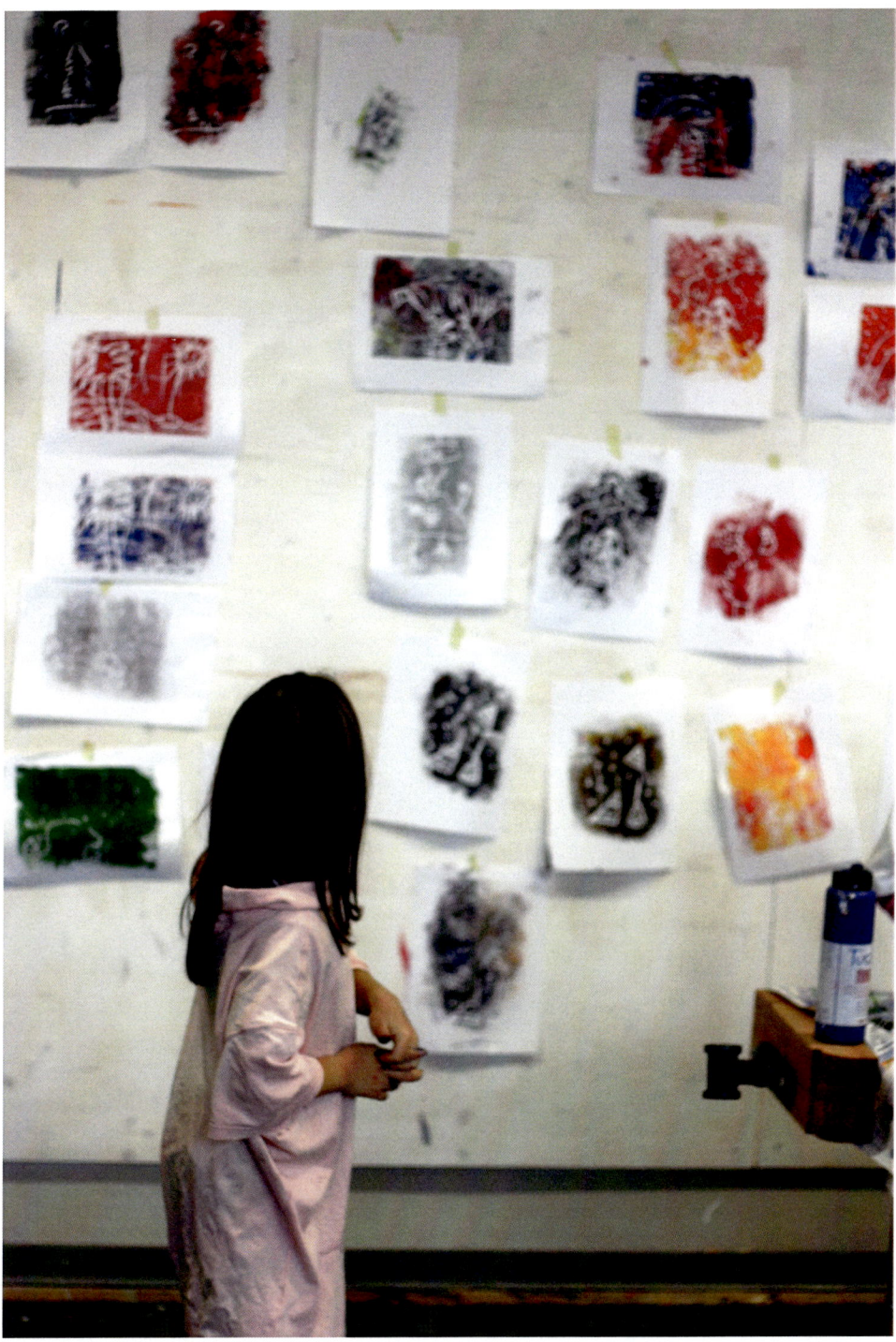

■ **Abb. 3.46** Kein Druck ist wie der andere

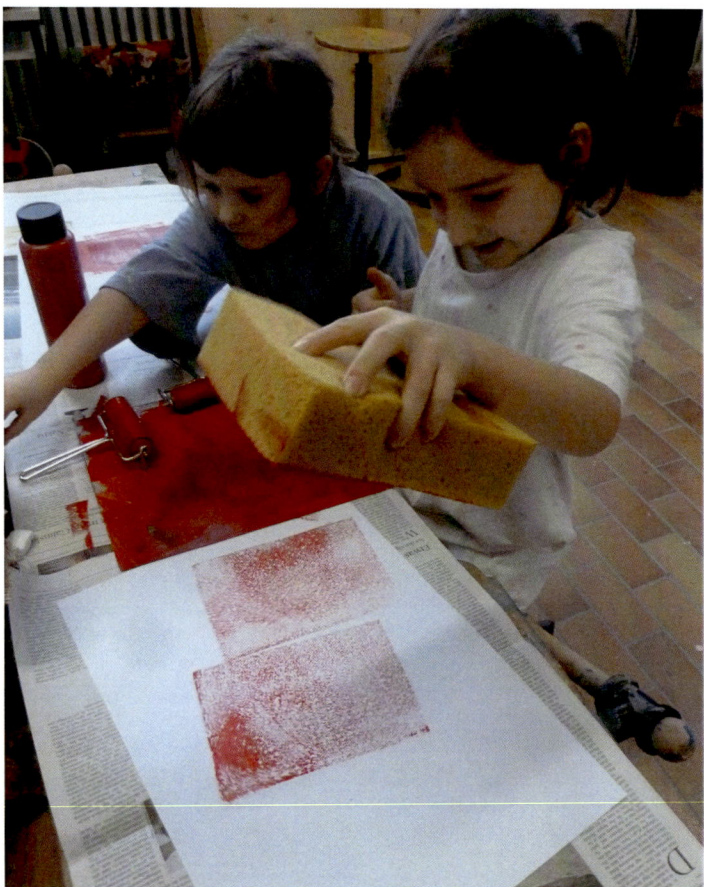

Abb. 3.47   Vertraute Oberflächen verwandeln sich

— *Monotypie:* Eine Sonderform der Drucktechniken ist die Monotypie (■ Abb. 3.61, 3.62, 3.63,
und 3.64). Sie ist ein sehr einfaches Verfahren, das zu überraschenden Ergebnissen führt.
Wie der Name schon andeutet, ist jeder Druck ein Unikat. Die Möglichkeit der Vervielfälti-
gung entfällt, deshalb ist die Monotypie im strengen Sinne keine Drucktechnik. Wesentliche
Aspekte des Druckvorgangs sind aber vorhanden: der Druckstock, Druckpapier und das
Prinzip des seitenverkehrten Abzugs. Der Druckstock besteht bei der Monotypie aus einer
Glas- oder Kunststoffplatte. Das besondere bei diesem Verfahren ist, dass die Farbe *zuerst*
aufgetragen wird. Mit einer Walze färbt man die Platte ein und legt ein weißes Blatt darauf,
ohne es aber anzudrücken. Danach kann man mit einem Bleistift, einem Holzstöckchen
oder auch nur mit einem Fingernagel auf das Blatt zeichnen. Die Zeichnung bleibt dabei zunächst einmal unsichtbar – erst wenn man das Blatt abzieht und umdreht, erkennt man, wie
der leichte Druck der zeichnenden Bewegung die Farbe aufgenommen hat. Die Farbe auf
dem Druckstock hat sich hingegen – wenn überhaupt – nur ganz leicht übertragen.

Druckmaterial und -werkzeug   Drucktechniken sind tendenziell widerständige Verfahren. Die
Bearbeitung von Holz- oder Metallplatten ist für kleine Kinder nicht gut machbar. Deswegen
sollten sie durch leichter handhabbare Materialien ersetzt werden. Hier bieten sich auch eigene
Materialexperimente an.

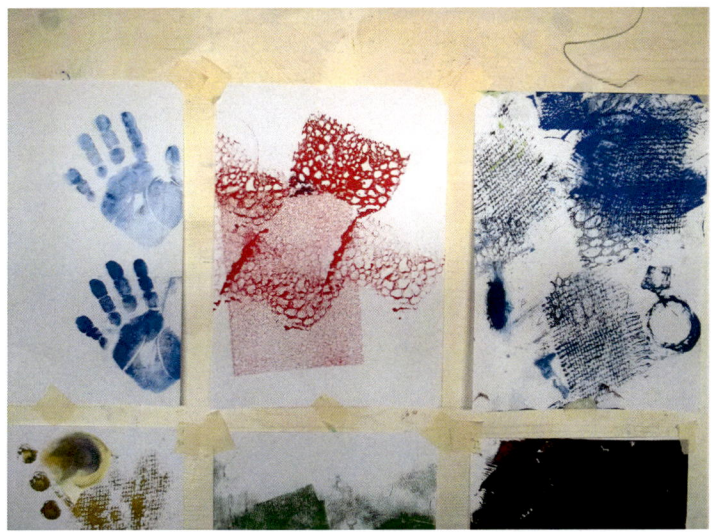

◘ Abb. 3.48   Oberflächen sammeln

Als Druckfarbe eignen sich für Kinder wasserlösliche Druckfarben, die die nötige Geschmeidigkeit und Adhäsionskraft einer guten Druckfarbe mit der leichten Verarbeitung vereinen.

Eine Druckerpresse ist vielfältig nutzbar, ist aber nur beim Tiefdruck notwendig. Hand- und Löffelabriebe genügen meistens. Unbedingt sinnvoll sind kleine Farbwalzen, mit denen die Farbe (der »Farbteig«), der zuvor auf einer Glas- oder Kunststoffplatte ausgerollt wurde, gleichmäßig aufgenommen und dünn auf den Druckstock übertragen werden kann. Farbwalzen bieten sich auch zu reizvollen Farb- und Druckexperimenten an.

▪   Praxisbeispiele

Materialdruck – Hochdruck mit Alltagsgegenständen   Die Hinführung zu den Hochdruckverfahren ist einfach, die Kinder finden viele verschiedene Oberflächen, die beim Einfärben und Drucken interessante Abdrücke hinterlassen (◘ Abb. 3.47). Die wasserlösliche Hochdruckfarbe wird mit einer Farbwalze auf einer Glasplatte ausgerollt. Nun kann der zu druckende Gegenstand dünn mit der Walze eingestrichen werden, oder das Kind nimmt die Farbe direkt wie mit einem Stempel von der Platte auf. Das wiederholte Drucken, auch ohne vorher erneut Farbe aufzunehmen, liefert unterschiedliche Farbintensitäten (◘ Abb. 3.48). Bei diesem Verfahren ist kein besonderes Papier vonnöten.

Kartoffel- und Schablonendruck   In eine aufgeschnittene Fläche der Kartoffelhälfte wird zunächst eine Form geritzt und anschließend die Umgebung weggeschnitten. Danach wird Farbe mit dem Pinsel auf die freigelegte, erhabene Form aufgetragen und der Druckstock auf das Papier gedrückt. Durch wiederholtes Drucken ohne neue Farbaufnahme entstehen reizvolle Intensitätsabstufungen (◘ Abb. 3.49). Das Verfahren ist auch für kleine Kinder geeignet.

Beim Schablonendruck (◘ Abb. 3.50) werden Pappstücke mit der Schere in die gewünschte Form geschnitten, mit Farbe bestrichen und gedruckt. Wie beim Kartoffeldruck ist die Wiederholung gleicher Formen reizvoll. Die einzelnen Formelemente können auch zunächst auf einen Karton geklebt werden. Auf diese Weise lässt sich ein Druckstock mit mehreren

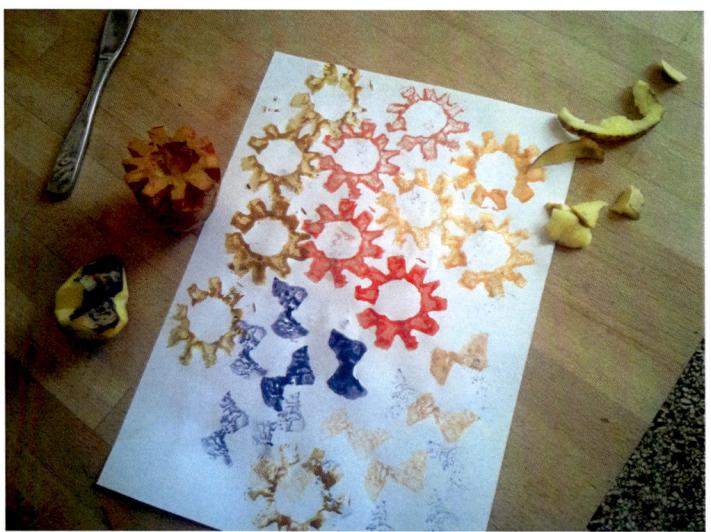

◻ **Abb. 3.49**   Der Kartoffeldruck erfordert keinen hohen Aufwand

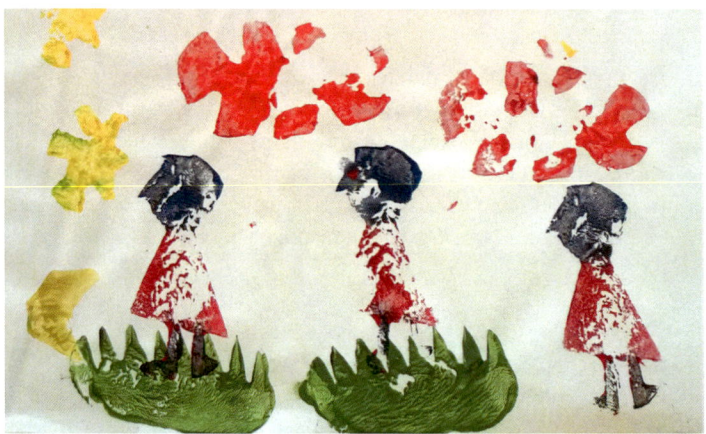

◻ **Abb. 3.50**   Zum Schablonendruck eignet sich Hochdruckfarbe

Formdetails erstellen. Für diese Drucktechnik ist Wasserfarbe allerdings nicht geeignet, da die Pappe die Feuchtigkeit aus der Farbe zieht. Hier eignet sich besser Hochdruckfarbe.

Dämmplatten   Weiche Dämmplatten aus dem Baumarkt bieten die Möglichkeit für ein einfaches, aber wirkungsvolles Hochdruckverfahren, bei dem keine Flächen weggeschnitten werden, sondern nur Linien. Dieses Verfahren ist ein sogenannter *Weißlinienschnitt* (◻ Abb. 3.51 und 3.52). Dabei werden nur Linien herausgeschnitten, die dann beim Druck weiß aus der ansonsten flächig abgedruckten Platte »herausleuchten« sollen. Dämmplatten sind weicher als Styropor, aber in ihrer Konsistenz fester und homogener. Es gibt sie in unterschiedlichen Materialstärken, wobei vor allem dünne Platten sehr geeignet sind. Man kauft die Platten

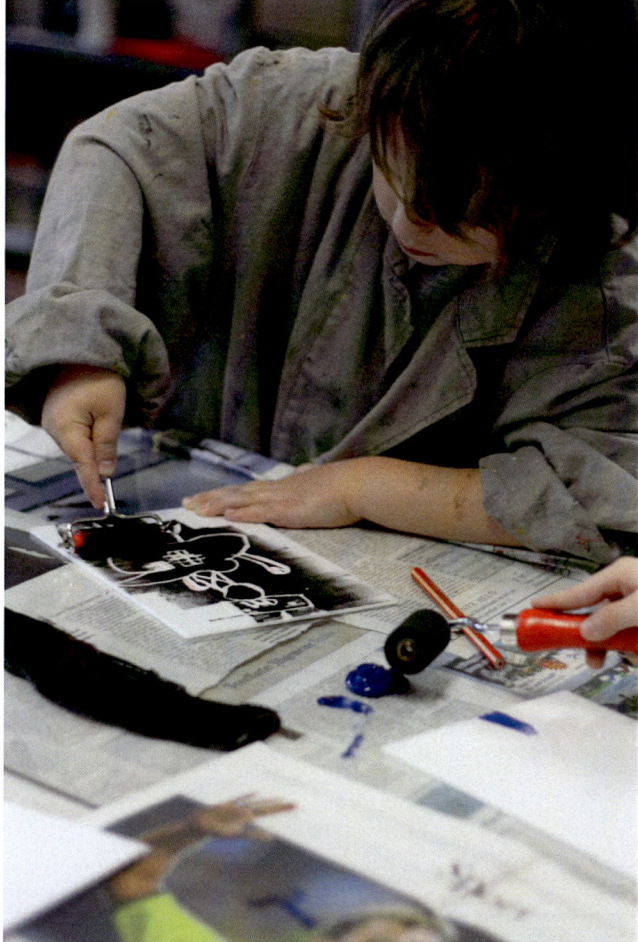

◻ **Abb. 3.51**   Weißlinienschnitt: Mario walzt den Druckstock ein

in größerem Zuschnitt und schneidet sie mit Schere oder Cutter in handliche Stücke. In die Platten können mit Bleistiften oder Kugelschreiber Vertiefungen geritzt werden. Anschließend wird die Platte dünn eingewalzt (◻ Abb. 3.51), Papier aufgelegt und mit leichtem Druck des Handballens gedruckt. Ein zweiter Druck ohne neuen Farbauftrag beschert reizvolle Intensitätsabstufungen.

Die Vielseitigkeit von Dämmplatten beim Druckprozess zeigt sich auch, wenn Figur und Grund mit der Schere oder dem Schneidemesser heraus-getrennt werden. Sie sind so weich, dass das Motiv des Bildes auch mit dem Messer ganz herausgeschnitten werden kann (◻ Abb. 3.53). Auf diese Weise kann jedes Teilstück separat mit einer anderen Farbe eingewalzt und wieder in den Druckstock eingesetzt werden: So erhält man mehrfarbige Drucke mit reizvollen Kontrasten.

Auch der Einsatz farbiger Papiere liefert neue Varianten. Gibt man der Farbe auf der Glasplatte ein paar Tropfen Wasser zu, entstehen reizvolle »malerische« Strukturen, die durch die Walze auf den Druckstock übertragen werden können. Durch eine zweite Walze mit einem anderen Farbton lassen sich auf einfache Weise mehrfarbige Drucke herstellen.

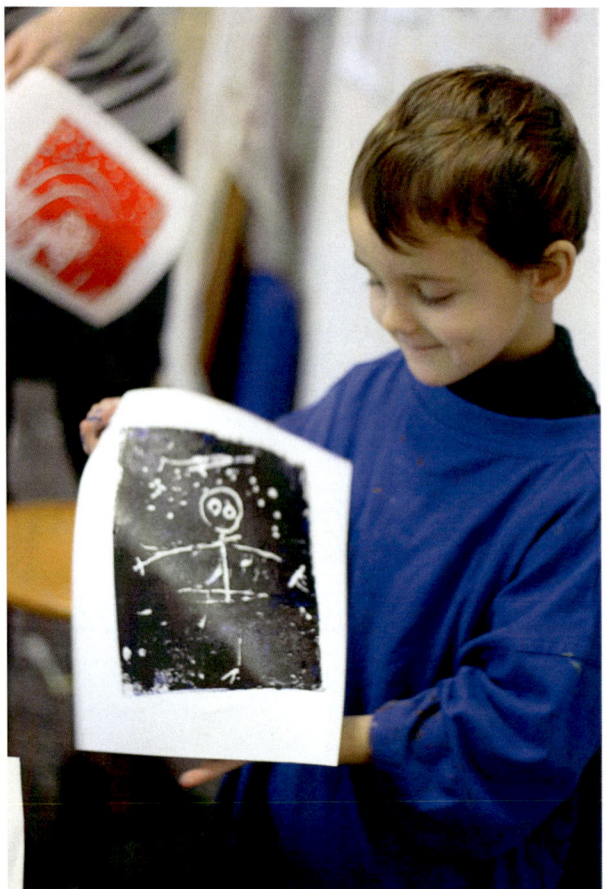

■ **Abb. 3.52**   Der satte Druck lässt die eingeschnittenen Sterne zu Weihnachten leuchten

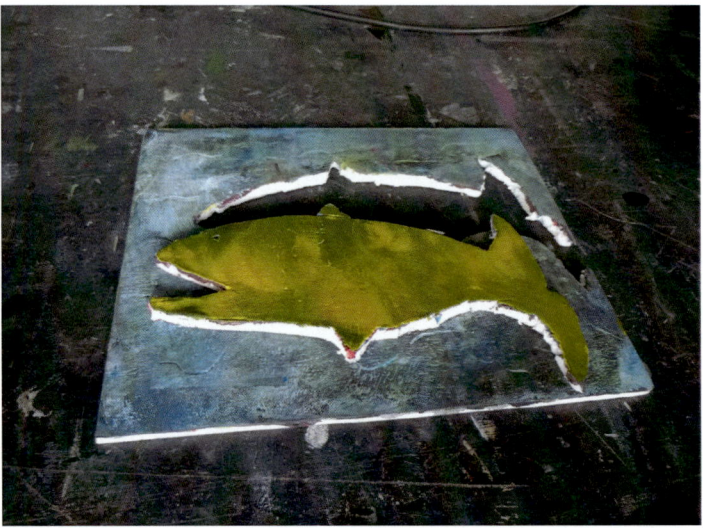

■ **Abb. 3.53**   Dämmplatten können auch in Teilen gedruckt werden

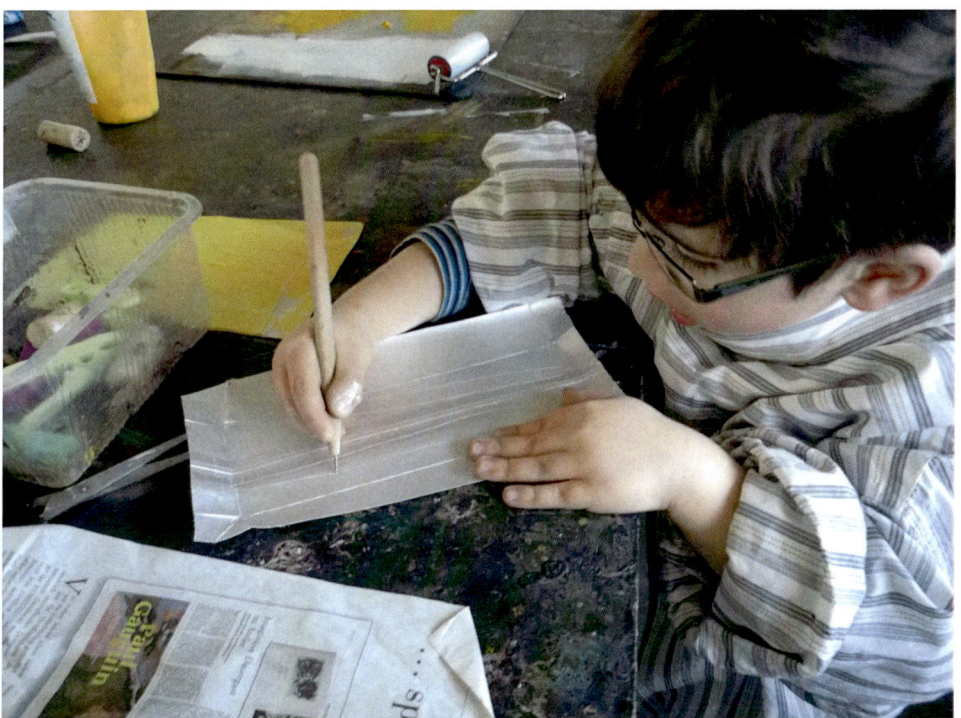

■ **Abb. 3.54**   Lorys ritzt das Motiv in die Platte

Tiefdruck   Für den Tiefdruck bieten sich aufgeschnittene Getränkeverpackungen als Druck-stock an. In die beschichtete Innenseite können mit einer Radiernadel Vertiefungen geritzt werden. Alternativ kann man Nägel, kräftige Stecknadeln mit Plastikgriff oder auch Messer verwenden (■ Abb. 3.54). Nach dem Einritzen der Zeichnung wird mit einem Stoffballen Druckfarbe in die Vertiefungen gerieben (■ Abb. 3.55a). Dazu kann man die gleiche wasserlös-liche Hochdruckfarbe wie bei den bislang vorgestellten Techniken verwenden. Das anschlie-ßende Abwischen der glatten Oberfläche mit frischen Stoffstücken muss nicht mit Strenge ge-schehen (■ Abb. 3.55b). Der sich mitabdruckende, leichte »Plattenton« bietet einen besonderen Reiz, die unterschiedlich hellen Wischspuren können bei der anschließenden Betrachtung des Bildes reizvoll ausgedeutet werden. Zum Drucken ist eine Druckerpresse nötig (■ Abb. 3.56). Wird das Druckpapier zuvor leicht angefeuchtet, kann es bei großem Druck die Farbe aus den Vertiefungen gut aufnehmen.

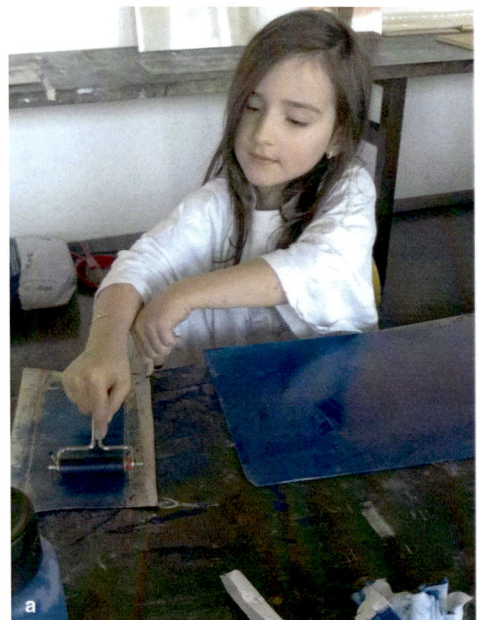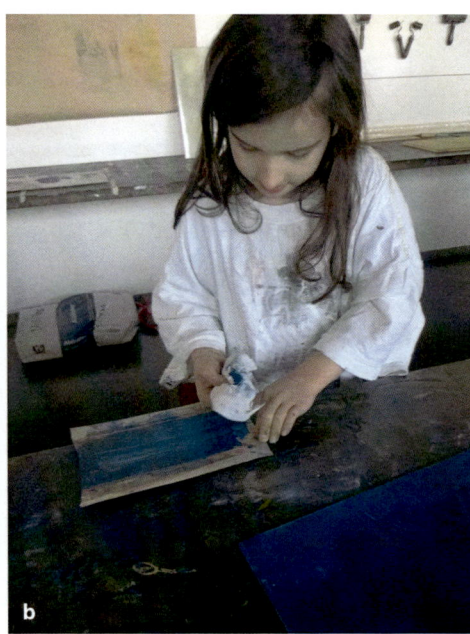

◼ **Abb. 3.55**   **a** Einwalzen mit Druckfarbe, **b** Auswischen der Platte

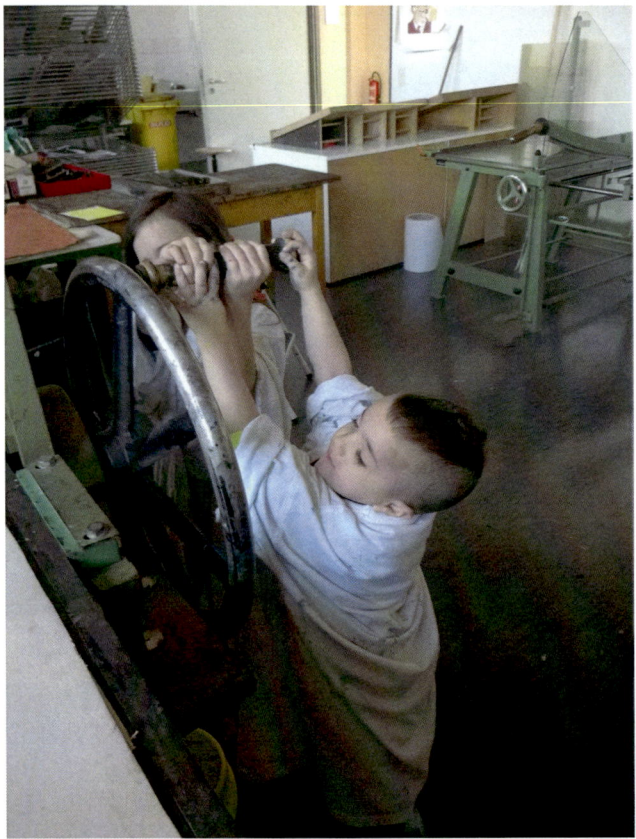

◼ **Abb. 3.56**   Drucken

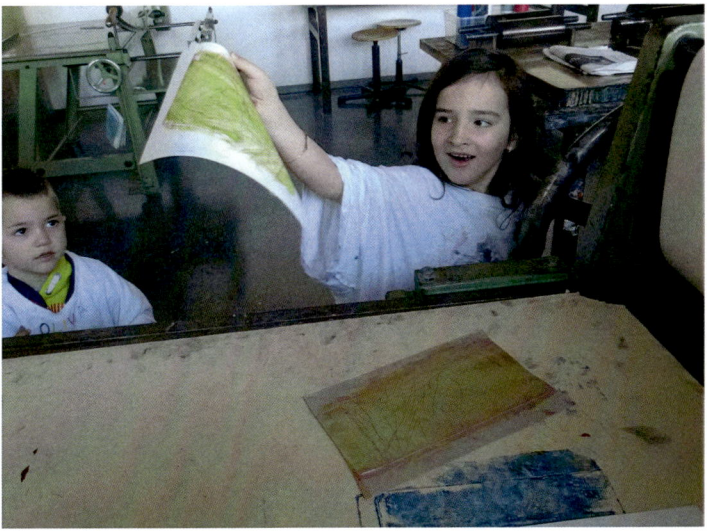

◘ **Abb. 3.57**   Überraschung

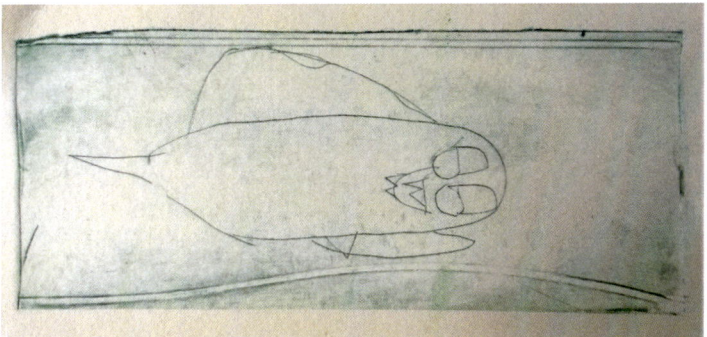

◘ **Abb. 3.58**   Lasse (5;10) Abzug Tiefdruck – »Biene«

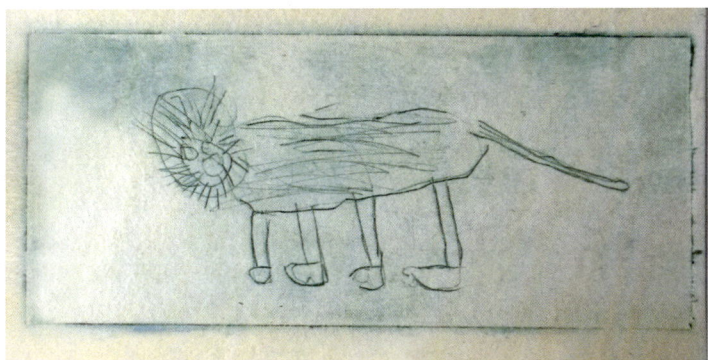

◘ **Abb. 3.59**   Jürgen (6;4) Abzug Tiefdruck – »Löwe«

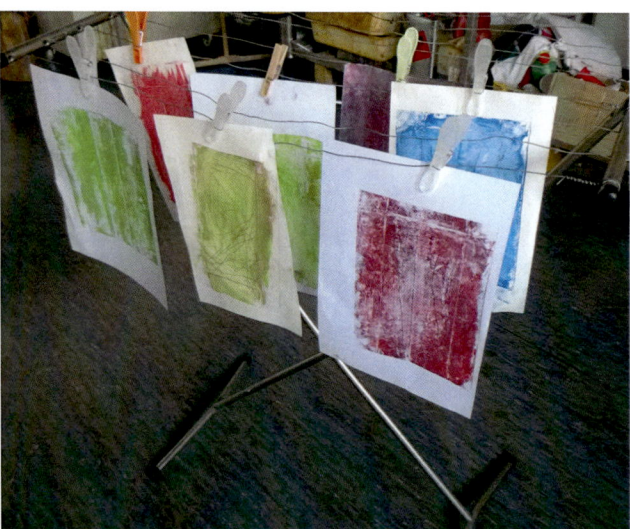

◘ **Abb. 3.60**   Die Drucke trocken am Wäscheständer

Monotypie   Bei der Monotypie bieten sich zwei Verfahren an. Im ersten wird direkt in den auf der Glas- bzw. Plexiglasplatte ausgewalzten Farbfilm gezeichnet bzw. gekratzt. Danach legt man das Papier auf die Platte und druckt mit nur mit leichtem Handabrieb auf die Rückseite des Papiers. Die »weggekratzte« Zeichnung zeigt sich auf dem Abdruck als Weißlinienschnitt. Alternativ kann man ein Blatt dünnes Papier auf die eingewalzte Glasplatte legen und quasi von der Rückseite aus zeichnen. Je nach Druck mit dem Zeichengerät nimmt das Papier dabei mehr oder weniger Farbe auf. Nutzt man bei der Zeichnung Werkzeuge wie Kugelschreiber, Blei- und Grafitstifte, bleiben die Zeichenspuren auf der Rückseite des Blattes stehen, und das Prinzip des spiegelverkehrten Bildes wird deutlich (◘ Abb. 3.61). Der besondere Reiz der Monotypie ist ihre Unkalkulierbarkeit, da nicht vorauszusehen ist, welche Anteile der Farbe neben der Zeichnung abgedruckt werden (◘ Abb. 3.63). Durch das Auftragen verschiedener Farben auf der Glasplatte oder durch ein wiederholtes Bedrucken lassen sich sogar mehrfarbige Monotypien herstellen (◘ Abb. 3.64).

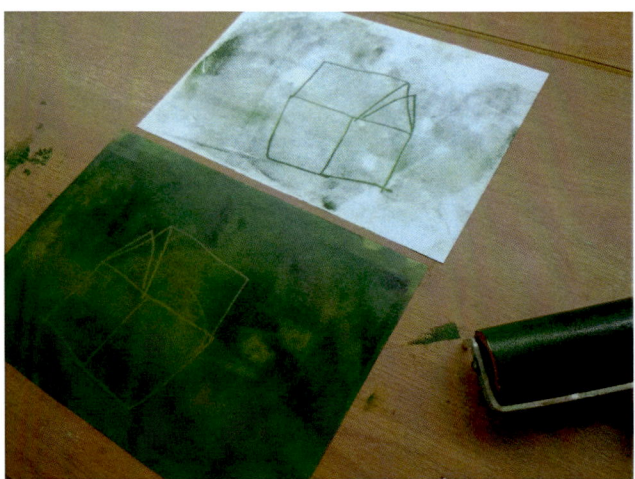

◘ **Abb. 3.61**   Die Farbe wird bei der Monotypie nur hauchdünn aufgetragen

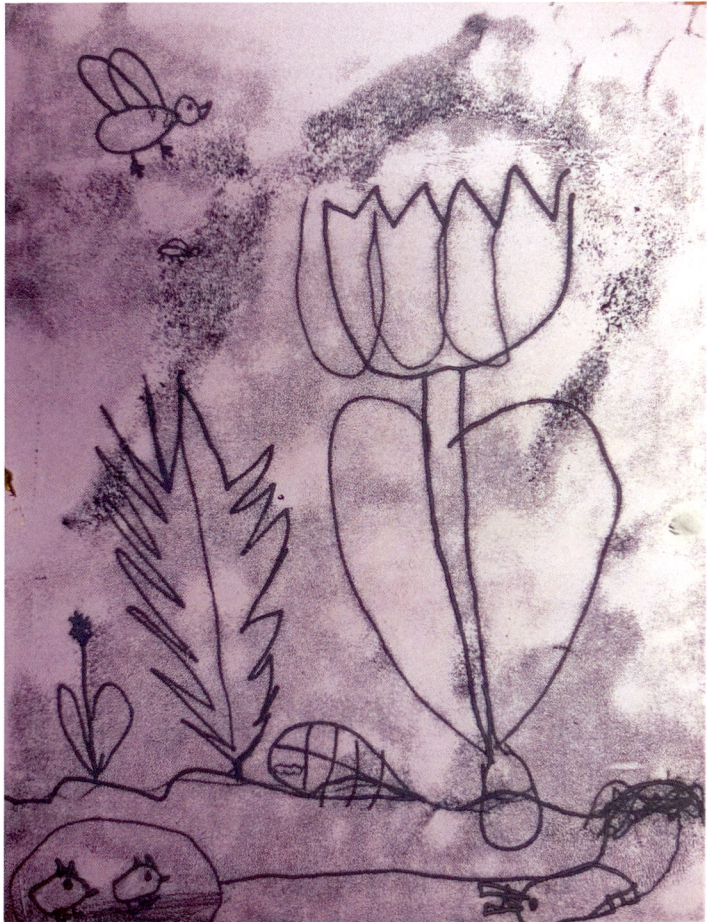

◘ **Abb. 3.62**   Lineare Strukturen kontrastieren mit malerischen Flächen

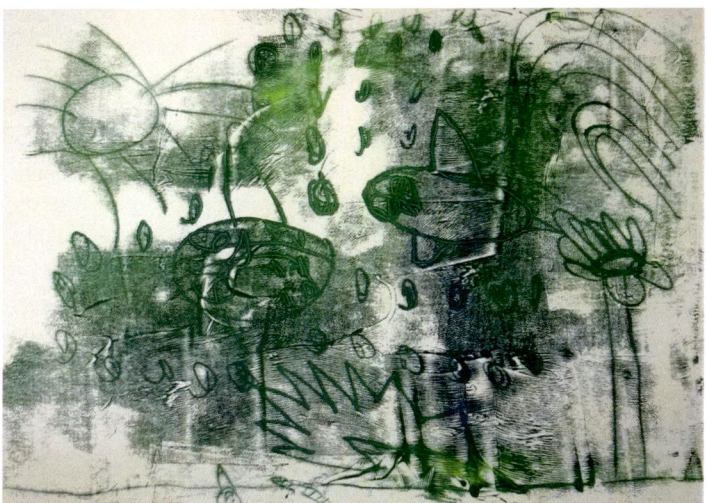

◘ **Abb. 3.63**   Der Zufall druckt mit und regt zu Entdeckungen an

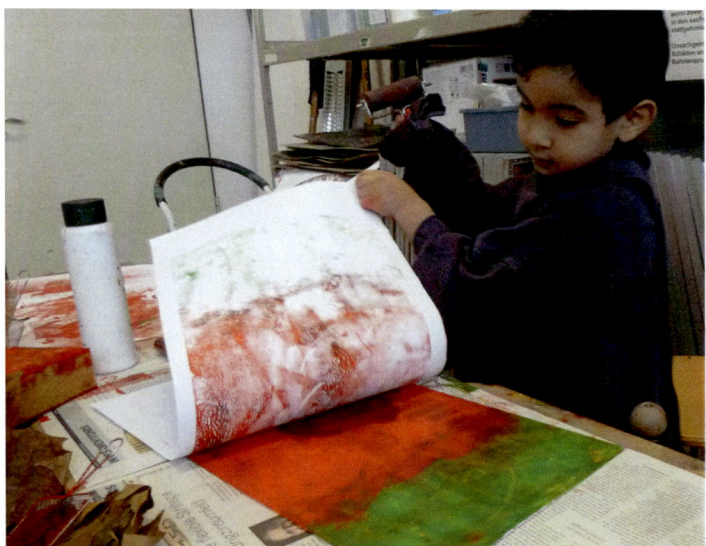

■ **Abb. 3.64**   Mehrfarbige Monotypie

3.2.4 **Collagieren**

Vorhandene Teile zu neuen Bildern zusammensetzen: damit spielt das Collagieren. Eine Tätigkeit, die explizit das Verhältnis von unabhängigen Einzelteilen zu einem Bildganzen thematisiert. Der Begriff »Collage« leitet sich vom französischen Wort *coller* ab, was übersetzt »(auf-) kleben« heißt und somit die Fixierung der neu arrangierten Einzelteile bezeichnet. Gemeint ist dabei nicht nur eine bildnerische Technik, sondern auch ein Prinzip, das es in anderen Disziplinen ebenfalls gibt. Wann immer Fragmente aus unterschiedlichen Kontexten zu einer neuen Sinn- und Formeinheit zusammengefügt werden, spricht man von Collage. Im Film können verschiedene unzusammenhängende Einstellungen und Sequenzen genauso zu einer neuen Szene und damit zu neuer Bedeutung montiert werden wie in der Literatur, wenn unabhängige Textelemente scheinbar unvermittelt nebeneinanderstehen und auf einer anderen Ebene zu einer neuen Aussage oder einem neuen Handlungsverlauf finden. Ihren besonderen Reiz steigert die Collage, wenn die einzelnen Elemente aus ganz unterschiedlichen Kontexten entnommen sind.

Pablo Picasso, Juan Gris und Georges Braque sind Künstler, die die Collage-Technik zu Beginn des 20. Jahrhunderts als künstlerische Technik etablierten. Sie schnitten aus Alltagsfundstücken stammende Elemente wie Zeitungsausschnitte oder Tapeten aus und integrierten diese in ihre Bilder. Wenn Dinge aus unterschiedlichen Kontexten entnommen und in einen neuen und ungewöhnlichen Zusammenhang gebracht werden, sorgt dies beim Betrachter für eine Irritation, die ihn anregen kann, seine Wahrnehmungsmuster zu reflektieren.

Über den Reiz des praktischen Tuns hinaus entfaltet das Prinzip Collage eine ganz besondere Bedeutung: die Sinnproduktion. Das Kind thematisiert beim Collagieren unwillkürlich seine Wahrnehmung und damit seine alltägliche Erkenntnisleistung. Um sich in der Welt zu orientieren, selektiert es die vielfältigen Sinneseindrücke und fügt diese zu einem prägnanten Ganzen zusammen. Das Prinzip Collage thematisiert damit das Grundprinzip der menschlichen Wahrnehmung.

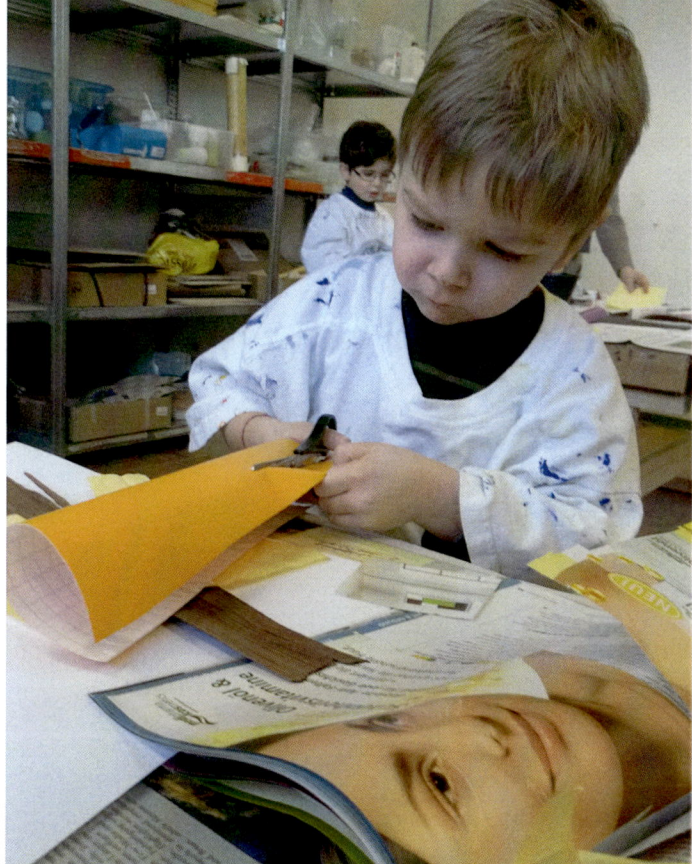

Abb. 3.65   Elias (4;2) zerschneidet unterschiedliche Materialien: Eine Selbstklebefolie, ein Stück Furnier und eine Zeitschrift

Der Collage geht eine Auflösung bestehender Ordnungen als dekonstruktiver Akt voraus. Dem folgt eine neue Konstruktion, wenn prinzipiell unzusammenhängende Einzelelemente zusammengeführt und vom betrachtenden Individuum integriert werden. Sie bilden dann eine neue Ordnung und damit Sinn. Wenn Kinder collagieren, spielen sie ebenfalls mit Sinnzusammenhängen, die ihnen oft so unverständlich in der Erwachsenenwelt begegnen. Vergleichbar zu einzelnen Wörtern oder Gesprächsfetzen, die sie von Erwachsenen hören und zu neuen Sinneinheiten zusammenfügen, können sie beim Collagieren spielerisch Elemente aus der Erwachsenenwelt (z. B. Teile aus einer Zeitschrift) buchstäblich zu ihrer eigenen Geschichte »zusammenkleben«.

Als Collagematerial eignen sich sämtliche zum Aufkleben geeigneten Papiere oder papierähnliche Materialien. Zeitungen, Zeitschriften, bunte Papiere, Tapetenreste, Aufkleber und vieles mehr können in geschnittener oder gerissener Form zu neuen Bildern zusammengesetzt werden. Wenn in die Bilder zusätzlich dreidimensionale Objekte montiert werden, spricht man auch von einer *Assemblage*. Während Collagen geklebt werden, bezeichnet man andere Befestigungsarten wie Nageln, Tackern oder Binden als *Montagen*.

Die Collage eignet sich für die kunstpädagogische Praxis, weil sie keinen großen Aufwand erfordert und in besonderer Weise der kindlichen Gestaltungsweise entspricht. Dies betrifft

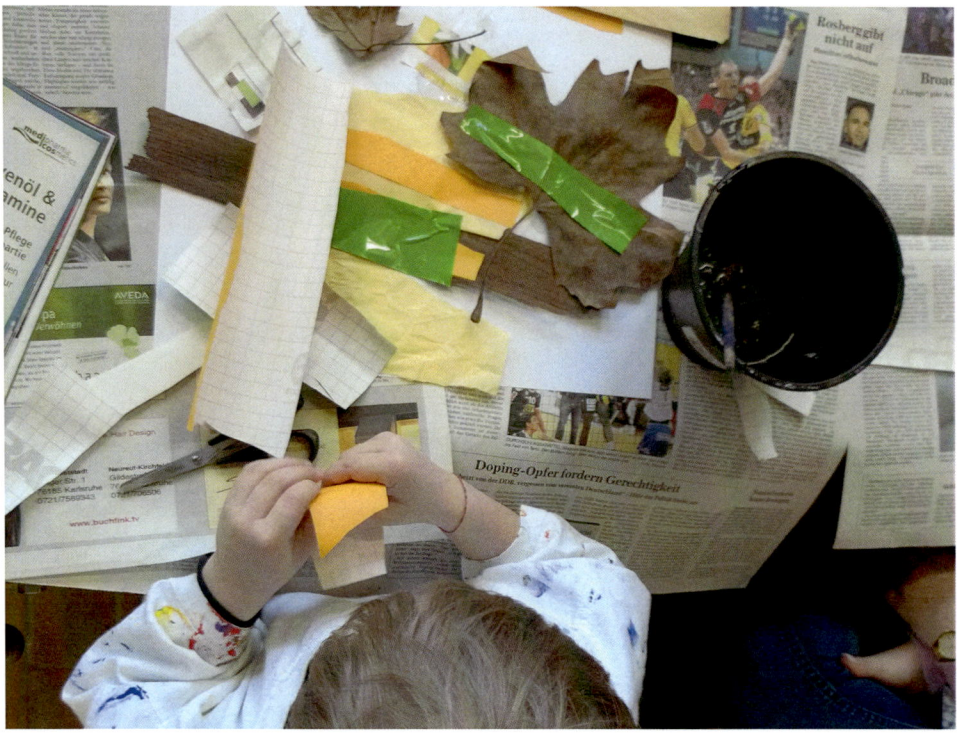

◻ Abb. 3.66 Lange schaut Elias sein Bild an, ehe er aufklebt

sowohl den dekonstruktiven Prozess, d. h. das Herauslösen, -schneiden oder -reißen) von Einzelteilen wie auch das intuitive Zusammenfügen zu neuen Bildern. Kinder entdecken in ganzen Bildern oder Situationen Einzelaspekte, deren Reiz sich dem Erwachsenen häufig nicht unmittelbar erschließt.

■ **Praxisbeispiele**

Alltagscollagen: Finden und kleben Romy (4;4) spitzt ihren Bleistift und ist fasziniert vom Herabfallen der Holzreste. Dadurch ist das Mädchen unmittelbar motiviert, das Ereignis »festzuhalten«. Es kombiniert die Holzreste mit unterschiedlichen Qualitäten von Klebestreifen. Einen Teil der Spitzerreste klebt es mit transparentem Klebeband auf, einen Teil »versteckt« es unter zwei gelblichen Klebestreifen (◻ Abb. 3.67). Die Kombination der kleinen Klebearrangements mit anderen Fragmenten führt zu einem (Bild-)Zusammenhang, der dem Spitzerabfall eine neue Bedeutung zuweist. Das Kind kann darin einen ästhetischen Eigenwert nutzen und das, was sonst als Müll weggeworfen wird, als eigenständiges Bildelement in ein Bild integrieren. Alle weiteren bildnerischen Handlungen greifen das Prinzip Collage auf. Zur Verbindung der einzelnen Klebestellen im Bild kommen vorwiegend zeichnerisch eingesetzte Filzstifte zum Einsatz. Hier zeigt sich der Reiz der Freiheit, völlig unterschiedliche Materialien und Techniken zu kombinieren. Das besondere Potenzial des Prinzips der Collage steckt in der anarchischen Qualität, d. h., die Kleberaktion kann ihre Bedeutung in sich selbst tragen und muss nicht unbedingt einen weitergehenden Sinn entwickeln.

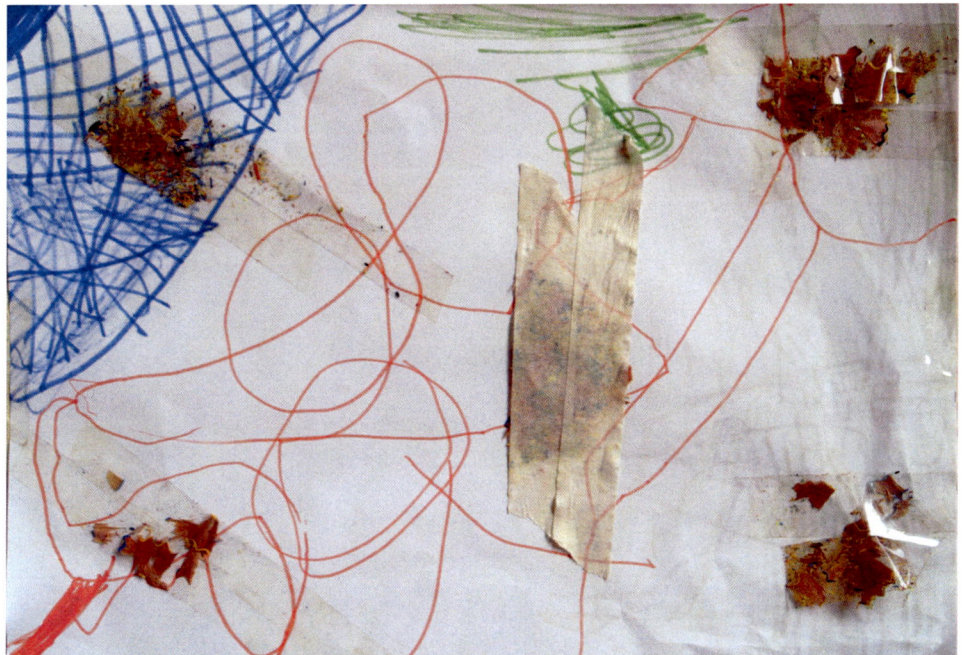

Abb. 3.67   Romy (4;4) Alltagscollage

Erweiterte Materialcollagen   Die Vielfalt von Materialien bietet differenzierte ästhetische Reize unterschiedlicher Farben und Qualitäten. Neben Zeitungen und Zeitschriften eignen sich besonders auch Transparentpapiere, Textilien sowie selbstklebende Papiere und Folien. Die Kinder können dazu auch selbst Material sammeln. Das Besondere dabei ist, dass die Materialien sowohl als Fundstück mit »Hintergrund« als auch durch ihren ästhetischen Oberflächenreiz inhaltliche bzw. ästhetische Bedeutung transportieren.

Jedes Material hat seine eigene Spezifik beim Reißen, Schneiden und Aufkleben. Dazu eignen sich flüssige Klebemittel, vor allem auch Kleister. Dieser ist nicht nur sehr preisgünstig, sondern für Kinder besonders geeignet, weil er in größeren Mengen als flüssiges Klebemittel verfügbar ist, das mit dem Pinsel (alternativ auch mit den Fingern) flächendeckend aufgetragen werden kann.

Neben der Vielfalt birgt aber auch die Reduktion kreatives Potenzial. Stehen nur beschränkte Materialien wie Buntpapier zur Verfügung, liefert das freie Spiel mit der Schere genug Materialien für eine Collage. Dabei kann die Pädagogin oder der Pädagoge die Kinder auch auf den »Verschnitt« aufmerksam machen: Gerade Papierreste bergen häufig spannende Formen, die entdeckt werden können. So wird insbesondere für ältere Kinder der Wechsel von Positiv- und Negativformen ein reizvolles Spiel (◘ Abb. 3.68 und 3.69).

Gegenständliche Welten   Ein traditioneller Ausgangspunkt für Collagen sind Zeitschriften, aus der gegenständliche Bildelemente herausgelöst und in einen neuen Bedeutungszusammenhang gebracht werden können. Bildfunde stellen ein großes Anregungspotenzial für Collagen dar und bieten nahezu unendliche Kombinationsmöglichkeiten. Mit wenigen Schnitten kann man sich Bilder von Autos und Menschen verfügbar machen. Gerade ältere Kinder können das

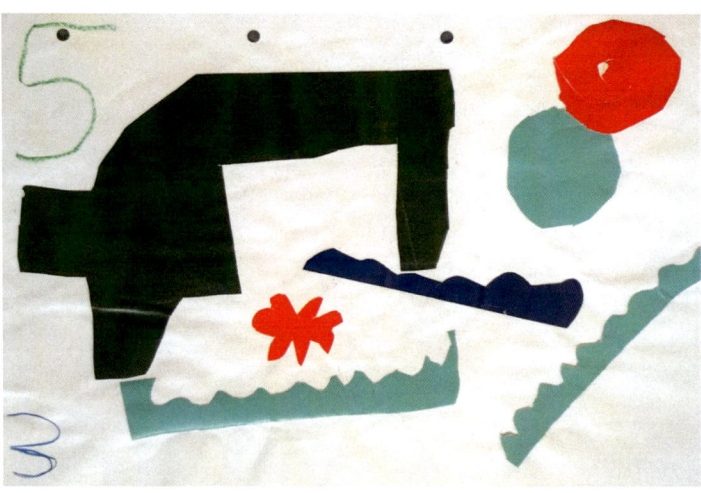

☑ **Abb. 3.68**   Romy (5;1) Spiel mit Positiv- und Negativformen

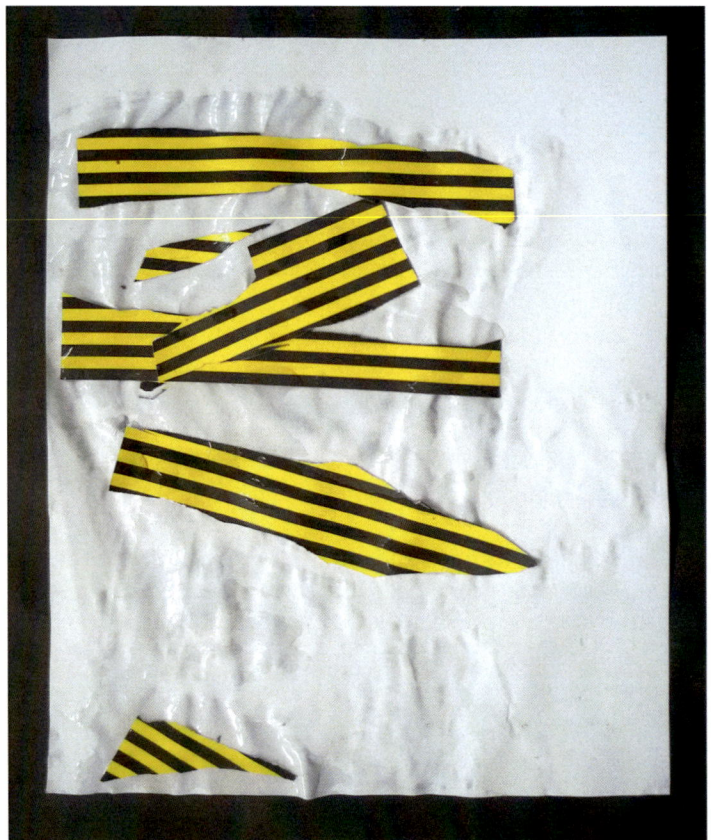

☑ **Abb. 3.69**   Shaban (3;9) hat sich in seiner Collage auf schwarz-gelb-gestreiftes Papier beschränkt

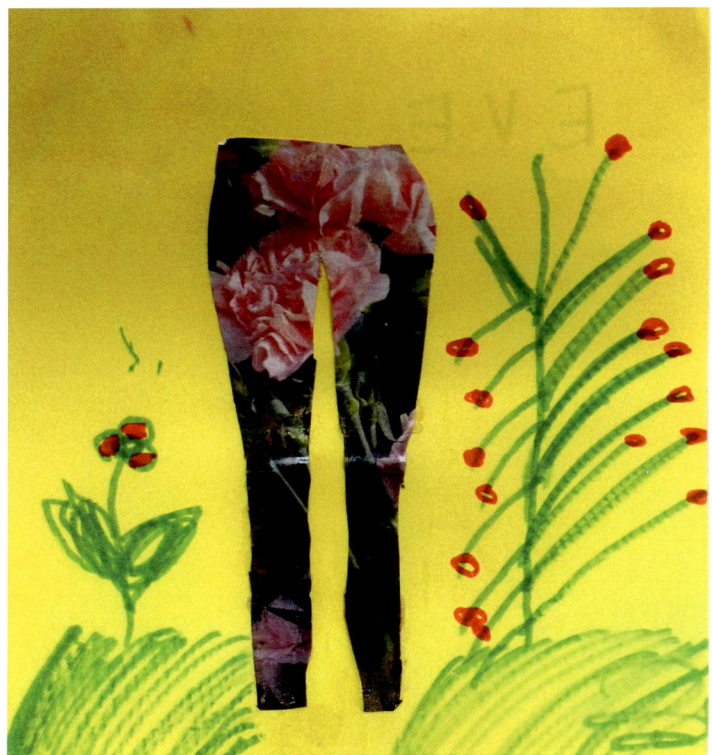

◾ **Abb. 3.70**   Klara (5;2) »Blumenhose«

Potenzial von Fotografien aus Zeitschriften für Collagen gut nutzen. Dabei kann die Pädagogin oder der Pädagoge das Ausschneiden von gegenständlichen Einzelformen und die Kombination solcher Elemente anregen. Im Prozess der Realisierung treffen die Kinder dann situativ Entscheidungen wie z. B. Klara (6;2), die die Fotografie einer Hose aus einer Zeitschrift schneidet. Beim Umdrehen des Schnipsels entdeckt sie auf der Rückseite ein Blumenmuster. Sie dreht »die Hose« kurzerhand um, klebt sie als Silhouette auf ein gelbes Papier und lässt sich durch die Blumen darauf zum Zeichnen von Pflanzenformen inspirieren – eine einfache und zugleich spannende Idee zu einer Transformation (◾ Abb. 3.70). Vor allem jüngere Kinder reagieren erfahrungsgemäß weniger auf Fotovorlagen. Trotz der Bildvorlagen auf dem Tisch wendet sich zum Beispiel der vierjährige Elias (Eingangsbeispiel in diesem Abschnitt) unmittelbar der orangefarbenen Selbstklebefolie zu und greift während des gesamten Gestaltungsprozesses nicht auf die Zeitschriften zurück (◾ Abb. 3.65). Ob dies letzten Endes an der strukturellen Geschlossenheit des Hochglanzbildes liegt oder andere Gründe hat, bleibt Spekulation. Bevor Elias seine Bildelemente aufklebt, schaut er sein Bild lange an. Dann sagt er: »Hier fehlt noch was«, nimmt ein Fragment und klebt es unten links ins Bild (◾ Abb. 3.66).

Von der Collage zur Assemblage   Der Träger einer Collage muss nicht immer Papier sein. Holz lässt sich ebenso bekleben, wie die collagierte Gestaltung eines Handys zeigt (◾ Abb. 3.71). Die Liste möglicher Materialien kann vielfach erweitert werden – wie auch die Dimension.

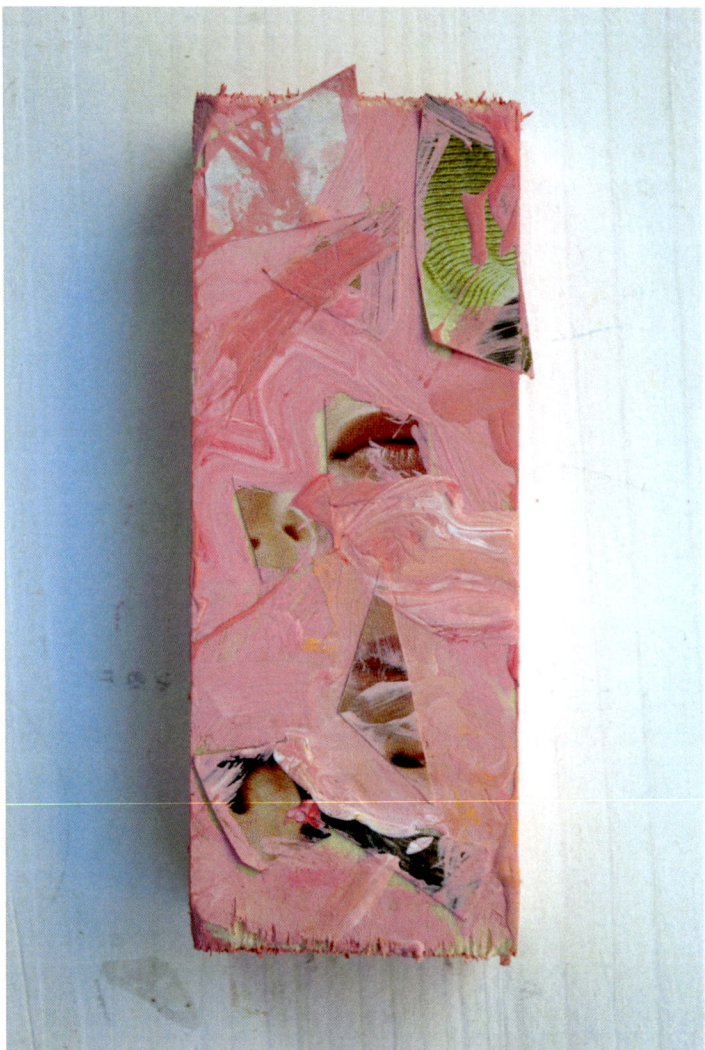

■ **Abb. 3.71**   Rodika (3;9) Ein Stück Dachlatte als Handy

Der Übergang von der Collage zum freien Basteln (▶ 2.3.4) ist fließend. Das Prinzip der Collage entspricht den wesentlichen Merkmalen der Bricolage. Das Sammeln, Finden, Umdeuten und Kombinieren lässt sich auf einem flächigen Träger ebenso realisieren. Romy (5;8) kombiniert vollplastische Elemente mit einem flachen Bildträger (■ Abb. 3.72). Je nach Anregung können die Kinder selbst steuern, welchen Anteil zeichnerische Mittel, flächige oder plastische Materialien bzw. Fundstücke in ihrer Bildidee einnehmen. Gerade das schmale lange Format lädt zum sukzessiven Betrachten ein und entwickelt dadurch erzählerische Qualitäten.

Die Integration teil- oder vollplastischer Fundstücke kann eine neue Wahrnehmung ermöglichen. Während der »Spitzerabfall« (■ Abb. 3.67) noch mehr die Bergung bzw. die

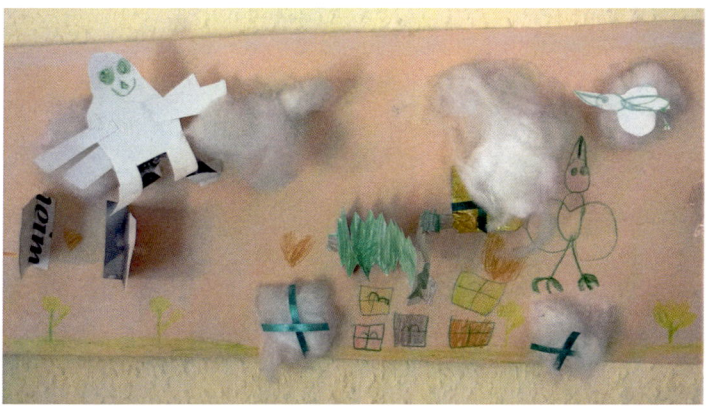

◘ **Abb. 3.72** Romy (5;8) Weihnachten

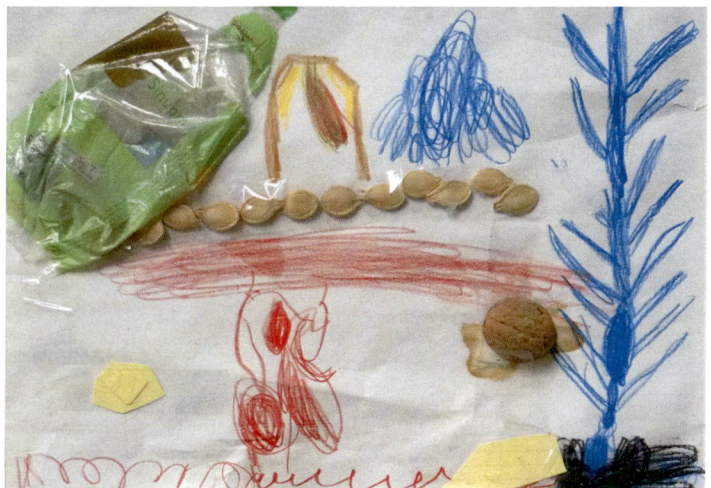

◘ **Abb. 3.73** Romy (5;0) Freie Assemblage

Inszenierung des Materials zeigt, werden die Materialien von Romy (◘ Abb. 3.73) grundlegender transformiert. Die Nussschalen bzw. Kürbiskerne in diesem Beispiel werden zu Bildelementen, die eine spannende Doppelfunktion einnehmen. Sie bleiben als Fundstücke mit ihrer ganz eigenen Präsenz (und Geschichte) erhalten. In Reihe geklebt bilden die runden Einzelformen eine Kette, die man auch als horizontale Linie sehen und inhaltlich erzählen lassen kann. Die anschließend gesetzten grafischen Elemente zeigen, dass das Kind die Richtung dieser Linie aufgreift, aber auch, dass es die Form und die Farbe der Naturobjekte übernimmt.

Unerwartete Situationen können durch das Collageprinzip eine Form finden, beispielsweise wenn nach dem Schälen und Essen von Obst und Gemüse die Schälreste anfallen, die spontan als Gestaltungsmaterial entdeckt werden. Eben standen die Bananen- oder Orangenschalen (noch) im pragmatischen Kontext von Küche, und nun ist es ein besonderes Erlebnis

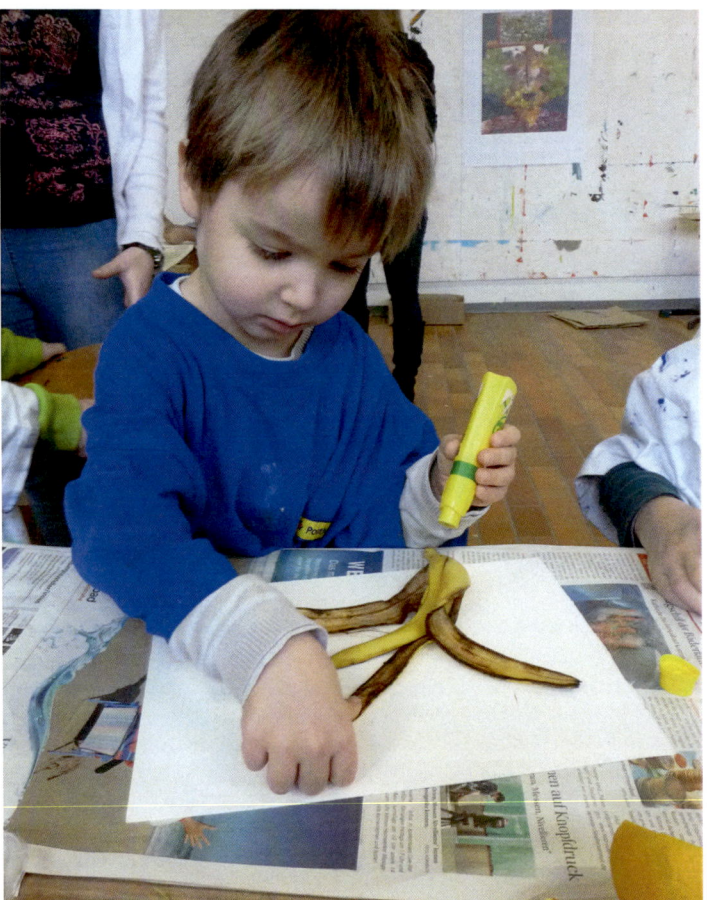

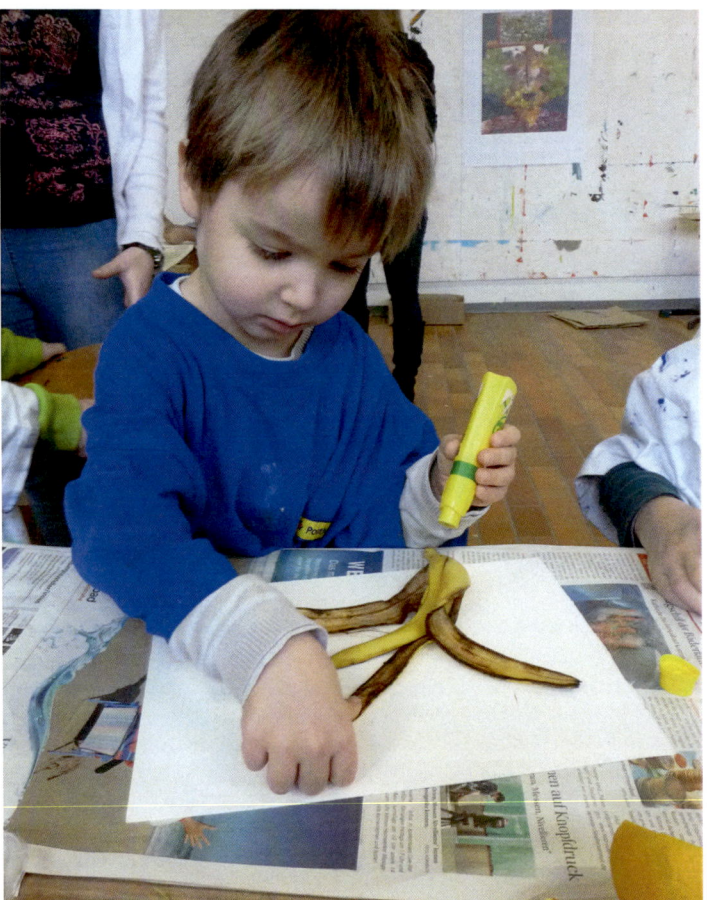 **Abb. 3.74**   Felix (4;2) verwendet für seine Assemblagen Obst und Gemüseabfälle

(und auch Vermögen), ihre Form von ihrer Zuweisung als Biomüll zu abstrahieren (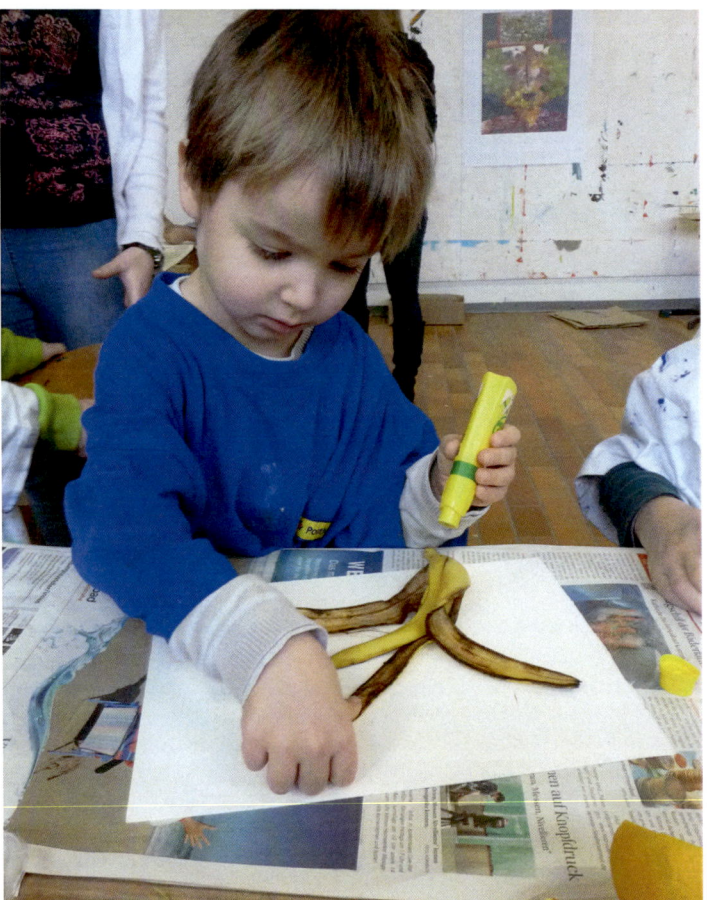 Abb. 3.74 und 3.75). Nahe liegend ist es auch im Sommer Blätter, Gräser und Früchte zu sammeln um die spezifischen Formen neu zu definieren (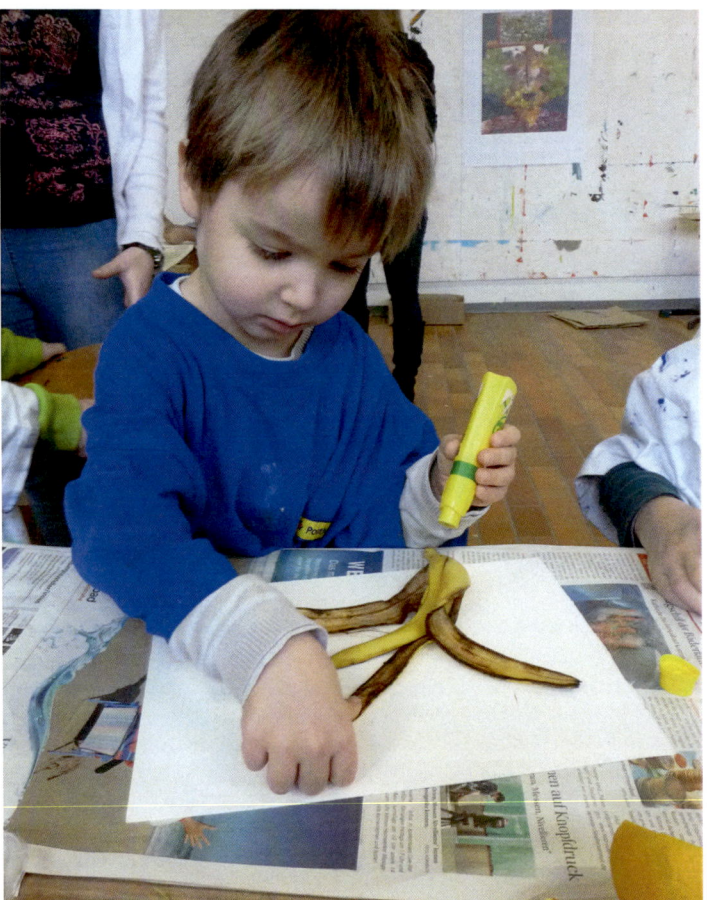 Abb. 3.76) – oder man erfindet Pflanzen aus Pflanzen. (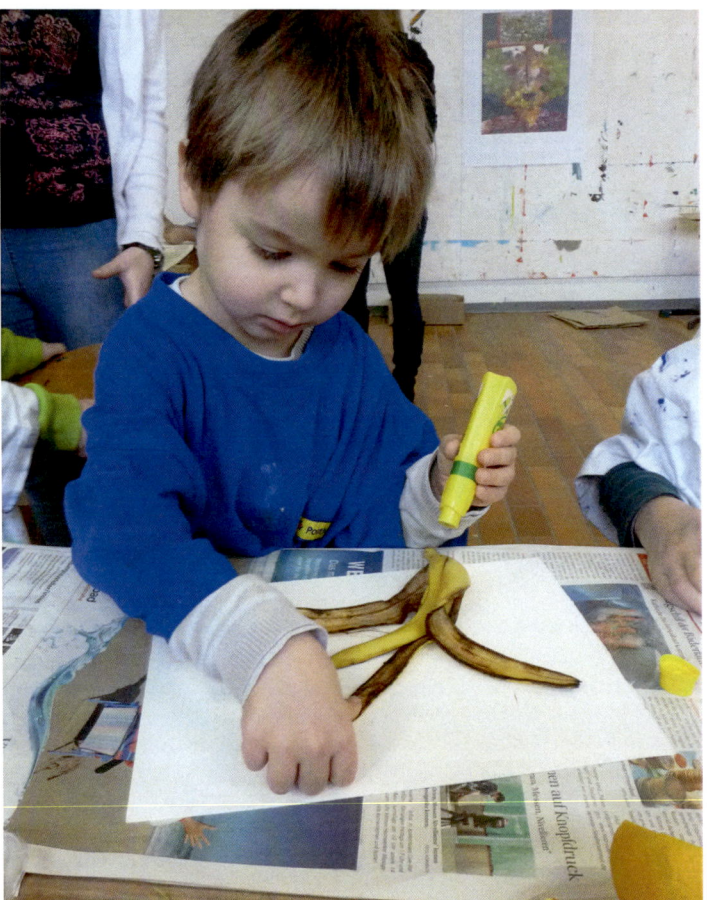 Abb. 3.77) Um die Stabilität der entstehenden Bilder zu gewährleisten, bedarf es bei einer derartigen Assemblage eines dickeren Papiers oder einer Hartfaserplatte. Auch bei den Befestigungstechniken gilt es, einfallsreich zu sein. Angesichts der Vergänglichkeit des Biomaterials bietet es sich aber auch an, gar nicht erst aufzukleben, sondern das entstandene Bild mittels Kamera festzuhalten. Das Bild in Serie zu fotografieren, bietet den Vorteil, dass die Bildelemente im Kameradisplay (oder als Ausdruck) von den Kindern mit räumlichem Abstand noch leichter in ihrer Form wahrgenommen werden können. Die Möglichkeit einer schnellen Bilderstellung und -dokumentation kann dabei noch weitergehen. Zum Beispiel lässt sich durch sukzessive Veränderung der Bildelemente auf diesem Weg eine Bildgeschichte erzählen – oder gar ein Legetrickfilm drehen.

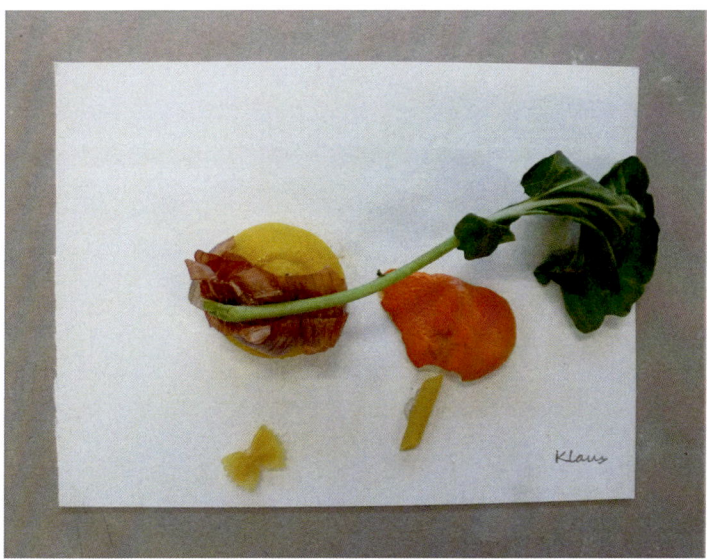

Abb. 3.75   Charme und Anmut der Natur

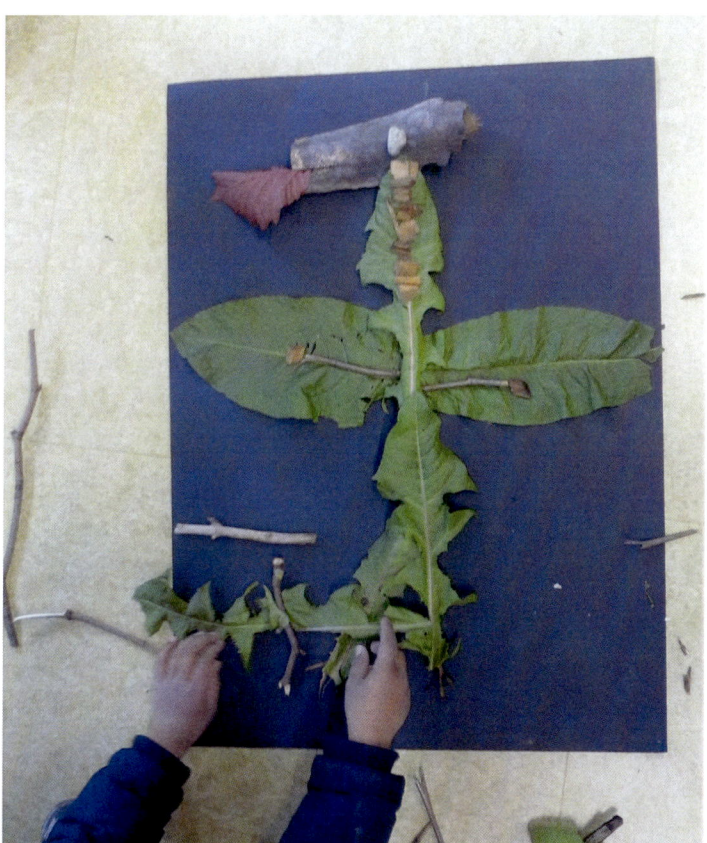

Abb. 3.76   Ferdinand (6;10) Feuerspeiender Drache aus Blättern

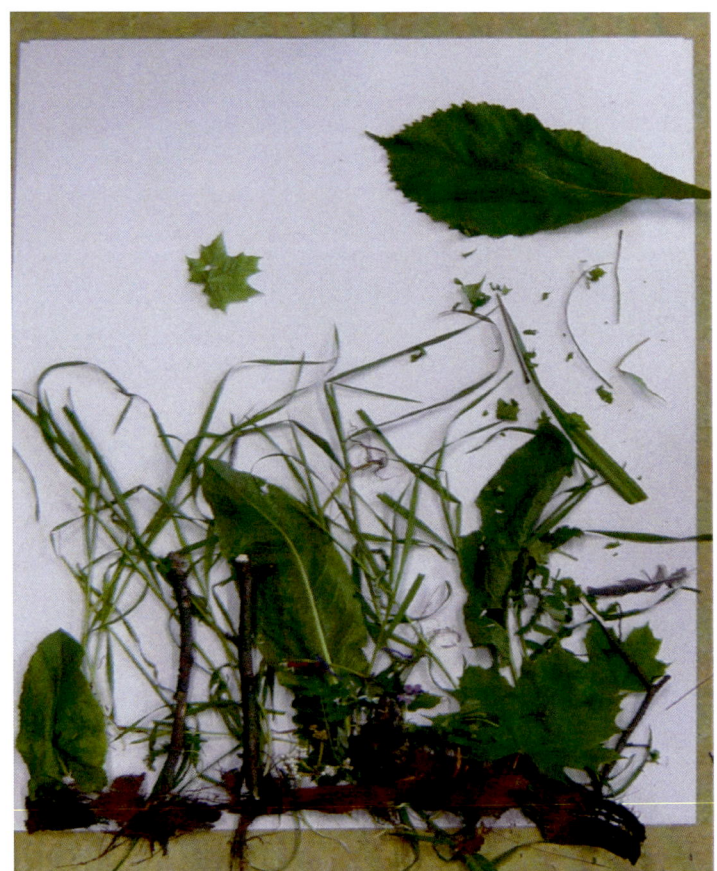

▣ **Abb. 3.77**   Lily (6;11) Wiesenstück

3.2.5 Modellieren

Ein Kind arbeitet mit verschieden farbigen Knetstäben. Dieses Material, ein Messer und ein paar Ausstechförmchen begründen eine Dynamik, die den folgenden Prozess nachhaltig beeinflusst. Das Kind braucht keine weiteren Impulse. Die Kombination des weichen Knetmaterials und das Messer als Werkzeug genügen in dieser Situation als unmittelbarer Auftakt zum Thema »Nahrung«.

Das Material reizt die Kinder zunächst zum »Durchkneten«, was bei zunehmender Dauer durch Erwärmung des Materials immer besser gelingt. Die Assoziation »Teig« liegt dabei nahe. Denn wenn das ursprünglich bunte Material miteinander verknetet wird, geschieht etwas Überraschendes. Die bunte Farbigkeit verschwindet zusehends, die Masse wird bräunlich und erinnert an dunklen Kuchenteig. Bunte Reste des Knets setzen Farbakzente und bilden einen reizvollen Qualitätskontrast (▶ 3.2.1).

Knetmasse oder Ton zu schneiden, entspricht der Erfahrung bei der Zubereitung von Essen, z. B. beim Brotschneiden (▣ Abb. 3.78). Die dabei entstehenden klaren Formen mit geraden Kanten sind Zeugnis einer gekonnten Schneidekunst, die zu einem ganzen Teller attraktiver »Häppchen« aus gleichförmigen Prismen und Quadern führt (▣ Abb. 3.79). Die Verwandlung eines amorphen Klumpens in geometrische Körper ist dabei ein zentraler Moment.

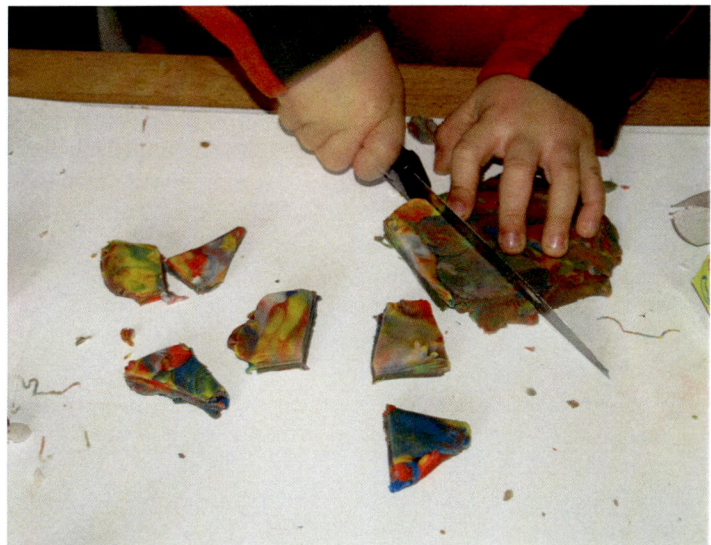

◻ **Abb. 3.78**   Knete kann mit Besteck bearbeitet werden

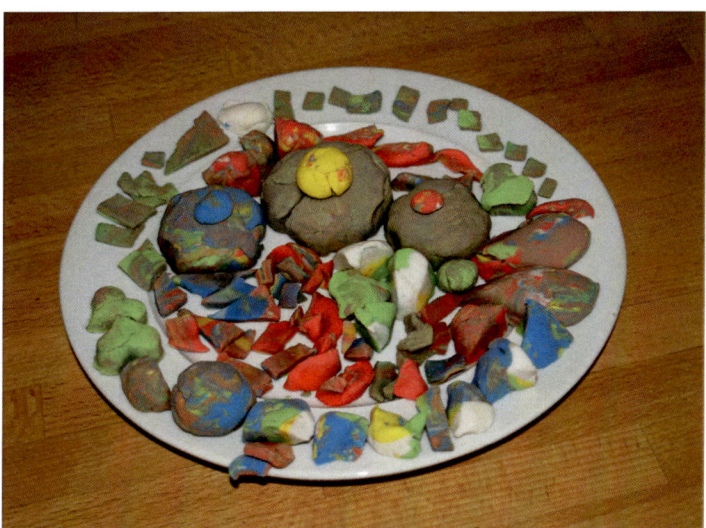

◻ **Abb. 3.79**   Präsentation auf einem Teller

Das Kind macht die Erfahrung, dass die gewöhnliche Handlung des Schneidens eine gestalterische Qualität entwickeln kann.

Der von der Erzieherin bereitgestellte weiße Teller bewirkt ein Übriges: Die geschlossene Form des kreisrunden Tellers macht bei der Anordnung der Objekte deren Formkontraste besonders deutlich. Formentsprechungen werden sichtbar und regen zu Reihungen – bis hin zu einer komplexen Gesamtkomposition an. Aus der einfachen Ausgangssituation wird eine dichte bildnerische Erfahrung, die darüber hinaus mannigfaltige Spielanlässe und weitere Ansätze zu neuen Gestaltungsideen bietet.

Es gibt eine ganze Reihe von Möglichkeiten, aus einer Masse zu modellieren. Das bekannteste Material ist Ton, daneben spielen auch Lehm, Knete sowie Pappmaschee eine Rolle.

Material Ton   Ton ist das ideale plastische Arbeitsmaterial für Anfänger, weil er leicht formbar und darüber hinaus relativ preiswert ist. Ton hat unterschiedlich hohe Schamottanteile beigemengt, die die Tonmasse stabilisieren. Schamotte sind feuerfeste Tonpartikel, die sich nicht auflösen. Die Rauheit kann die Kinder mitunter beim Modellieren etwas irritieren. Für die Kleinplastiken, die keiner besonderen Statik bedürfen, empfiehlt sich deshalb »fette« Qualität, d. h. Ton mit niedrigem (10 %) oder ohne Schamottanteil.

Ton ist in besonderer Weise für plastische Arbeit geeignet, weil die Kinder dem Material ganz intuitiv begegnen und aus dem Erkundungsprozess heraus ein Materialverständnis entwickeln. Sie beginnen, die Stabilität des Tons einzuschätzen, und erfahren, welche Differenzierungsmöglichkeiten in ihm stecken. Die statischen Grenzen des Materials Ton kann man ausreizen, wenn man z. B. versucht, eine Giraffe zu modellieren.

Ton trocknen und brennen   Ton beginnt an der Luft auszuhärten, was sich schon bei einem längeren Modellierprozess bemerkbar macht. Denn bereits die Wärme der modellierenden Hände lässt ihn spröde werden. Um den Ton dauerhaft haltbar zu machen, müssen fertige Werkstücke nach einer Trocknungsphase von etwa einer Woche in einem speziellen Ofen bei ca. 1000 °C gebrannt werden. Das Brennen ist aber nicht zwingend notwendig. Zur Aushärtung reicht bereits das Trocknen an der Luft. Allerdings sind dann die Figuren nicht robust und zerbrechen leicht. Luftgetrockneter Ton bleibt reversibel. Man kann die Tonobjekte und eingetrockneten Tonreste wieder »einsumpfen«. Es ist ein eigenes Erlebnis, wie harte Figuren im Wasser wieder weich werden und sich aufzulösen beginnen. Haben sich die Figuren voll Wasser gesogen, kann der feuchte Ton erneut durchgeknetet werden – so lange, bis wieder eine gut formbare Masse entstanden ist.

Soll der Ton länger gelagert werden, muss er luftdicht verpackt werden, um die Feuchtigkeit gleichbleibend zu halten. Dazu wird der Ton in feuchte Tücher gewickelt und luftdicht in Plastiktüten, bei größeren Mengen in Müllsäcken, gelagert. So lässt er sich gut aufbewahren.

Tonwerkzeuge   Bei der Arbeit mit Ton ist darauf zu achten, dass die Unterlage nicht zu saugend ist. Ein roher Holztisch würde die Feuchtigkeit aus dem Ton »ziehen«, sodass die Tonobjekte zu schnell austrocknen. Deshalb sind Plastikunterlagen oder beschichtete Holzplatten ideal. Die wichtigsten Werkzeuge beim Modellieren mit Ton sind die Hände. Daneben gibt es aber auch spezielle Modellierwerkzeuge, die bei Feinarbeiten helfen, etwa bei der Oberflächengestaltung: das Modellierholz für die Herstellung »weicherer« und runder Oberflächen und das Tonmesser für das Ab- und Zuschneiden von kleineren Tonstücken.

Ton großflächig zu schneiden, ist schon für sich ein attraktives Erlebnis. Wenn Plastiken aus größeren Tonscheiben in der Plattentechnik (s. unten) entstehen sollen oder wenn die Erzieherin den Reiz einer Tonplatte bei der Materialgabe als Impuls setzen möchte, empfiehlt es sich, mit einem zwischen zwei Holzstückchen gespannten Draht Material abzuschneiden. Ein besonderes Tonwerkzeug ist die Schlinge zum Aushöhlen von Hohlformen (◘ Abb. 3.80).

Ton anfeuchten   Da Ton durch die Handwärme langsam austrocknet, kann die Oberfläche spröde werden. Häufig wird deshalb zum Arbeiten mit Ton ein Schälchen mit Wasser bereitgestellt, um die Oberfläche des Objekts mit angefeuchteter Hand glatt streichen zu können.

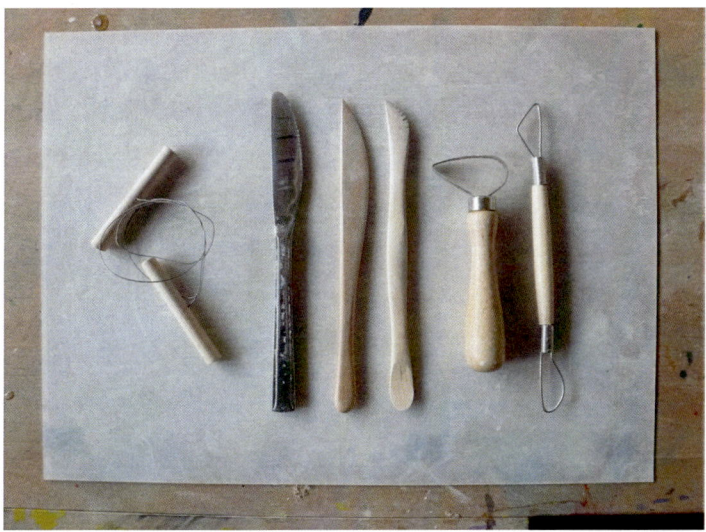

◘ Abb. 3.80 Arbeitswerkzeuge für Ton: Draht (»Abschneider«), Metallmesser, Holzmesser, Modellierholz, Schlingen

Doch durch zu viel Feuchtigkeit wird der Ton »glitschig« und Verbindungen werden dadurch erschwert. Entscheidend für die Stabilität der Verbindung ist, dass auf die geschmeidige Verbindungsstelle Druck ausgeübt wird und Übergänge mit einem Werkzeug verstrichen werden. Deshalb ist von einer Wasserschale abzuraten – vielmehr lohnt es sich, zügiger zu arbeiten.

■ **Praxisbeispiele**

Mit Ton sind kreative Situationen einfach zu schaffen. Die ersten Begegnungen mit dem Material Ton bedürfen keiner thematischen Rahmungen. Sie dienen ausschließlich dazu, das Material in seinen spezifischen Bedingungen kennen zu lernen. Bei diesen Untersuchungen finden die Kinder in der Regel selbst ein Thema. Essen, Tiere, Verkehrsmittel, Menschen etc. (Becker 2003, S. 49).

Die folgenden Beispiele zum plastischen Arbeiten mit Ton sollen veranschaulichen, wie ein materialbezogener Zugang durch eine behutsame Erweiterung der Situation und den Einsatz verschiedener Werkzeuge und Anregungen einen intensiven Prozess in der bildnerischen Auseinandersetzung eröffnet.

Von der Exploration zur Plastik   Wenn Kinder Ton zum ersten Mal begegnen, lernen sie die spezifischen Bedingungen des Materials am besten nur mit ihren eigenen Händen kennen.

Zu den materialgegebenen Grundbedingungen gehören das Verformen und Abtrennen von Tonstücken – aber auch das Wiederzusammensetzen (◘ Abb. 3.81a). Der Tonklumpen kann seine Gestalt verändern, er kann lang oder breit gezogen und geteilt und wieder zusammengefügt werden – das Kind erfährt, dass alle Erscheinungen reversibel sind und die ursprüngliche Gestalt wiederherstellbar ist. Mit den Händen kann das Kind flache und runde Körper modellieren, konkave und konvexe Konturen ertasten, glatte oder schrundige Oberflächen herstellen. Wie lange die Kinder das Material in spezifischen Arten untersuchen, ist individuell.

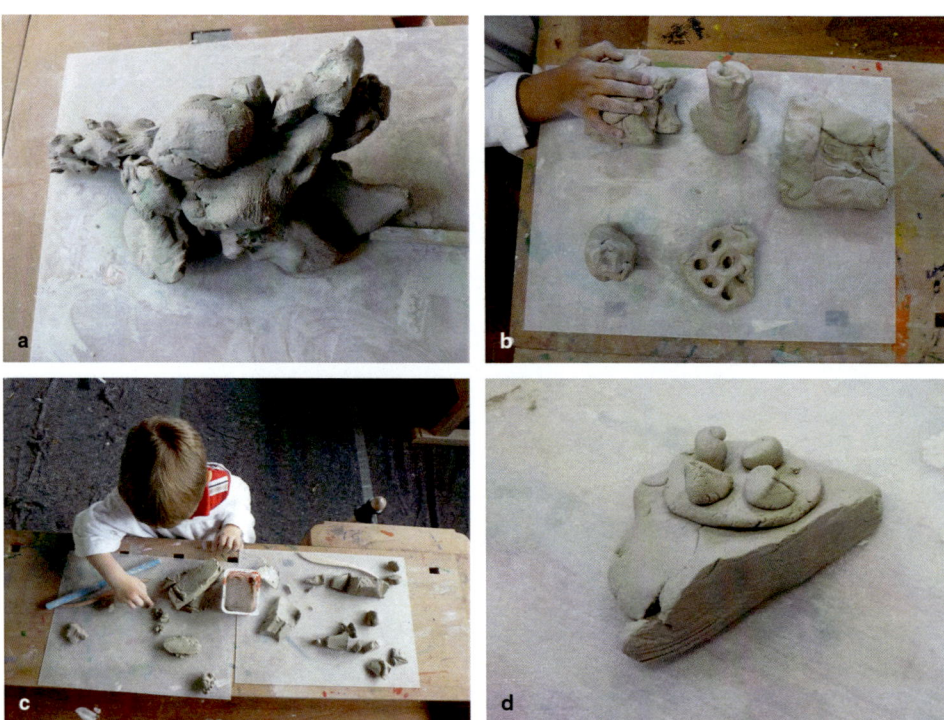

◘ **Abb. 3.81**   **a** Additive Schichtung, **b** Spuren von Händen und Werkzeugen, **c** Mit Händen und Werkzeug zer-
teilen, **d** Schneiden, formen, verbinden: ein Kuchenstück

Exploration mit Werkzeug   Wenn zunächst nur mit den Händen gearbeitet wird, entstehen
eher »organische« Strukturen (◘ Abb. 3.81b). Bei ihren Untersuchungen entdecken die Kinder
bald, dass sich Ton nicht nur verformen, sondern auch leicht ablösen und wieder anfügen lässt
(◘ Abb. 3.81c). Mit dem ersten Werkzeug lässt sich das plastische Formrepertoire durch Kanten,
Ecken und gerade Flächen deutlich erweitern. Ein Messer z. B. schafft eine neue Situation. Die
Kinder erkennen die Möglichkeit, klar geformte und präzise geschnittene Formen herzustellen,
aus denen wieder additiv neue Plastiken zusammengefügt werden können (◘ Abb. 3.81d). Das
flexible Zusammenspiel subtraktiver und additiver Verfahren ist neben der Verformbarkeit
eine wichtige Qualität des Materials.

Mit Modellierhölzern lässt sich der Ton differenzierter bearbeiten und die Oberfläche
strukturieren. Sie hinterlassen im weichen Ton spannende Abdrücke. Die unterschiedlichen
Spuren der beiden Werkzeugenden animieren zu weiteren Experimenten mit anderen Gegenständen: Auch eine Gabel oder eine Münze ermöglichen interessante Abdrücke oder Spuren.
Gemeinsam lassen sich die Veränderungen im Material beobachten und besprechen.

Menschen und Tiere   Wenn die Kinder Kugeln oder zylindrische Körper drehen, wenn sie
den Tonklumpen wölben oder abflachen – jede der entstehenden Formen lädt unmittelbar
auch zur gegenständlichen Deutung ein. Bereits beim Machen entstehen Schlangen, Höhlen
und viele weitere Formen, die Assoziationen zu Tieren, Gegenständen und Menschen wecken.
Die ästhetische Wahrnehmung »Das sieht ja aus wie…« ist auch hier ein möglicher Auftakt zu
einem »Thema«.

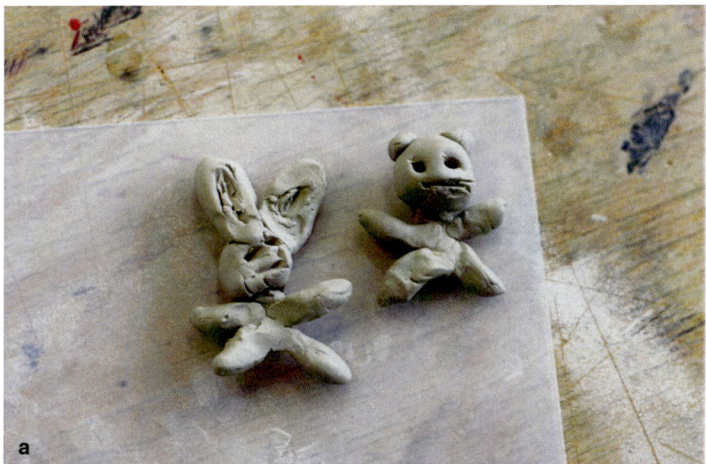

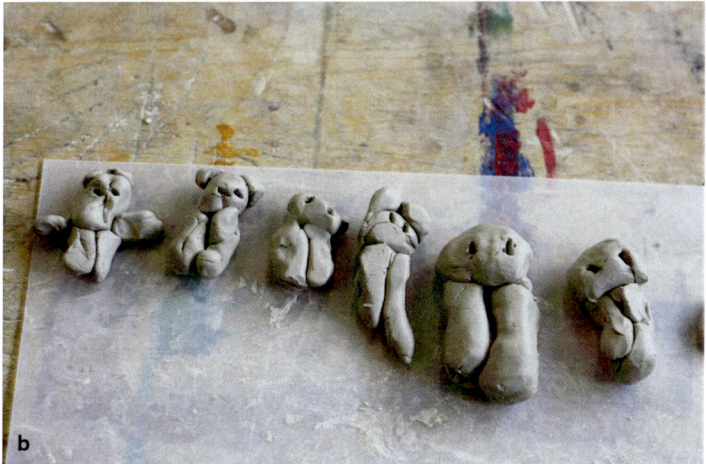

Abb. 3.82 **a** »Lieblingstiere« Hase und Bär, **b** Bärenfamilie

Punktuell Anregungen zu geben, kann den Stereotypen vorbeugen bzw. Impulse setzen, die das Potenzial zu einem kleinen Projekt haben. »Lieblingstiere« (Abb. 3.82a, b und 3.83) z. B. ermöglichen emotionale Identifikation mit dem Objekt der Gestaltung und »beseelen« es. Sie können ausgestaltet und mit Lebensräumen versehen und in viele weitere Spiel- und Bastelanlässe eingebunden werden. Anregungen zu »Mensch« oder »Tier« eröffnen unmittelbar die Auseinandersetzung mit der sozialen Dimension des Zusammenlebens – sei es beim einzelnen Kind, wenn es wiederholend zu der ersten Figur eine zweite und dritte modelliert und dabei plötzlich eine »Familie« entsteht, sei es in der Gruppe, wenn die Figuren aller Kinder in Beziehung treten.

Beim Modellieren lassen sich zwei Verfahren unterscheiden. Einzeln geformte Körperteile werden entweder additiv zu einem Ganzen zusammengefügt, oder die Figur wird in einem Stück durch Wegnehmen, Verschieben und Hinzufügen aus einem Block gefertigt.

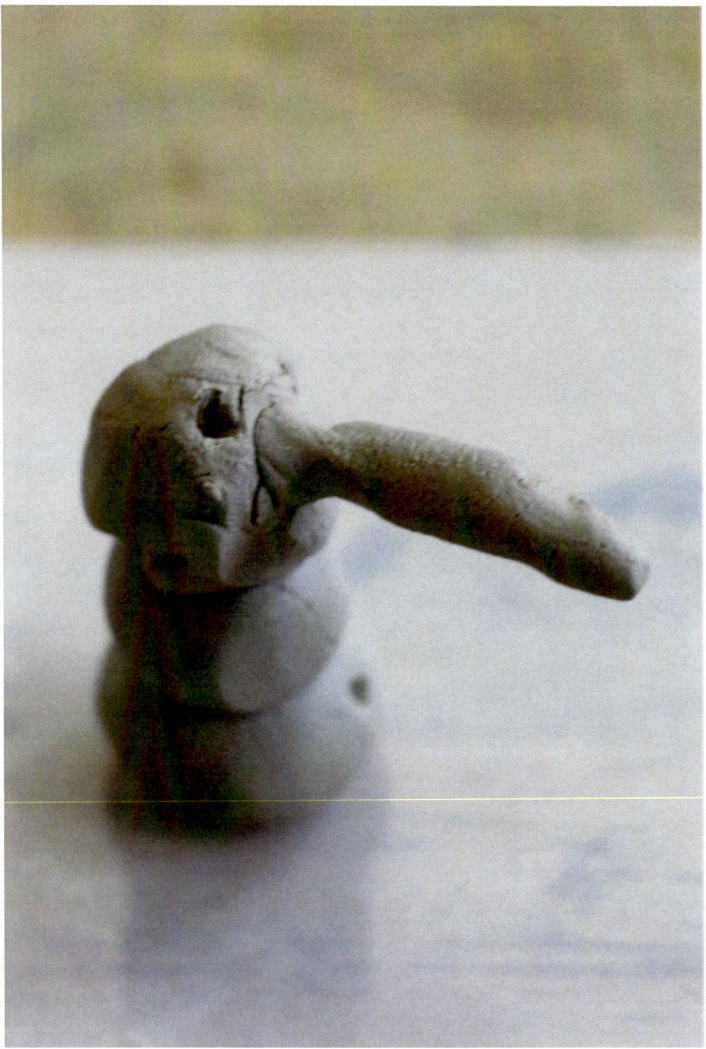

◘ Abb. 3.83   Pinguin

Beim Zusammensetzen müssen die beiden zu verbindenden Einzelteile mit Druck zusammengefügt und die Nahtstelle muss noch einmal verstärkt werden. Dies kann durch Andrücken einer kleinen Tonwulst geschehen und/oder durch Verstreichen der Nahtstelle mit einem Modellierholz. Die Binnendifferenzierung der einzelnen Formen wie Gesicht, Haare oder Ohren kann man sowohl grafisch durch Einritzen als auch plastisch erreichen. Hier zeigt sich einmal mehr die hohe Flexibilität des Materials Ton.

Häuser und Höhlen   Bildnerische Ideen ergeben sich aus dem spezifischen Material und aus spezifischen Verfahren; dies kann man beim Ton auch am Beispiel Schlinge beobachten. Wenn die Kinder ein großes Stück Ton zur Verfügung haben, ergeben sich mit einer Schlinge ganz

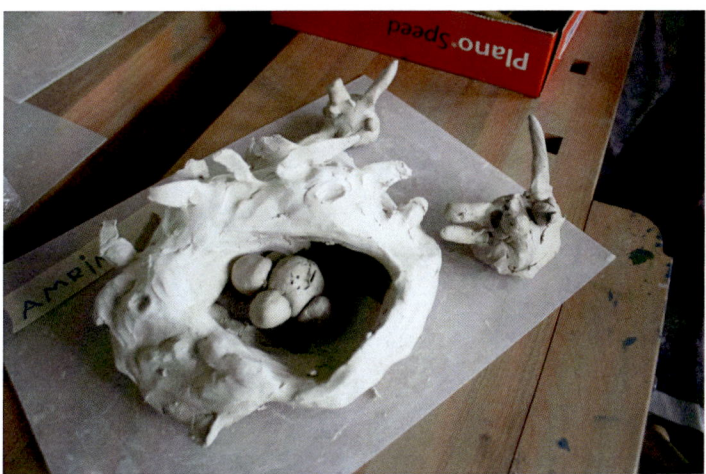

Abb. 3.84   Höhle mit Bewohnern

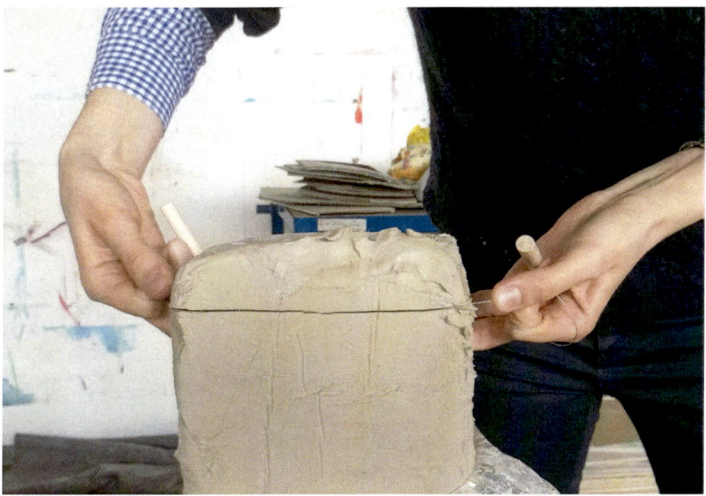

Abb. 3.85   Ton kann mit dem Tonabschneider in Platten geschnitten werden

besondere Verarbeitungsmöglichkeiten. Die Kinder höhlen das zugeteilte Stück z. B. aus, wodurch höhlenartige Objekte entstehen. Je weiter es die Feinmotorik des Kindes zulässt, desto dünner können die Wände der Höhle sein. Aus dem Erlebnis des Hohlraumes ergibt sich für die Kinder fast automatisch die Idee zu Höhlenbewohnern, seien es Menschen, Tiere oder beides. In ▪ Abb. 3.84 sitzen diese in und vor ihrer Höhle.

Mit einem Tonabschneider aus Draht, können auf sehr einfache Art kleine und größere Platten aus den Tonbatzen geschnitten werden (▪ Abb. 3.85). Die Platten inspirieren die Kinder und können von ihnen zusammengesetzt werden. Wichtig ist, dass die Verbindungsstellen verstrichen werden. Die einzelnen Scheiben sind für sich genommen bereits tektonische Formen. Das erste Zusammenfügen regt unmittelbar zu architektonischen Gebilden an. Auch hier

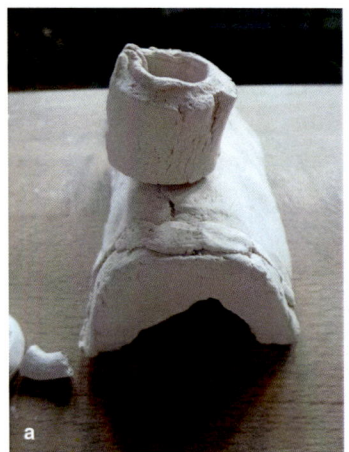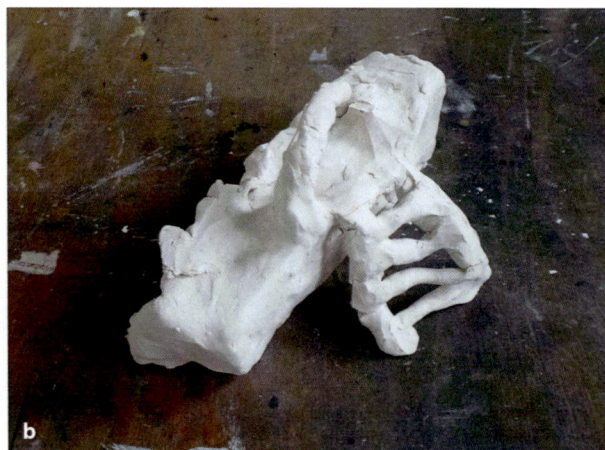

◨ **Abb. 3.86**   **a** Haus mit Kamin, **b** Haus mit Treppe

führt das Thema »Haus« unmittelbar zur Herstellung von Bewohnern, aber auch zu Fragen der Einrichtung oder der Kamine (◨ Abb. 3.86a), Treppen (◨ Abb. 3.86b) und Türen. Das große Potenzial des Themas »Haus« liegt darin, dass grundlegende menschliche, individuelle und soziale Bedürfnisse dabei erkennbar werden, was das Thema zu einer Art »Ur-Thema« macht und zu schier unendlichen Erweiterungen einlädt.

Weitere Modelliermaterialien   Es gibt neben Ton noch weitere Modelliermassen, die sich für den Einsatz in der Kindertagesstätte eignen. Handelsübliche Knetmasse ist etwas zäher als Ton und wird erst im Laufe des Knetprozesses weicher. Das Material ist aber ungleich teurer als Ton, das schließt die Gestaltung größerer Plastiken aus. Auf der Basis von Mehl lässt sich Knete oder Salzteig auch selbst herstellen. Verschiedene Rezepturen lassen sich dazu im Internet finden. Der Vorteil dabei ist, dass diese Modelliermaterialien preisgünstig sind und die Zutaten Mehl, Salz, Öl gefärbt mit z. B. lebensmittelechten Farbstoffen sogar essbar wären – deshalb sind sie in manchen Kindertagesstätten auch umstritten.

Unbedenklich und preisgünstig ist *Pappmaschee*. Dieses Material kann gemeinsam mit den Kindern aus Zeitungspapier und Tapetenkleister selbst hergestellt werden. Dazu wird zunächst ein Drittel Eimer Tapetenkleister (Mischungsverhältnis »schwere Tapeten«) angesetzt, in den nach und nach klein gerissene Zeitungsschnipsel eingearbeitet werden (◨ Abb. 3.87). Das Hineinkneten wird am Ende etwas mühsam, macht aber auch gemeinsam in der Gruppe Freude. Das Material erlaubt weniger Feinheiten wie der Ton und eignet sich deshalb besonders für etwas größere Objekte (◨ Abb. 3.88). Wenn ein modellierfähiger Zustand erreicht ist, können die Kinder reine Pappmascheeobjekte modellieren oder das Material mit anderen Gegenständen wie Pappe oder Holz kombinieren (◨ Abb. 3.89). Nach dem Trocknungsprozess, der je nach Feuchtigkeit des Ausgangsmaterials und der Größe des Objekts ein bis zwei Wochen dauern kann, sind die Plastiken ausgesprochen stabil und können problemlos farbig gestaltet oder auch beklebt werden (◨ Abb. 3.90).

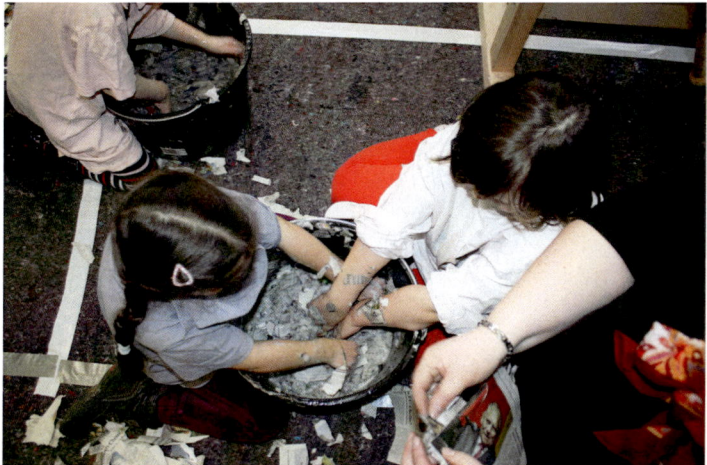

◘ **Abb. 3.87**   Die Kleister-Papier-Mischung wird gemeinsam durchgeknetet

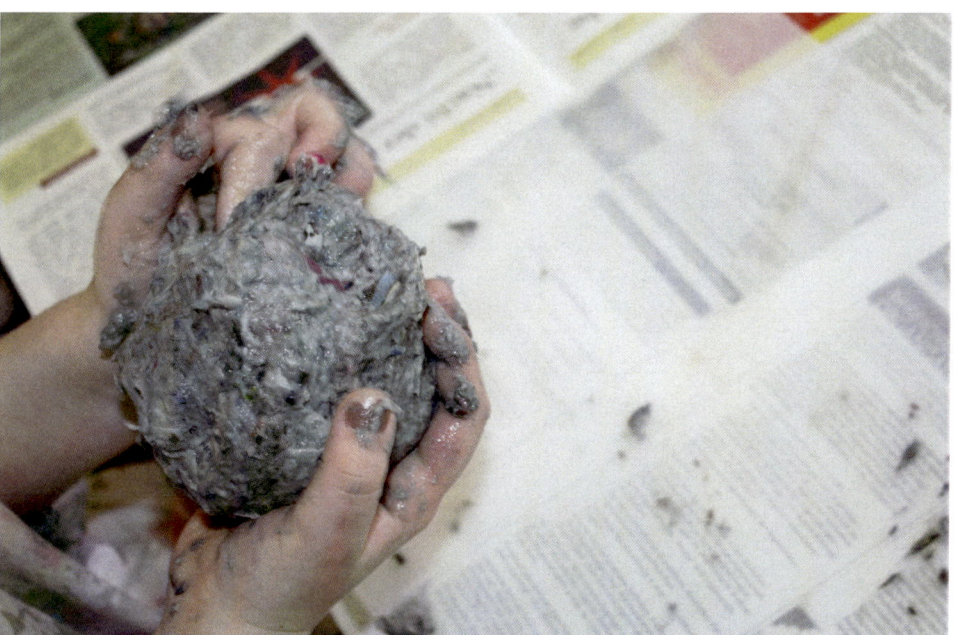

◘ **Abb. 3.88**   Die Modelliermasse ist angenehm schwer

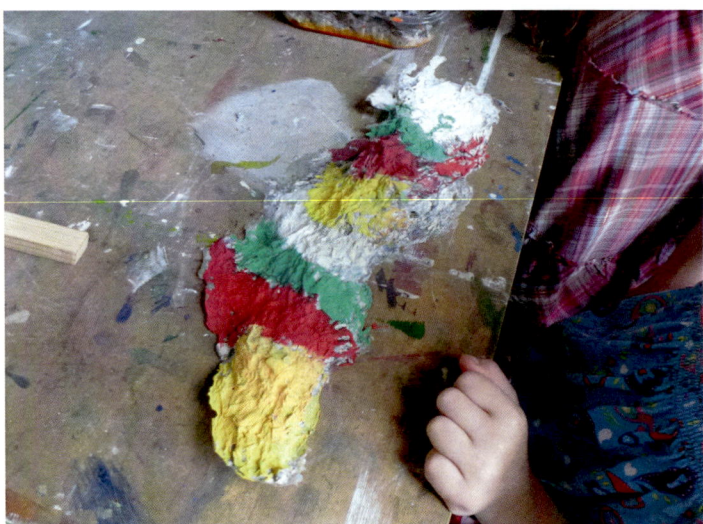

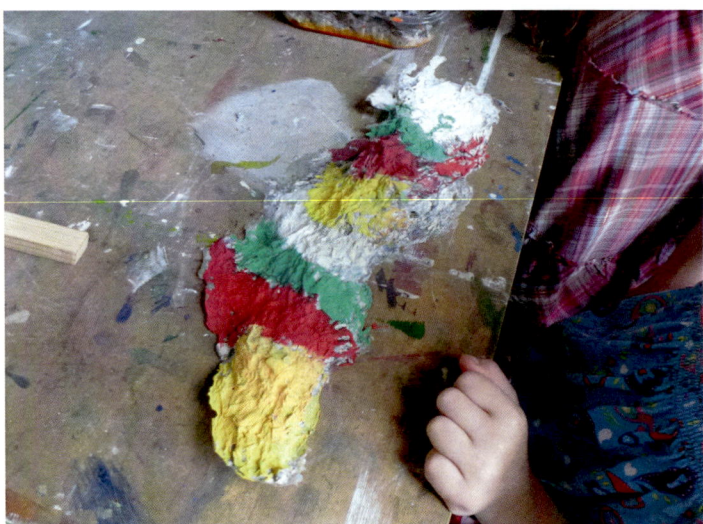

■ **Abb. 3.89**   Pappmaschee kann mit anderen Materialien kombiniert werden

■ **Abb. 3.90**   Nach dem Trocknen lässt sich das Pappmaschee mit Wasserfarben bemalen

Das Zusammenwirken von Kleister und Zeitungspapier lässt sich auch als preisgünstige und stabile Verbindungstechnik in offenen additiven Verfahren einsetzen. Die Kinder verbinden zwei Gegenstände, indem sie mit Kleister bestrichenes Zeitungspapier um die Nahtstelle wickeln (■ Abb. 3.91). Dieser Vorgang erfordert eine gewisse Disziplin, da die Verbindung erst nach Ende des längeren Trocknungsprozesses stabil wird. Sie bietet sich deshalb eher für größere Kinder an. Aufgrund der spezifischen Bedingungen eignet sich diese Technik für tektonische Gestaltungen, d. h. für Gestaltungen, die sich aus mehreren geometrischen Grundkörpern zusammensetzen (■ Abb. 3.92). Hierfür bieten sich vor allem Verpackungsmaterialien an. In ■ Abb. 3.93 gestaltet Hannah unter anderem aus Schachteln und Pappröhren eine Fabrik als Teil einer Gruppenarbeit zum Thema »Stadt«.

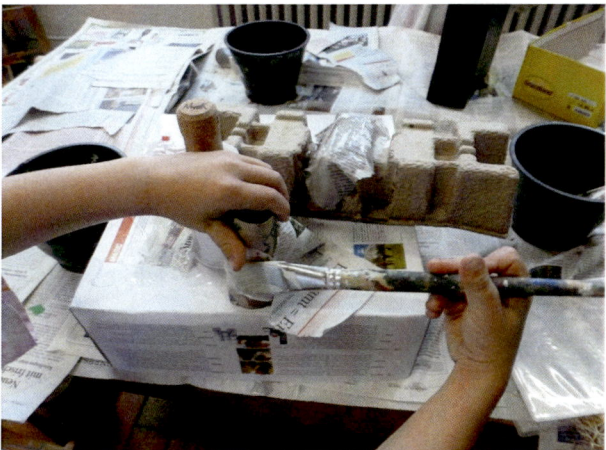

◨ **Abb. 3.91**   Hannah trägt den Kleister mit dem Pinsel auf

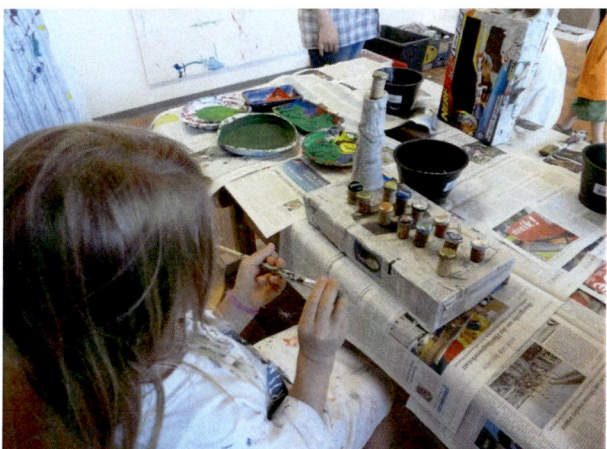

◨ **Abb. 3.92**   … auf diese Weise kann sie die tektonischen Formen additiv zusammenfügen

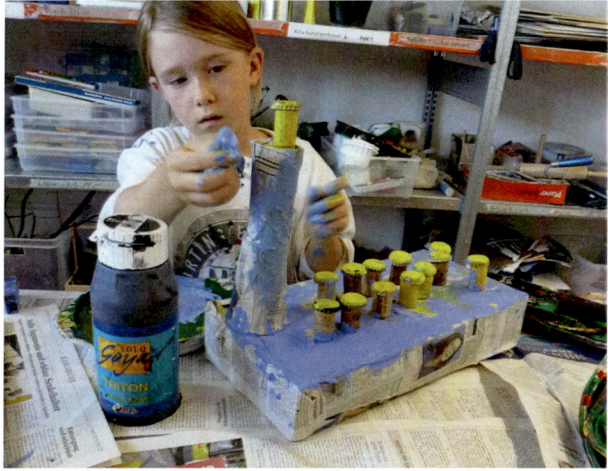

◨ **Abb. 3.93**   Mit dem Schwamm gestaltet sie die Fabrik farbig

3.2.6   Sägen, Nageln, Leimen – Material Holz

Holz ist ein Naturmaterial, das in fast jeder Form genutzt werden kann. Fundholz lässt sich von dünnen Ästen bis zu fingerdicken Stücken selbst im Wald sammeln, auch bereits verarbeitet eignen sich unzählige Formen von Holz für einen ästhetischen Einsatz: Spaltholz, Kantholz, Bretter, Rundstäbe, Sperrholz etc. Holz gibt es auch in »kleiner Form« als Zahnstocher, Schaschlikspieße, Zündhölzer oder als dünne Furniere. Je nach Baumart hat Holz eine sehr unterschiedliche Mikrostruktur. Das wirkt sich sehr unterschiedlich auf die Bearbeitbarkeit und Oberflächenbeschaffenheit aus. Man kann Holz grob in *harte* und *weiche* Sorten aufteilen. Buche und Ahorn sind hart und schwer, Fichte und Kiefer sind weich und leicht, Balsaholz sogar extrem weich. Weiches Holz lässt sich leicht bearbeiten. Harte Hölzer wie Ahorn lassen sich weniger leicht sägen und nageln. Dafür sind sie widerstandsfähig und können beispielsweise feiner geschliffen werden.

Für Kinder eignet sich Hartholz für die Bearbeitung mit Werkzeug nur eingeschränkt. Gut geeignet ist hingegen Fichtenholz, schon allein deshalb, weil es auch am weitesten verbreitet und leicht zu bekommen ist. Besonders reizvoll sind Holzreste, die in jeder Schreinerei anfallen. Dieser Holzverschnitt hat oft markante Formen wie z. B. die verbliebenen Negativformen von Holzausschnitten.

Holz hat in der Geschichte der Menschheit eine seit Jahrtausenden große Bedeutung. Diese erlangte es durch seine universellen Qualitäten. Holz ist in der Verarbeitung eher einfach, was den Einsatz von Werkzeug und Material vor allem auch für Kinder übersichtlich und nachvollziehbar macht. Mit den klassischen Holzwerkzeugen können auch kleinere Kinder bereits umgehen. Das ist besonders bedeutsam, da elementare handwerkliche Tätigkeiten aus dem Alltag der meisten Menschen mehr oder weniger verschwunden sind. Es gibt nicht mehr viele Kinder, die im Heimwerkerkeller des Opas Erfahrungen im Umgang mit Werkzeug und Material machen können. Dabei sind solche Erfahrungen von besonderer Bedeutung. Zum einen ist ihr Lernpotenzial bezüglich motorischer, ästhetischer und konstruktiv-physikalischer Möglichkeiten immens, zum anderen werden solche ursprünglichen Tätigkeiten von den meisten Kindern als beglückend empfunden.

Mithilfe eines handwerklichen Grundrepertoires entwickeln die Kinder beim Umgang mit Holz ein intuitives physikalisches Verständnis von Stütze und Last und machen elementare Erfahrungen, wenn sie die Verlässlichkeit des Werkstoffs und das Machbare ausloten. Durch den notwendigen Einsatz von Werkzeug stellt das Arbeiten mit Holz hohe Ansprüche an die motorische Koordination. Kinder konzentrieren sich beim Arbeiten mit Holz in auffälliger Weise auf den Akt des unmittelbaren Tuns. Dabei wird in besonderer Weise spürbar, was mit »Selbstwirksamkeitserfahrung« gemeint ist. Wenn es gelingt, ein Brett durchzusägen oder mit einem Hammer einen Nagel mit eigenen Kräften in ein Brett zu schlagen, ist das für die Kinder eine überwältigende Erfahrung. Dass es Magnus (4;8) gelungen ist, einen Nagel senkrecht in einen abgesägten Ast zu hämmern (◘ Abb. 3.94), motiviert ihn offenbar, weitere Nägel einzuschlagen, bis ein Feld voller Nägel entstanden ist (◘ Abb. 3.95).

■   Verfahren der Holzbearbeitung/Werkzeug

Es bleibt dem Fingerspitzengefühl des Erwachsenen überlassen, inwieweit er handwerkliche Standards setzt und überwacht und in welchem Maße er im Umgang mit Holz auch Entdeckungen zulässt. Holz ist im Vergleich zu anderen Gestaltungsmaterialien zwar widerständiger und sperriger, aber auch deutlich stabiler. Deshalb sind beim Verarbeiten von Holz besondere

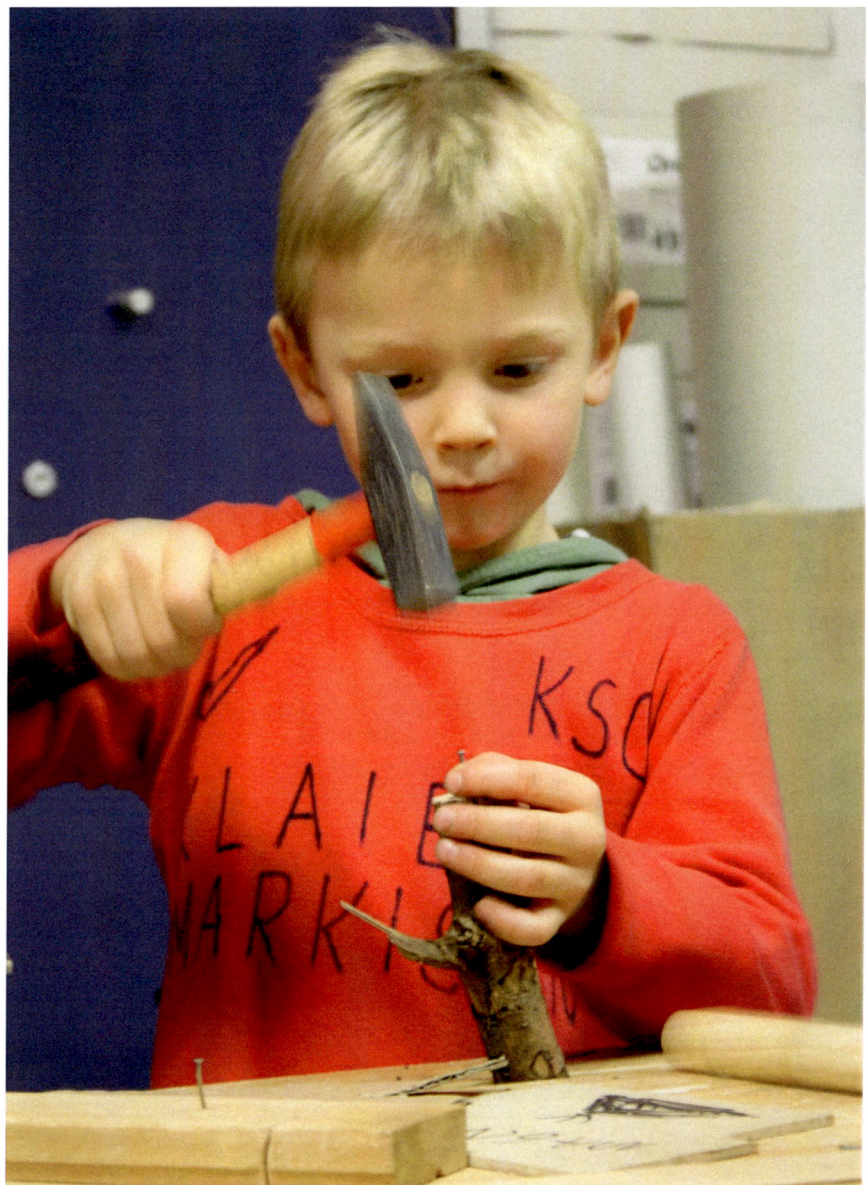

▣ **Abb. 3.94** Magnus (4;8) nagelt konzentriert …

Werkzeuge und Techniken nötig, die durch »Vormachen-Nachmachen« vermittelt werden können. Es ist z. B. wichtig, auf eine Säge nur wenig Druck auszuüben und stattdessen in eine flüssige Bewegung zu kommen. Gelingt das, ohne die Säge zu verkanten, wird diese motorische Anforderung durch den Erfolg eines glatten Schnittes bestätigt. Wenn man dazu auch eine hochwertige Säge nutzt (▶ 3.1.3), kann auch härteres Holz von Kindern gesägt werden (▣ Abb. 3.96).

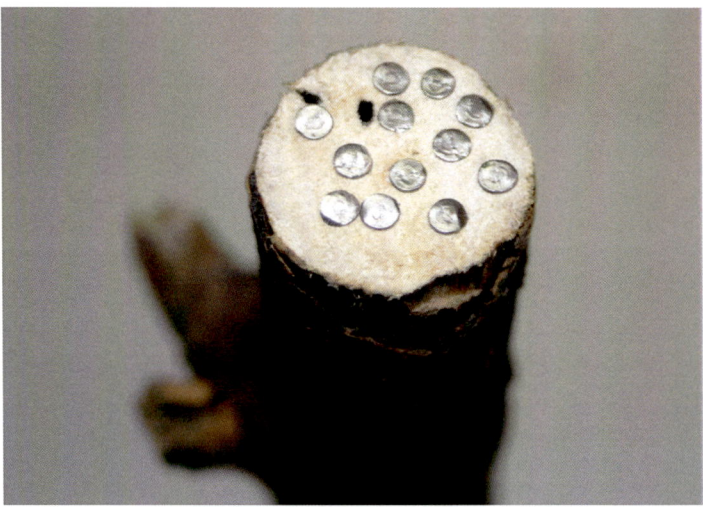

■ **Abb. 3.95**   … ein beeindruckendes Nagelfeld

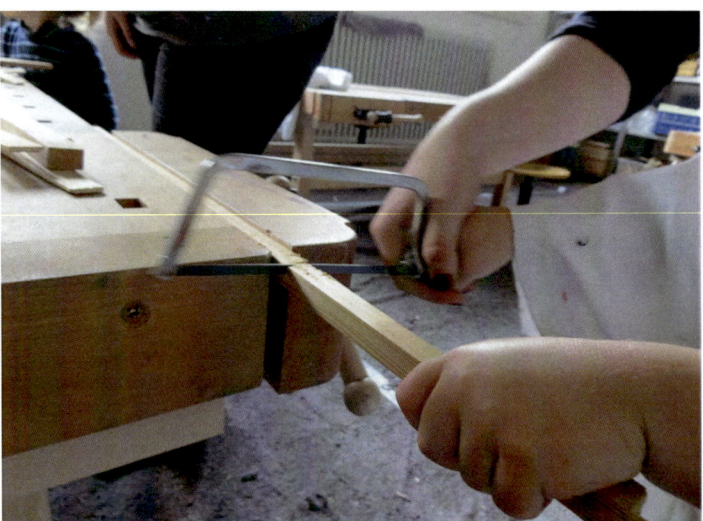

■ **Abb. 3.96**   Holzbearbeitung stellt motorische Ansprüche

Das Arbeiten mit Holz erfordert einen etwas größeren materiellen Einsatz als andere Arbeitsweisen: Hammer, Nägel, Zangen, Sägen und Bohrer. Der Einsatz von elektrischen Geräten zur Holzbearbeitung spielt in der frühkindlichen Pädagogik keine Rolle. Daneben können Holzleim und Klemmen Klebeverbindungen ermöglichen. Wenngleich die Kinder sehr gerne auch auf dem Boden arbeiten, gehören Werkbänke zur Grundausstattung bei der Holzbearbeitung. An deren Klemmbacken lassen sich Holzstücke gut fixieren.

Wie man mit Hammer und Nagel umgeht, kann man entdecken lassen, aber auch demonstrieren: Mit der einen Hand hält man den Nagel in der richtigen Position und fixiert ihn dann

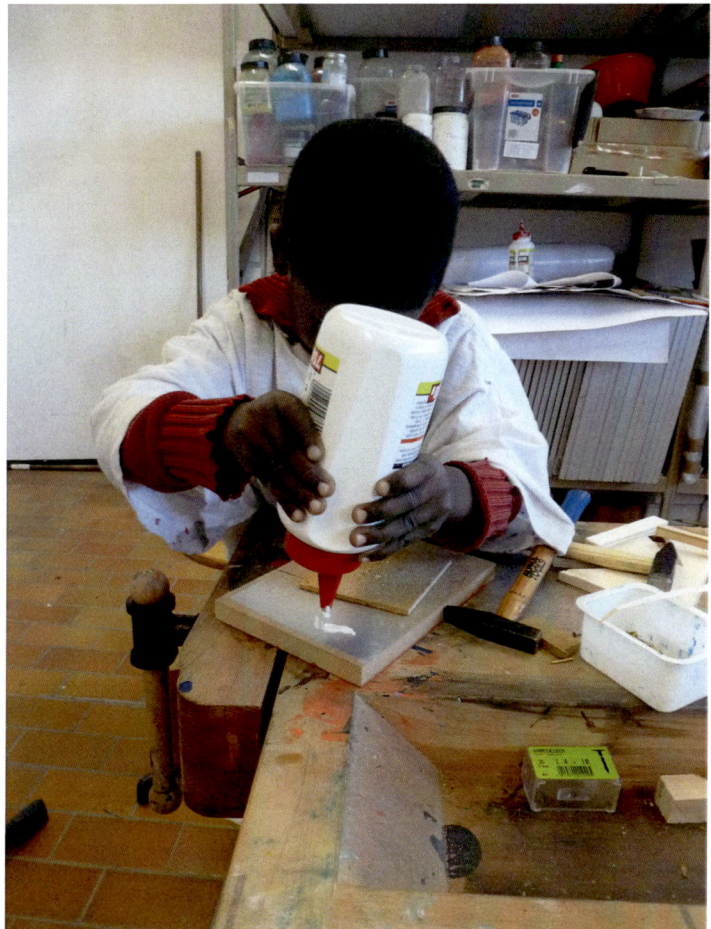

▣ Abb. 3.97 Holzleim eignet sich vor allem bei kleineren Werkstücken

durch einen leichten Hammerschlag der anderen Hand. Jetzt kann man ihn loslassen, um ihn mit größerer Kraft einzuschlagen. Je weiter hinten man den Hammer hält, umso mehr Kraft kann wirken. Dass zu große Nägel kleine Holzstücke spalten oder dass es einen Unterschied macht, ob Holz quer oder längs zur Faser genagelt wird, lässt sich erkunden und besprechen. In jedem Fall lohnt ein gemeinsamer Austausch über diese Erfahrungen. Das unfreiwillige Spalten von Holzstücken kann man verringern, wenn die Nagelspitze mit leichten Hammerschlägen etwas gestaucht wird.

Kleinere Holzteile lassen sich auch einfach mit Holzleim verbinden. Das ist eine Alternative zum Nageln. Dabei kann der Holzleim direkt aus der Flasche aufgetragen werden (▣ Abb. 3.97). Besser ist der Auftrag des Holzleimes mit dem Pinsel (▣ Abb. 3.98). So wird er etwas sparsamer und funktionaler eingesetzt. Belastbare Leimverbindungen bedürfen eines Anpressdruckes beim Trockenprozess. Dafür eignen sich Schraubzwingen oder Klemmen. Durch Expressleim kann diese Wartezeit inzwischen deutlich verringert werden. Bereits nach wenigen Minuten können so zwei Holzstücke nachhaltig miteinander verbunden werden.

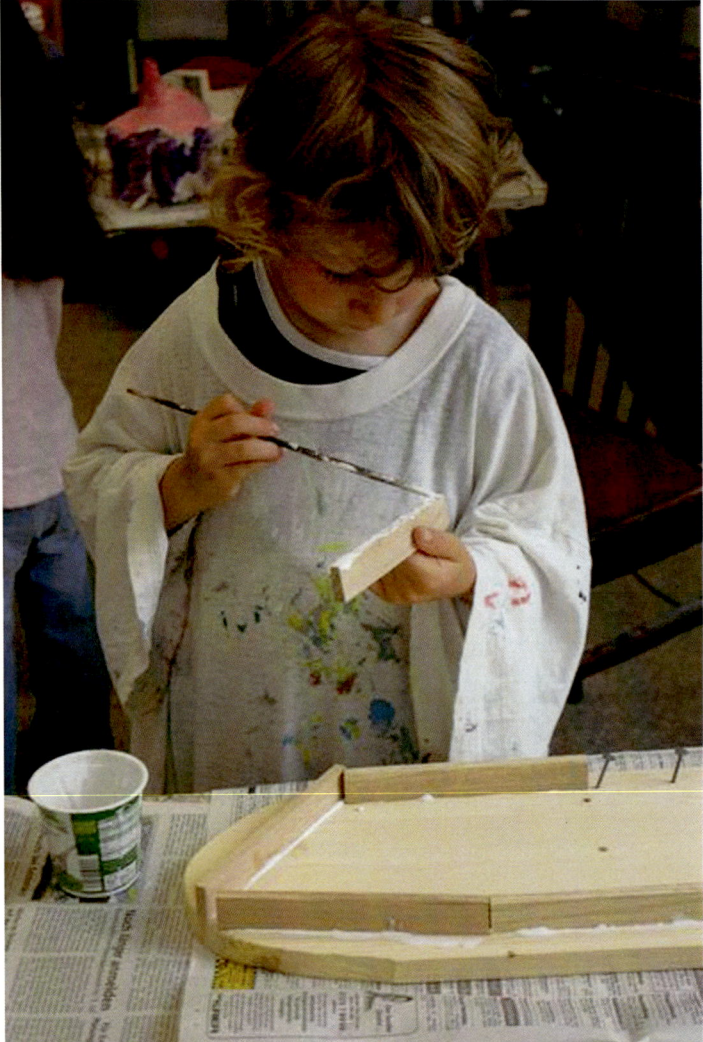

Abb. 3.98   Sophie leimt die Reling eines Schiffes

■   **Praxisbeispiele**

Nageln als Ereignis   Für erste Nagelerlebnisse genügt eine einfache »Restekiste« mit Holzstücken unterschiedlicher Qualität. Das Nageln ist für Kinder in der Regel so erfüllend, dass sie
es unmittelbar wiederholen wollen, um sich der eigenen, gerade erfahrenen Möglichkeiten zu
versichern und sich wieder und wieder an ihnen zu erfreuen (■ Abb. 3.99). Zahlreiche Beispiele
belegen diese Funktionslust. Auch ältere Kinder geraten oft unwillkürlich in einen »Nagel-
Flow«. Dabei werden die entstehenden Objekte von den Kindern nicht unbedingt inhaltlich
gedeutet – sie nageln zunächst um der Tätigkeit des Nagelns willen.

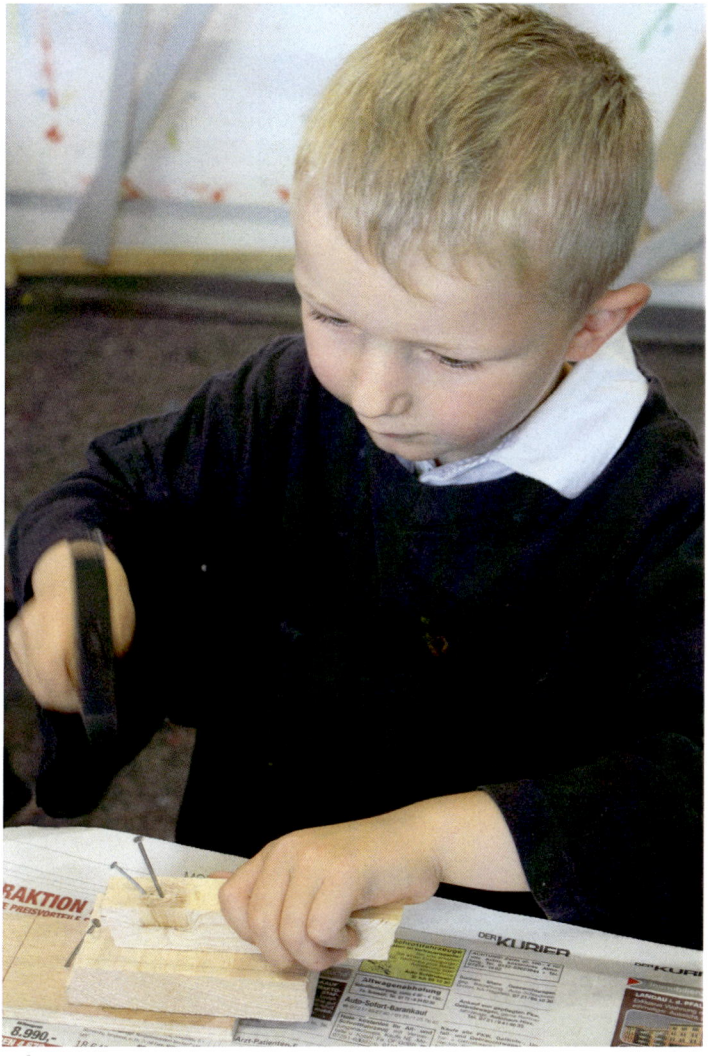

■ **Abb. 3.99**   Der kreisrunde Asteinschluss im Holzstück reizt Claudius

Diese Wiederholungen finden sich häufig und entwickeln wie bei Magnus (■ Abb. 3.95) und Adam (■ Abb. 3.100) eine eigene Dynamik, die auch formale Qualitäten hat. Das Wechselspiel von halb und ganz versenkten Nägeln in einer Papprolle (■ Abb. 3.100) hat einen ästhetischen Reiz und ist zugleich das Resultat von geschickt gesteuerten motorischen Bewegungen.

Wildes Nageln   Aus einem eher funktionalen Umgang mit Nägeln können sich weitergehende Assoziationen einstellen. Schon nach zwei eingeschlagenen Nägeln fasst Felix (4;0) den Plan, eine Ritterburg »zu nageln«. Möglicherweise löste die Reihung der Nägel eine Assoziation regelmäßiger Zinnen aus (■ Abb. 3.101).

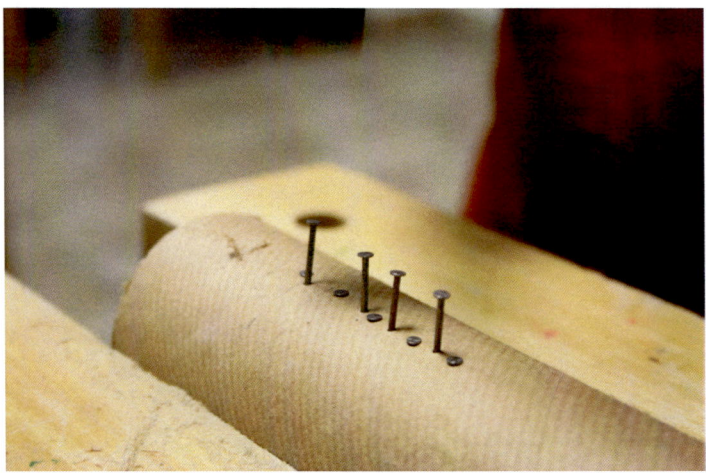

▣ **Abb. 3.100**   Anspruchsvolle Reihung der Nägel

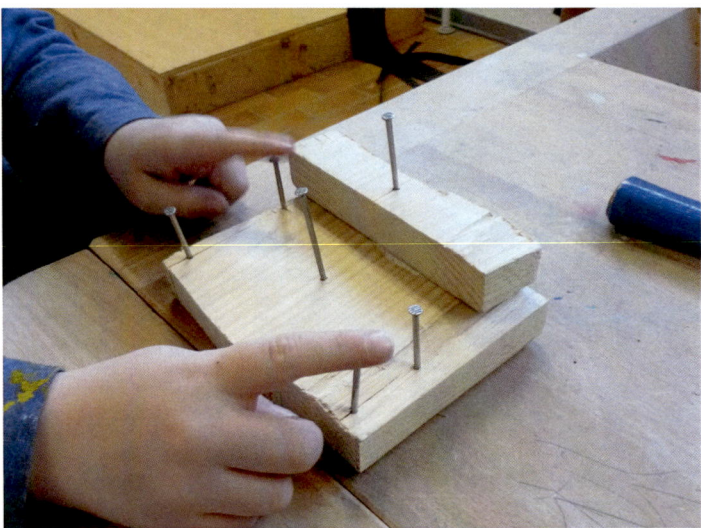

▣ **Abb. 3.101**   Aus zwei Holzstücken gestaltet Felix (4;0) mit wenigen Nägeln eine Ritterburg

Das wilde Nageln bietet ideale (Ausgangs-)Möglichkeiten für einen Bastelprozess mit Holz. Motiviert durch die gegebenen und eigenen handwerklichen Möglichkeiten entstehen mit zunehmender Erfahrung spannende Holzkonstruktionen, bei denen die Nägel auch als Gestaltungs- und nicht ausschließlich als Verbindungselement dienen (▣ Abb. 3.102). Beim fortschreitenden Nagelprozess entdecken die Kinder meist zufällig, dass mit dieser Technik auf einfache Weise auch bewegliche Verbindungen realisiert werden können. Es bieten sich auch andere Materialien an. Styropor, Kronkorken oder Pappe lassen sich mit Nägeln ebenso mit Holz verbinden (▣ Abb. 3.103). Nageln ist eine universale Technik, die sich in der Praxis des Bastelns allgemein beweist.

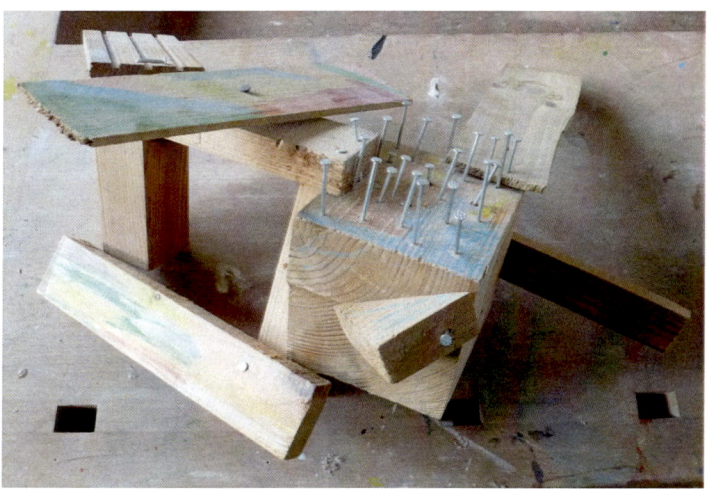

◘ **Abb. 3.102**   Toni (5;1) Flugzeug

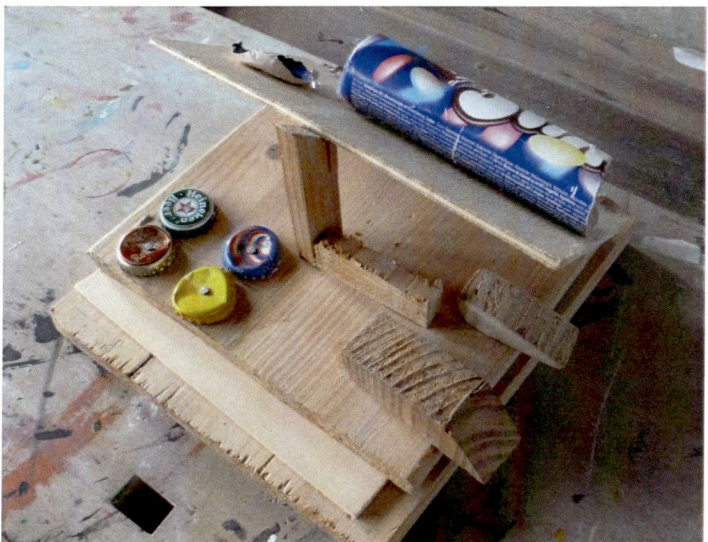

◘ **Abb. 3.103**   Toni (5;1) Zelt

Der Fund von übrig gebliebenen Holzstücken birgt vielfältige Aufhänger für Ideen. Ein Teil eines alten Holzstuhls wird zum ICE (◘ Abb. 3.104), aus Materialien aus der Verschnittkiste wird ein Thron (◘ Abb. 3.105). Durch die Formen, Reste von Arbeitsspuren oder durch die Oberfläche entstehen vielfältige Assoziationen.

Der Fund eines schmalen Holzkeiles mit einem kleinen Loch darin erinnerte Antonia (6;1) an einen Hundekopf. Alles Weitere folgt daraus… (◘ Abb. 3.106).

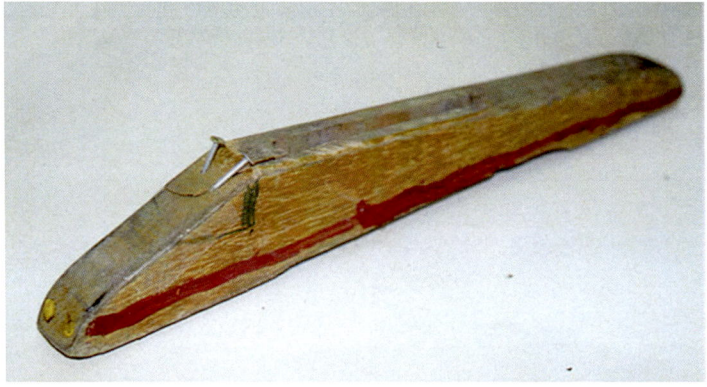

■ **Abb. 3.104**   ICE – zwei halb eingeschlagene Nägel werden zu Stromabnehmern

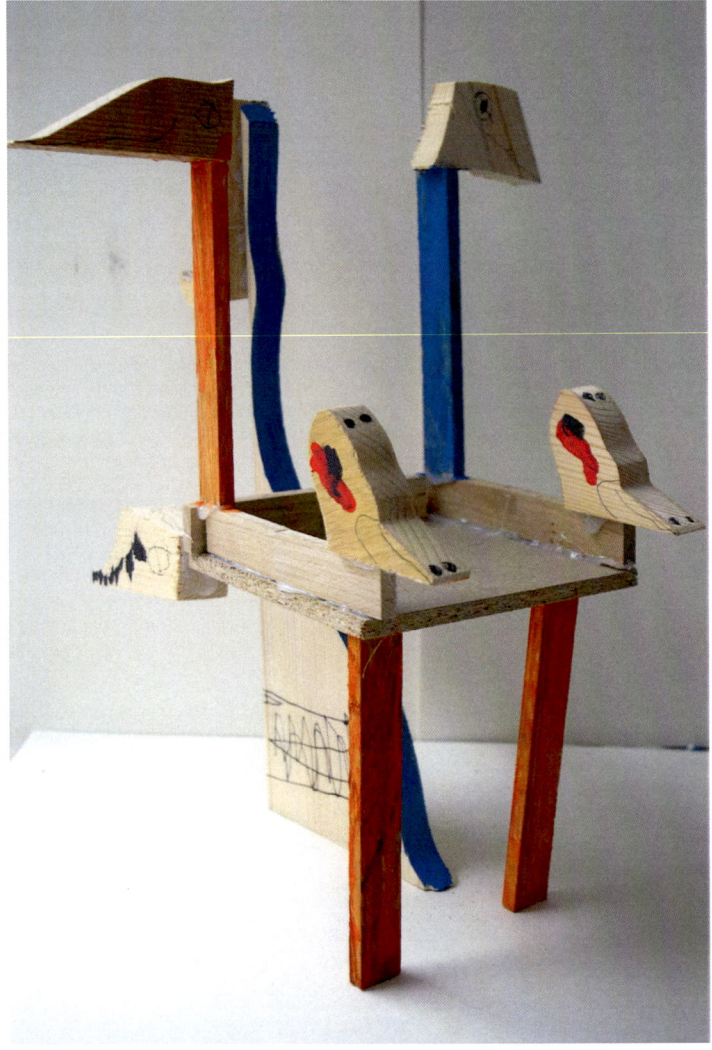

■ **Abb. 3.105**   Bendi (6;1) Thron

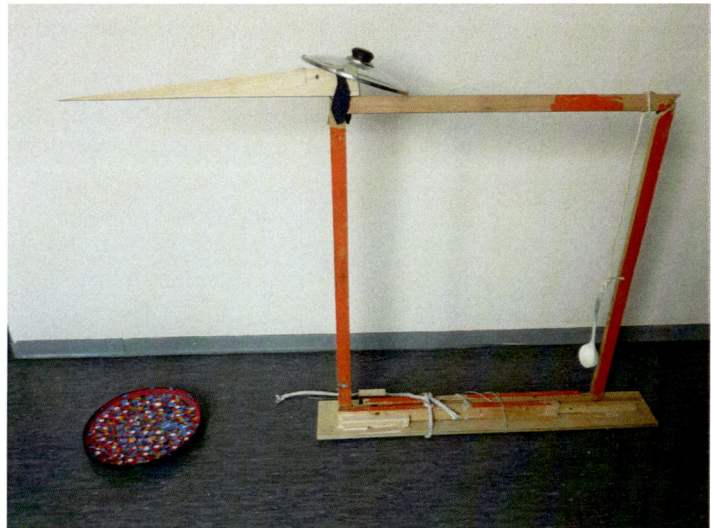

Holz schwimmt Eine temporäre Outdoorwerkstatt an einem Gewässer birgt genügend Anlässe für vielfältige ästhetische Erfahrungen. Beim Bauen von Schiffen erfahren die Kinder unmittelbar, dass Holz schwimmt. Eine mit Wasser gefüllte Wanne und eine Holzkiste können diese Funktion auch in der Kita übernehmen. Je nachdem, welches Holz verwendet, wie es bearbeitet und kombiniert wird, kann es zu weitgreifenden Ideen und physikalischen Erkundungen kommen (▣ Abb. 3.107 und 3.108).

3.2.7 Wald, Wasser und Wiese

Wald, Wasser und Wiese bieten einen unendlich reichen Erlebnis- und Erfahrungsraum, den sich Kinder intuitiv ästhetisch erschließen. Wenn sie im Wald sind, sammeln sie Stöcke oder Steine, am Ufer eines Sees beginnen sie unmittelbar zu spielen und zu bauen (▣ Abb. 3.109). Bei solchen Aktionen genügen ausschließlich vor Ort gefundene Materialien und Fundstücke.

Bildnerische Aktivitäten in und mit der Natur bieten eine besondere Möglichkeit zu sinnlichen Begegnungen und ästhetischen Erfahrungen. Die Material- und Formenvielfalt regt ästhetisch an und birgt dabei gerade als begrenztes Repertoire besonderen Reichtum. Das vorgefundene Material und die gegebene Situation fordern zu Handlungen auf und sind zugleich weitgehend eingeschränkt. Das stimuliert die Phantasie angesichts der vielen Inhalte, die die Kinder beschäftigen. Aus Stöcken wird Baumaterial für Raketen, aus Rinden werden Schiffe etc.

Unmittelbare Naturbegegnungen zu ermöglichen, ist der beste Weg für ästhetische Bildungsprozesse. Nicht alle Betreuungseinrichtungen haben die Möglichkeit in den Wald zu gehen, um die Naturerlebnisse in den Alltag zu integrieren. Vor allem für städtische Einrichtungen sind Naturerfahrungen mit Aufwand verbunden. Doch dieser Aufwand lohnt. Die Möglichkeiten, die

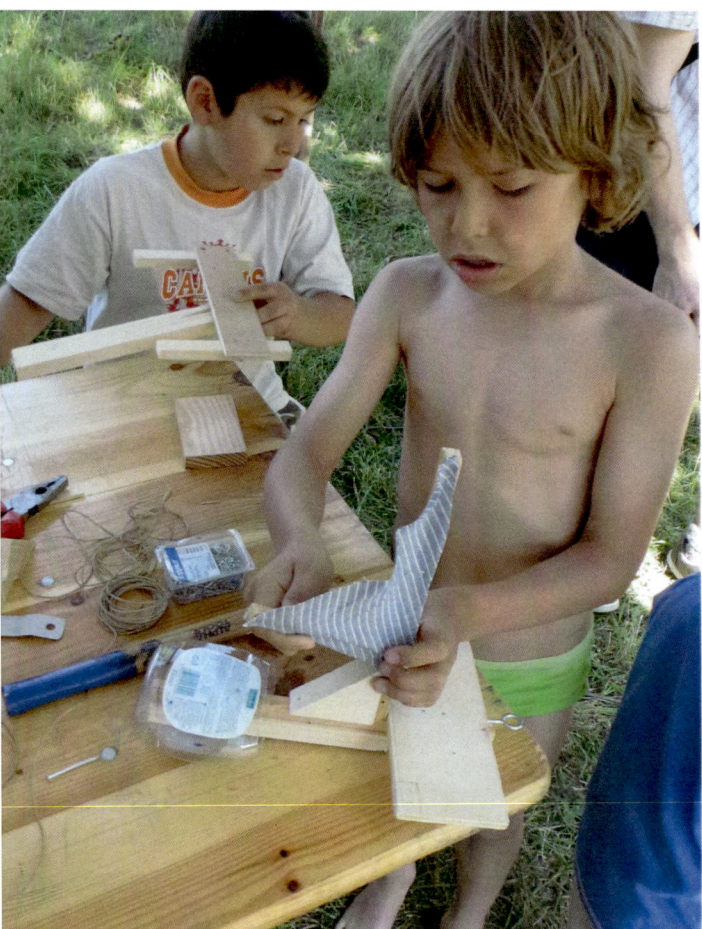

◼ **Abb. 3.107**   Toni bastelt aus Holz und Stoff ein Schiff …

natürliche Umgebungen für ästhetische Erfahrungen bieten, sind von großer Bedeutung, da sich im Naturraum eine besondere Ganzheitlichkeit einstellt. Wald oder Bach sind keine didaktisch vorbereiteten Kinder-Umgebungen. Die natürliche Umgebung ist nicht für den Menschen gemacht, sondern existiert »aus eigenem Recht«. Der Naturraum kann bezüglich seiner Bedingungen und seiner Potenziale nicht »fix und fertig« wie ein gewohntes Spielzimmer genutzt werden, man muss ihn einschätzen und sich ihn erschließen lernen. Sich darin zu bewegen und zu spielen, verlangt eine ästhetische Orientierung und stimuliert so per se exploratives Verhalten. Das Arbeiten in der Natur bedeutet, den sicheren Raum der Kindertagesstätte mit seinen Gewohnheiten zu verlassen. Allein das Wetter beeinflusst jede Situation. Dieser Kontrast zur Folie des Alltäglichen kann Ausgangspunkt wichtiger ästhetischer Erfahrungen werden.

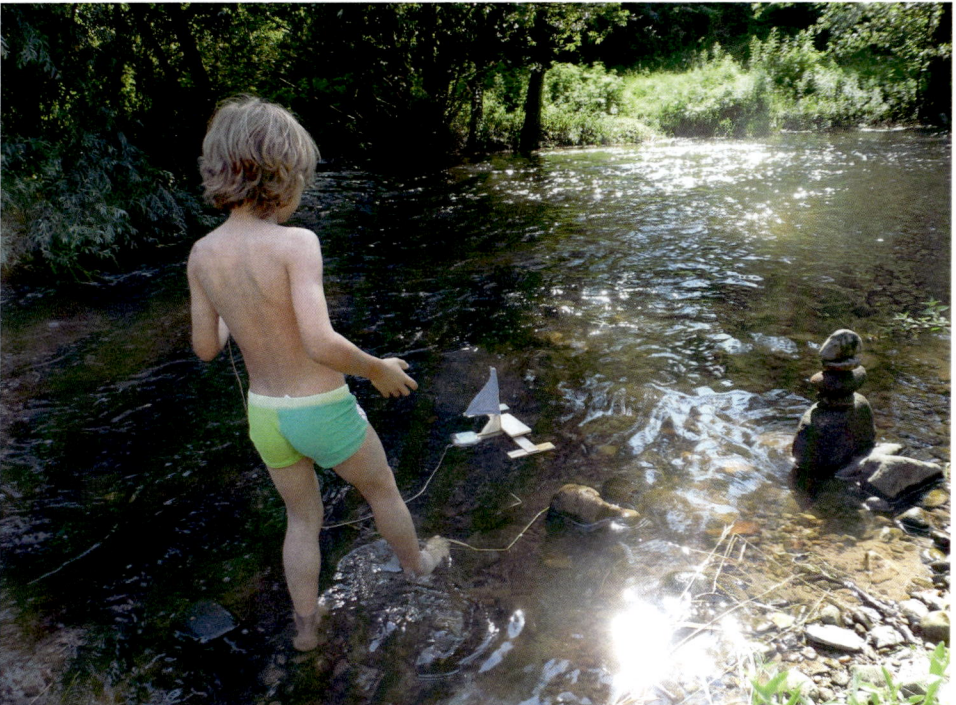

◨ **Abb. 3.108**   … das er nach Fertigstellung zu Wasser lässt

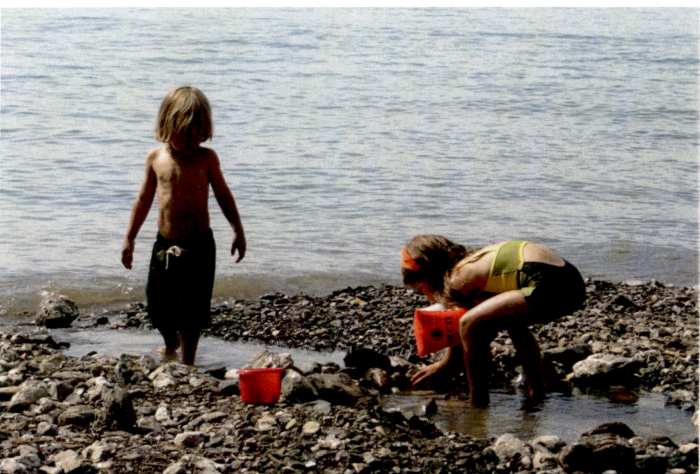

◨ **Abb. 3.109**   Am Ufer entsteht ein Schwimmbad mit Schwimmer- und Nichtschwimmerbecken

Das zeigt auf eine weitere Dimension. Die Routinen im (urbanen) Alltag schränken die Möglichkeiten der Kinder zu Naturbegegnungen ein. Sich der natürlichen Lebensgrundlagen zu vergegenwärtigen, ist für viele Kinder nicht selbstverständlich, sondern ein Sonderfall. Die Naturferne der Kinder auf der einen Seite und die fortschreitende Zerstörung des natürlichen

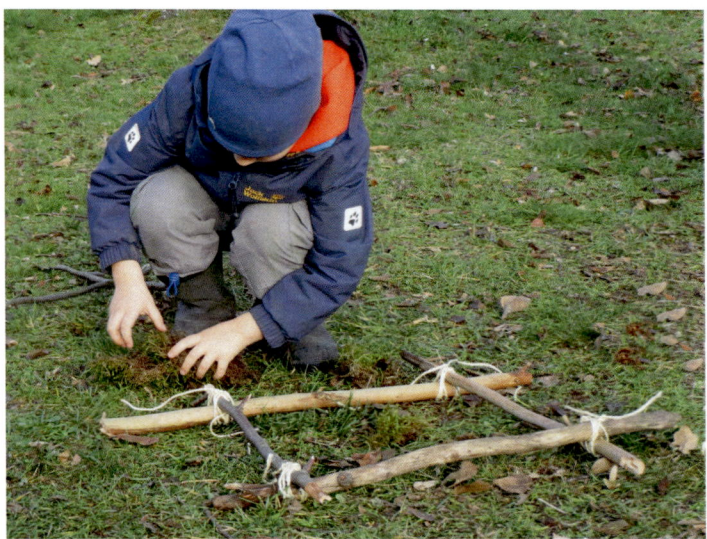

◘ Abb. 3.110   Ein Bilderrahmen aus Ästen wird zur Spielfläche

Lebensraumes für viele Tiere und Pflanzen – und damit des Menschen – auf der anderen Seite machen eine Sensibilisierung dafür besonders dringlich. Achtsamkeit in der Begegnung mit der Natur wirkt somit doppelt. Sie schafft ein Gefühl für die Verantwortung und bildet den Ausgangspunkt für die nötigen kreativen Veränderungen durch die Menschen.

▪ Praxisbeispiele

Naturraum – Spielraum – Bildraum   Ästhetische Erfahrungsprozesse in der Natur beginnen wie von selbst im Spiel. Damit gelingt schnell eine Akklimatisierung an die neue Umgebung. Die vielfältigen Ereignisse und Begegnungen ermöglichen eine Sensibilisierung für die Vielfalt der Formen und Farben der Natur.

Die virtuelle Unendlichkeit der Natur steht im Gegensatz zu den begrenzten (Stadt-)Räumen. Um Naturräume zu schaffen und bewusst zu machen, kann man mit Ästen einen einfachen Rahmen bauen und mit Paketschnur verknüpfen (◘ Abb. 3.110). Wie ein Bildträger bei der Collage bietet die Abgrenzung eines klaren und übersichtlichen Feldes die Möglichkeit, die Wahrnehmung in besonderer Weise zu aktivieren. Durch weitere Naturmaterialien kann daraus z. B. ein Bild gelegt werden (◘ Abb. 3.111 und 3.112).

Der Rahmen kann aber auch zu einem Beobachtungsfeld werden: Was gibt es hier zu sehen, was wächst hier, wer lebt hier? Daraus kann sich ebenso ein ästhetischer Prozess entwickeln, indem z. B. eine kleine Lebenswelt oder ein Spielfeld entsteht. Nach Ende des Gestaltungsprozesses kann das Werk einfach liegen bleiben, wenn die Schnur aus Naturmaterial wie Hanf gefertigt ist. Ansonsten werden die Rahmen entfernt und die Werke der Natur überlassen.

Frottage   Mit der Frottage-Technik lassen sich unterschiedliche Oberflächen von Naturformen zeichnerisch festhalten. Dabei ist es sinnvoll, dass die Papiere nicht zu dick sind (normales Kopierpapier). Man legt es z. B. an die Rinde eines Baumes und reibt mit einem breiteren Stift

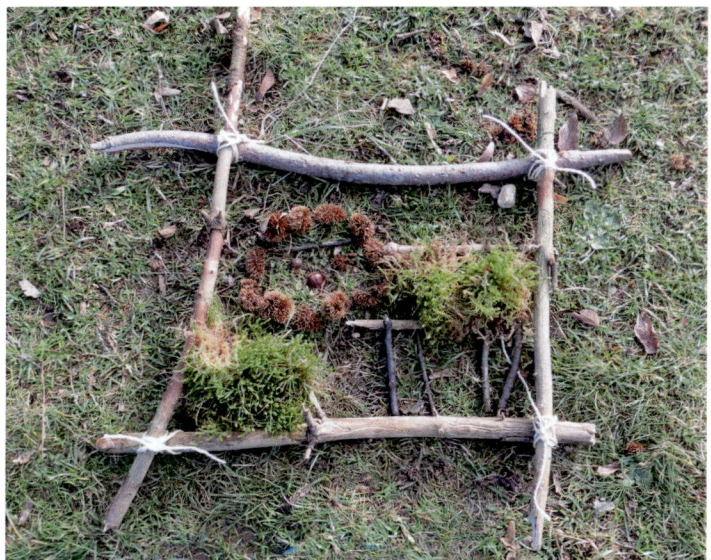

▶ **Abb. 3.111**   Löwe im Käfig

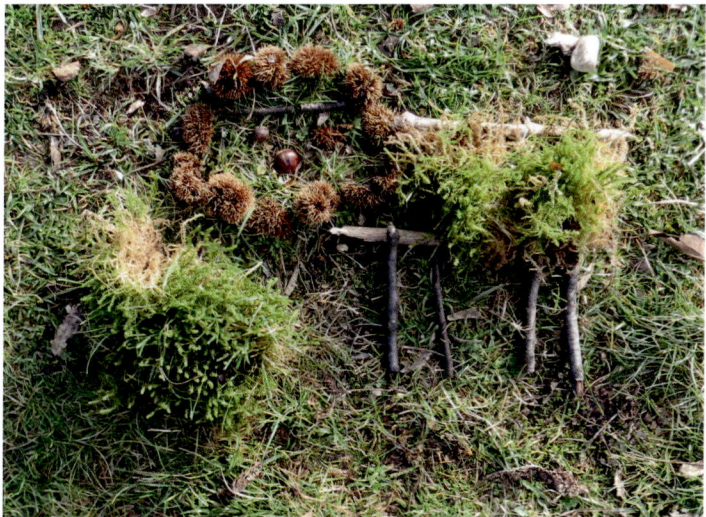

▶ **Abb. 3.112**   Löwe im Wald

oder einer Blockkreide flach darüber. Die darunter liegenden Formen bilden sich als Frottage unmittelbar auf dem Papier ab. Die Kinder können sich auf die Suche nach mehreren reizvollen Oberflächen machen und sie mit dieser einfachen Technik »archivieren« (▶ Abb. 3.113 und 3.114). Zurück in der KiTa können die Kinder die Lieblingsoberflächen präsentieren – dabei wird die Vielfalt der Naturformen, vor allem aber auch die Vielfalt der möglichen grafischen Übersetzungen ein- und derselben Oberfläche erkennbar: Der Anteil des zeichnenden Kindes am Ergebnis ist genauso groß wie der der Natur.

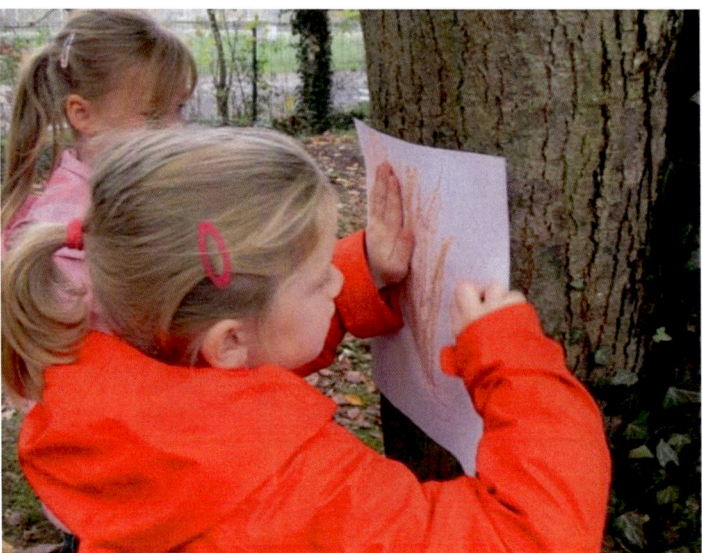

◘ **Abb. 3.113**   Frottage-Technik

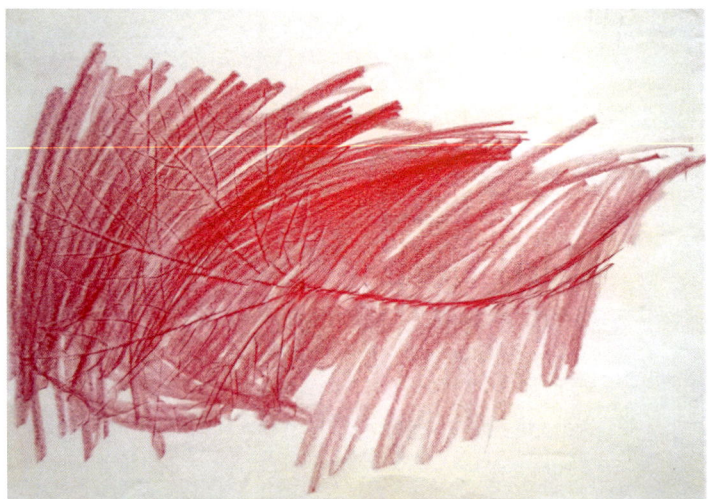

◘ **Abb. 3.114**   Frottiertes Blatt

Farben sammeln   Naturmaterialien lassen sich nach Formen, aber auch nach Farben sortieren. Eine differenzierte Farbzuordnung sensibilisiert die Kinder in ihrer Farbwahrnehmung.
Dabei können farbige Papiere zu einem anschaulichen Impuls werden, um »Farbfamilien«
wahrzunehmen (◘ Abb. 3.115 und 3.116). Die Kinder werden angeregt, Naturmaterialien zu finden und sie der jeweiligen Farbkarte zuzuordnen. Die Sammelstelle spiegelt die Farbenvielfalt
der Natur. Auf der noch beschränkten Vielfalt der vorbereiteten farbigen Blätter findet sich eine
unbeschränkte Vielfalt unterschiedlicher Farben einer Farbfamilie. Entfernt man die Papiere,
können die Farbinseln zu Farbreihen differenziert und Anschlüsse gefunden werden.

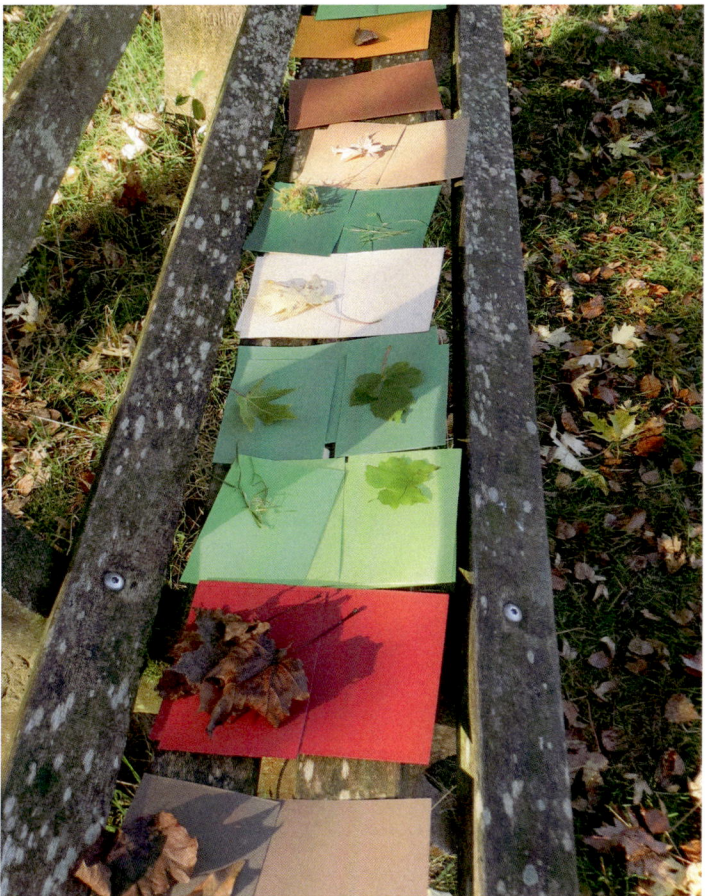

◻ **Abb. 3.115**   Gereihte Farbübergänge

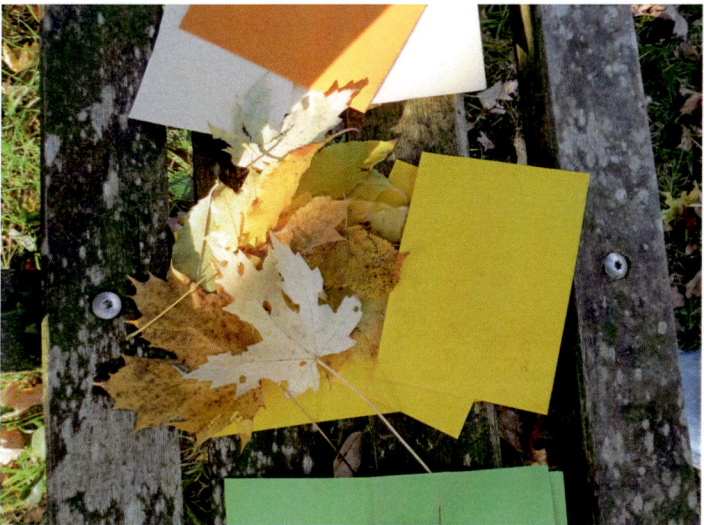

◻ **Abb. 3.116**   Fundstücke mit unendlicher Farbvielfalt

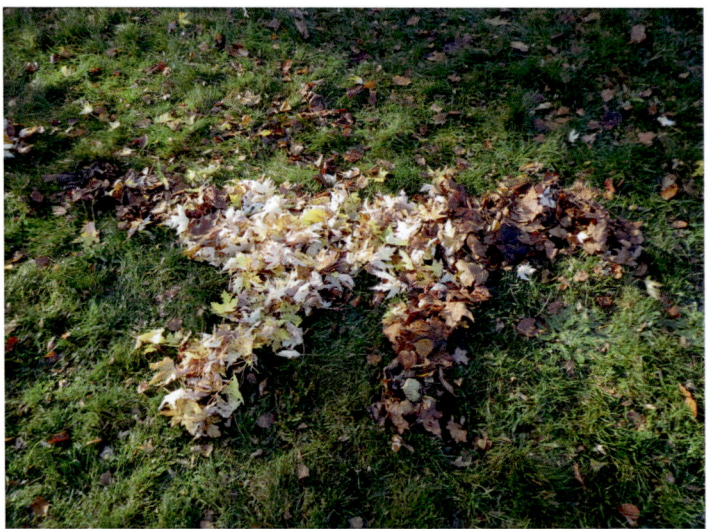

◘ **Abb. 3.117**   Gesammelte Blätter werden zu einem Löwen

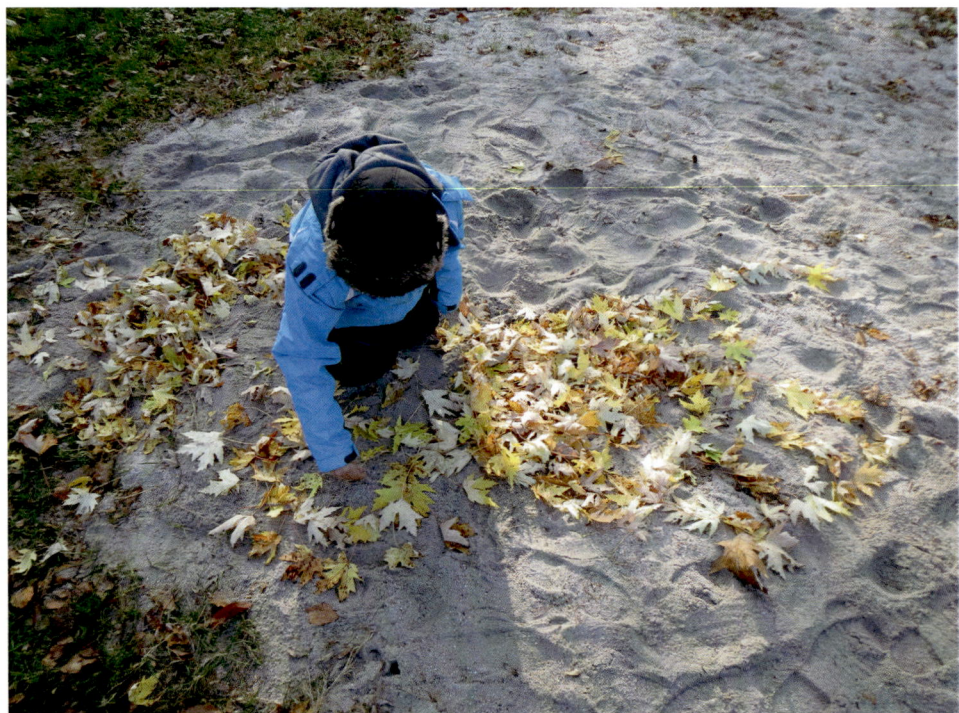

◘ **Abb. 3.118**   Tier

Naturformen legen   Die Farben und Formen der gesammelten Naturfundstücke lassen sich auch als Gestaltungmittel einsetzen. So können zum Beispiel Tiere entstehen, die je nach Darstellungsinteresse und Materialbeschaffenheit entweder über die Farben oder/und über spezifische Formen definiert sind (◘ Abb. 3.117 und 3.118). Die Tatsache, dass diese Werke nicht

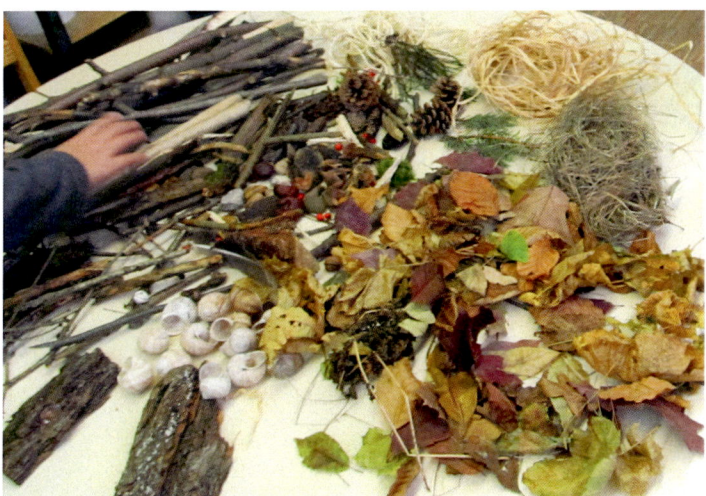

Abb. 3.119 Naturmaterialien in der KiTa

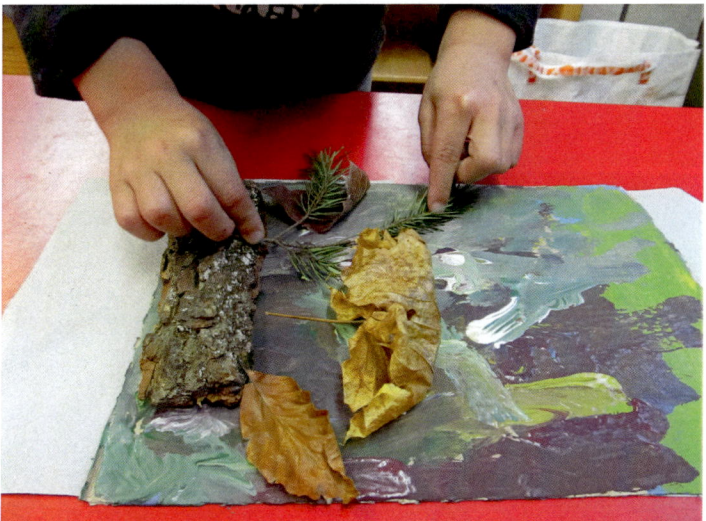

Abb. 3.120 Naturmaterialien und Malerei

konservierbar sind und wieder in den ewigen Kreislauf der Natur übergehen werden, bestimmt ganz wesentlich Gestaltungsprozesse in und mit der Natur. Eine Woche später an denselben Platz zu gehen, verspricht Wiederentdeckungen und überraschende Veränderungen.

Natur – Nichtnatur Ästhetische Projekte mit Naturmaterialien entwickeln in den Räumen der Kindertagesstätte eine besondere Bedeutung. Durch die Kontextverschiebungen gewinnen Blätter, Früchte, Rinden und Stöcke einen besonderen Reiz, wenn sie in den Kontrast zur »fremden« Umgebung geraten. Im besten Fall haben die Kinder mit den Erziehern gemeinsam gesammelt. Dann wird bereits durch den Weg in die Kindertagesstätte und die Präsentation der Fundstücke die ästhetische Veränderung wirksam (Abb. 3.119). Die mitgebrachten Materialien können z. B. als Bildelemente in einer Collage eingesetzt und auch mit anderen Verfahren wie der Malerei kombiniert werden(Abb. 3.120 und 3.121).

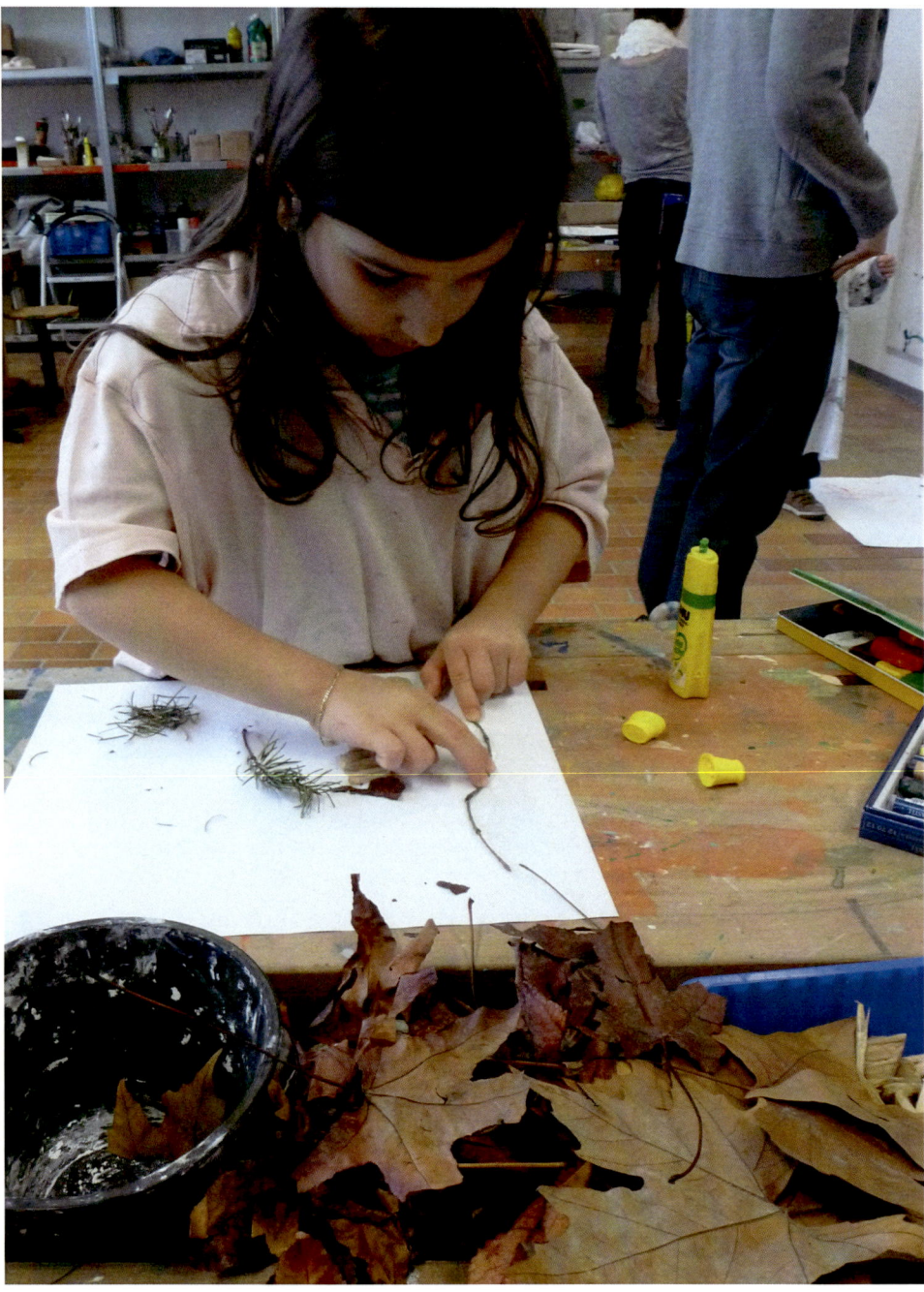

◘ Abb. 3.121   Erora (5;10) gestaltet aus Naturmaterialien ein Bild

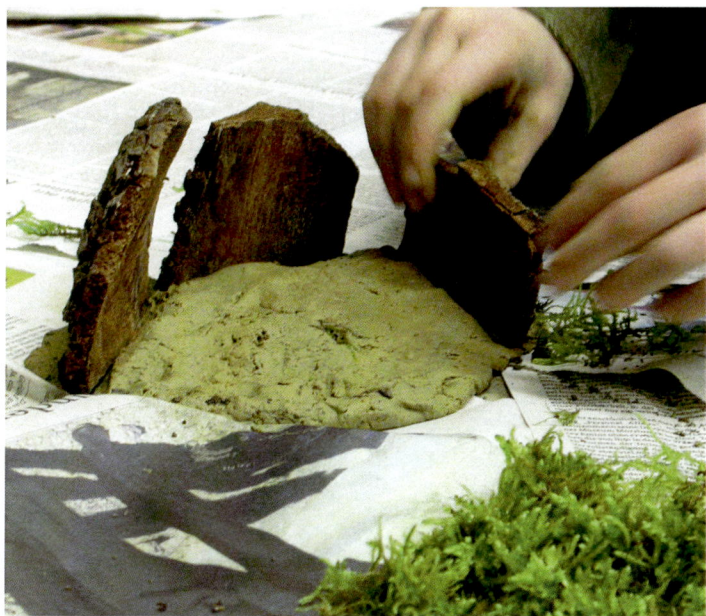

◘ **Abb. 3.122**   Landschaft mit Rindenstücken

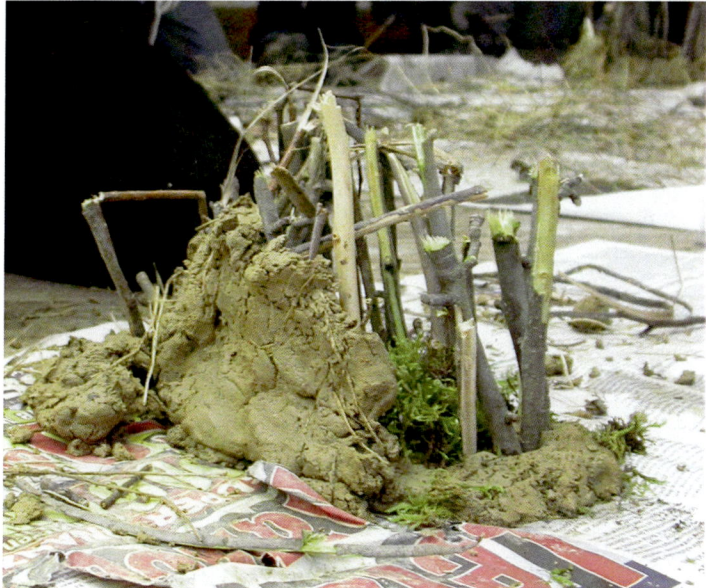

◘ **Abb. 3.123**   »Pfahlbau«, mit Ton verstrichen

Es kann daraus auch eine »zweite« Natur wie z. B. eine Landschaft entstehen. In der Kombination mit etwas Lehm, Ton oder Pappmaschee lassen sich neue Lebens- und Spielräume gestalten (◘ Abb. 3.122 und 3.123).

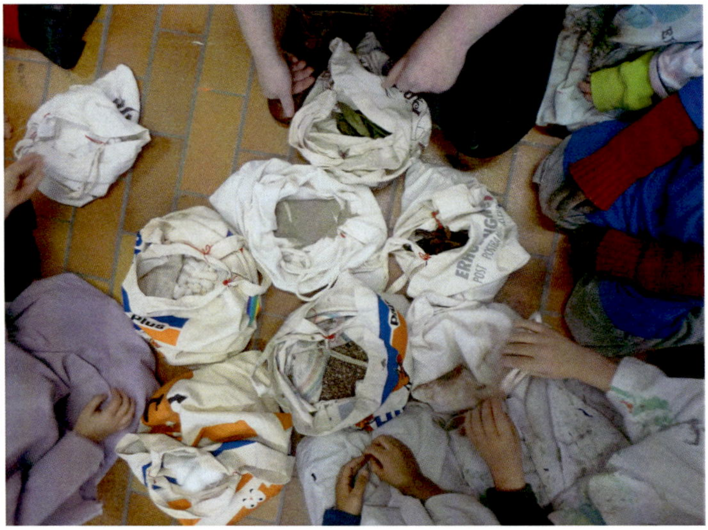

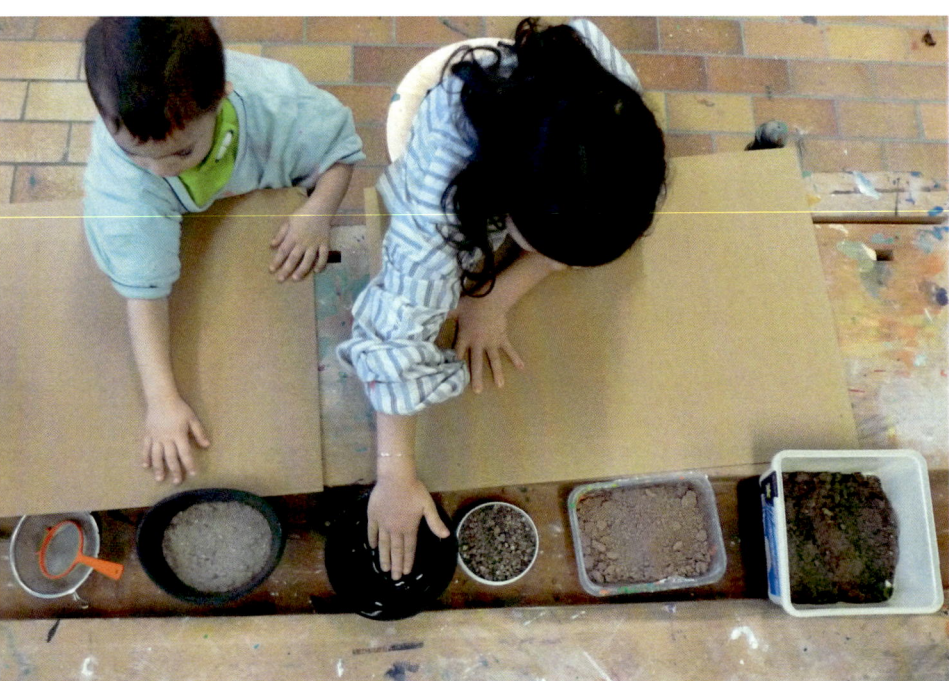

◘ **Abb. 3.124**   Gesammelte Erden

◘ **Abb. 3.125**   Die Erden können mit Kleister gebunden werden

Aus Erde Farbe machen (s. auch »Farben selbst herstellen in ▶ 3.2.1«)   Erden haben einen großen ästhetischen Reiz. In verschiedenen Stoffbeuteln finden sich gesammelte und zerriebene
Erden, die die Kinder mit einfachem Tapetenkleister binden (◘ Abb. 3.124 und 3.125). Sie können so »Erdbilder« gestalten, die zeigen, dass Erde nicht gleich Erde ist. Eine große Vielfalt
der Abstufungen in einem Farbbereich bildet feine Unterschiede in Farbton und Oberfläche
(◘ Abb. 3.126 und 3.127).

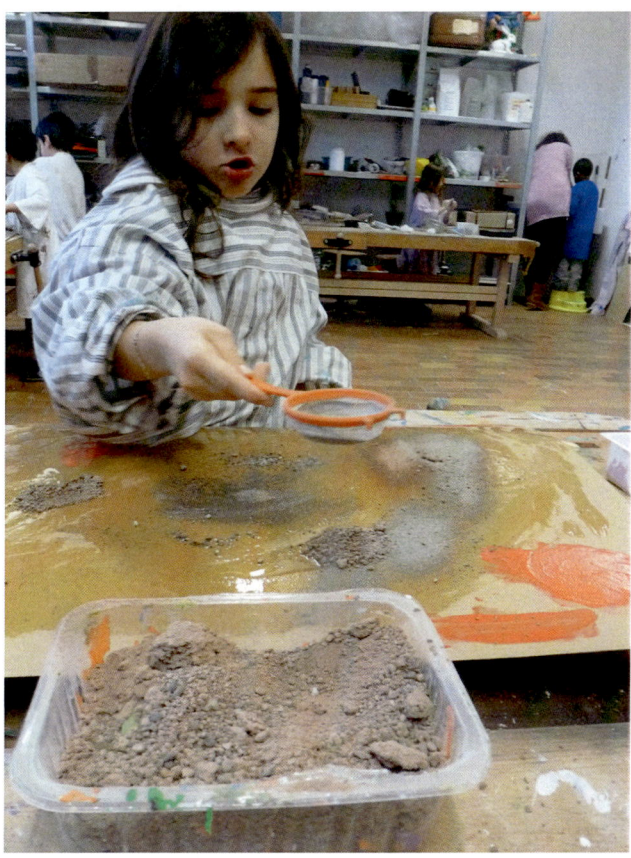

■ **Abb. 3.126** Erden »aufstreuen«

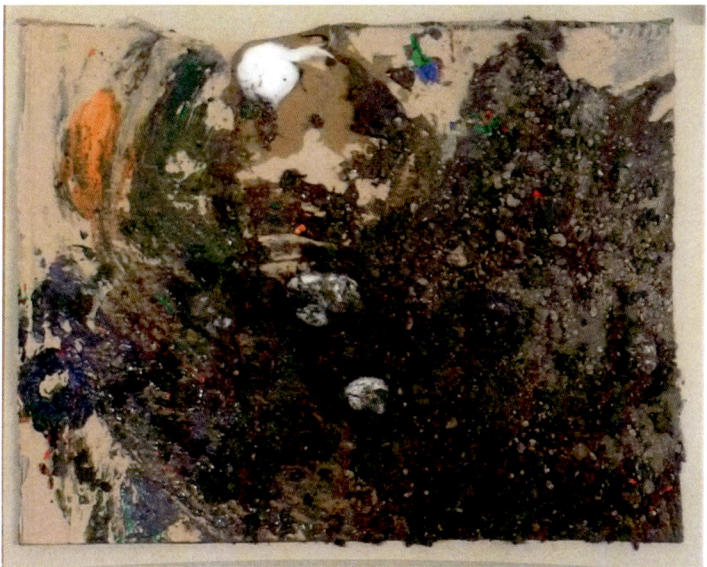

■ **Abb. 3.127** Erdbild

3.3   Leitsätze für die frühe künstlerisch-ästhetische Bildung

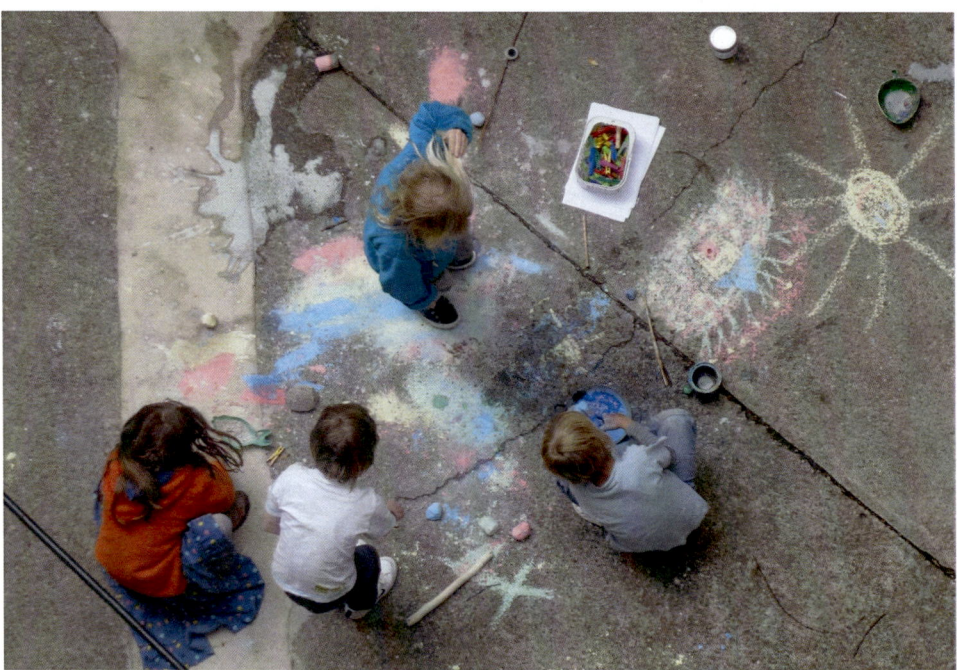

Kreativität und Freude am Gestalten müssen wir Kindern nicht »beibringen« – wir können sie ihnen allenfalls austreiben. Kinder begegnen der Welt neugierig. Sie untersuchen Dinge in ihrer Beschaffenheit und suchen Möglichkeiten, damit umzugehen. Dabei machen sie ästhetische Erfahrungen, die sie ganz unmittelbar in Handlungen verwickeln.

Diese gleichsam »natürliche« kindliche Disposition anzunehmen, ist die erste Aufgabe des Erwachsenen, denn die kindlichen Selbstbewegungen zu be*achten*, birgt bereits großes kunstpädagogisches Potenzial. Das Kind in seinen Explorationen, im Spiel seiner Ideen und in seinen Entscheidungen wahrzunehmen, wertzuschätzen und zu begleiten, wird so zur kunstpädagogischen Basis.

Das bedeutet gerade nicht, sich als Erwachsener zurückzuziehen und die Kinder »nur machen zu lassen« – professionelles kunstpädagogisches Verhalten zeichnet sich vielmehr dadurch aus, Potenziale in Situationen zu erkennen, Impulse zu setzen und mit entsprechenden Interventionen zu reagieren. Relevant sind dabei die Makro- und die Mikroperspektive. Den größeren Zusammenhang wahrzunehmen, heißt zu beobachten, sich auf die Situation als Ganzes einzulassen und die Gegebenheiten im Raum, die Erscheinung und Bedeutung der Dinge sowie die Dynamik in der Gruppe nicht nur in der Relation zum Kind zu sehen, sondern dabei auch sich selbst als Teil der Situation zu begreifen. Auf der Mikroebene verlangen viele kleine Momente Entscheidungen. wie man Anregungen initiiert, ob man etwas sagt oder eine Hilfestellung gibt, wie man Verbindungen zwischen Ideen herstellt oder Abstand für eine neue Wahrnehmung schafft.

Durch das Zusammenspiel dieser beiden Perspektiven entsteht die Chance für eine kreativitätsorientierte ästhetische Bildung. Der Blick richtet sich dann nicht mehr auf das, was das Kind jetzt gerade lernen sollte, sondern auf das, was die Gunst des Moments bereithält.

Wer also *keine* Aufgabe stellt, bei der das Ergebnis festgelegt wird, und wer *nicht* alle dazu nötigen Schritte bereits kleinschrittig vorausplant und entsprechend Werkzeug und Material vorbereitet, um alle Kinder auf dieselbe Spur zu setzen – der hat nicht weniger zu leisten, sondern mehr. Die Gestaltung des Feldes bei gleichzeitiger aufmerksamer Zurückhaltung ist nur scheinbar einfach, denn die Initiierung einer Dynamik, die zu einem freien Spiel an Selbstbildungskräften führen soll, erfordert weit mehr als das Vorbereiten eines geeigneten, d. h. kindgerechten und funktionierenden, Themas. Situationen zu erkennen und zu schaffen, in denen die Kinder ihr »Thema« selbst finden, in denen es im direkten und übertragenen Sinn Spielräume gibt, halten für den Pädagogen viel Unvorhersehbares, dabei aber auch viel Spannendes und Anregendes bereit.

Wenn dieses anspruchsvolle Spiel als Herausforderung verstanden wird, kann es auch dem Erwachsenen gelingen, sich auf Entdeckungsreisen einzulassen und gemeinsam mit den Kindern immer wieder neue ästhetische Erfahrungen zu machen.

- Ästhetische Erfahrungen sind der Ausgangspunkt für künstlerisch-ästhetische Bildungsprozesse.
- Künstlerisch-ästhetische Bildung lässt Kinder erfahren, dass sie handlungs- und entscheidungsfähig sind. Sie erleben, dass kreatives Denken zum Alltag gehört – dass man sein Leben selbst gestalten kann.
- Inhalte entstehen aus Entdeckungen und Fragen. Entdeckungen und Fragen entstehen aus Momenten des Alltags und ereignishaften Situationen.
- In der ästhetischen Bildung richtet sich der Blick nicht auf die Erwartung eines bestimmten Produkts, sondern orientiert sich an den Möglichkeiten des Moments.
- Ästhetische Bildung hat keine dekorative Funktion.
- Kinder zeigen im bildnerischen Tun nicht nur das, was sie wissen und können, sondern vor allem das, was ihnen wichtig ist.
- Das Kind hat viele Ausdrucksmöglichkeiten. Künstlerisch-ästhetische Bildung bedeutet nicht nur malen und basteln.
- Spiel ist Teil des künstlerisch-ästhetischen Prozesses.
- Das Kind kann technische Lösungen auch selbst finden.
- Motorische Geschicklichkeit wird auch in selbstgesteuerten Handlungen gelernt.
- Werkzeuge erweitern den eigenen Handlungsspielraum – der Umgang damit kann nicht nur gelehrt, sondern auch entdeckt werden.
- Materialgaben implizieren keinen restlosen Verbrauch, sondern sind der Anlass für Entdeckungen.
- Erwachsene können wieder lernen, sich selbst auf eine Sache einzulassen und ihre Neugier wiederzufinden – sie sind Teil der kreativen Situation, die auch von Ihnen Flexibilität verlangt.
- Fördern bedeutet nicht nur, auf die Defizite bei den Kindern zu achten, sondern auch eigene Handlungsmuster zu überdenken.
- Interesse an den Ideen der Kinder zu haben und ihr Denken wertzuschätzen, bedeutet auch, vermeintlich abwegige Wege aufmerksam zu begleiten.
- Die Erwachsenen greifen nicht aktiv in den Gestaltungsprozess ein, haben aber trotzdem wichtige Funktionen: eine pädagogische (ermutigen, bestärken, in Krisen Brücken bauen), eine technische (gemeinsam über Lösungen nachdenken, im Einzelfall unterstützen) und auch eine ästhetische (anregen durch Material, Verfahren, Versuche, Bilder (keine Ergebnisbeispiele!), Geschichten,…).

- Die Sprache des Erwachsenen muss achtsam eingesetzt werden: Ein »Bild« ist der Anlass zu einem Gespräch und nicht zu einer Diagnose oder einem Verhör. Das Kind kann und will mit seinem Bild kommunizieren. Daher gelten alle Regeln eines Dialogs auf Augenhöhe und damit des Respekts.
- Nicht nur gezielte Beobachtungen führen zu Erkenntnissen, sondern auch offene, ungerichtete Wahrnehmungen.
- Kindliche Schaffensprozesse sollten – wenn möglich – nicht unterbrochen werden. Das Kind entscheidet, wann ein Werk fertig ist.
- Zeit ist kein Faktor der Effizienz, sondern eine unbegrenzte Ressource.

Literatur

Becker, S. (2003). *Plastisches Gestalten von Kindern und Jugendlichen*. Auer: Donauwörth.

de Boer, H., & Reh, S. (2012). *Beobachtung in der Schule – Beobachten lernen*. Springer: Heidelberg.

Buschkühle, C.-P. (2007). *»Die Welt als Spiel« II Kunstpädagogik Theorie und Praxis künstlerischer Bildung*. Athena: Oberhausen.

Diesbergen, C. (1998). *Radikal-konstruktivistische Pädagogik als problematische Konstruktion*. Bern: Lang.

Dreier, A. (2010). *Was tut der Wind, wenn er nicht weht? – Begegnung mit der Kleinkindpädagogik in Reggio Emilia*. Weinheim: Beltz.

Erbach, H. (2011). *Die Werkstatt als Lernort – Impulse für den Kunstunterricht*. Athena: Oberhausen.

Hermann, G. (1993). *Das Auge schläft, bis es der Geist mit einer Frage weckt: Krippen und Kindergärten in Reggio/Emilia*. Berlin Juventa.

Heyl, T. (2008). *Phantasie und Forschergeist*. Kösel: München.

Heyl, T. (2012). Beobachtungen im künstlerisch-kreativen Prozess. In de Boer, H. & Reh, S. (Hrsg.), *Beobachtung in der Schule – Beobachten lernen* (S. 261–279). Springer: Heidelberg.

Koschatzky, W. (1986). *Die Kunst der Zeichnung – Technik, Geschichte, Meisterwerke* (5. Aufl.). München.

Lingenauer, S. (Hrsg.). (2011). *Handlexikon der Reggio-Pädagogik*. Projektverlag: Bochum.

Reich, K. (2004). Konstruktivistische Didaktik – Lehren und Lernen aus interaktionistischer Sicht. Beltz-Verlag: Weinheim.

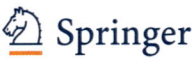 Springer

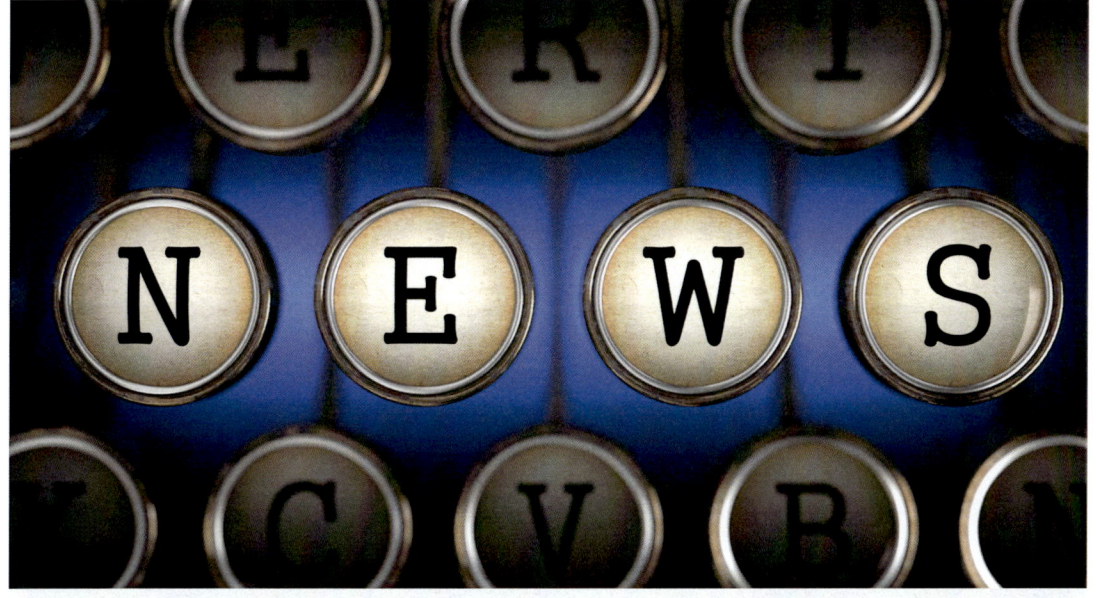

Willkommen zu den Springer Alerts

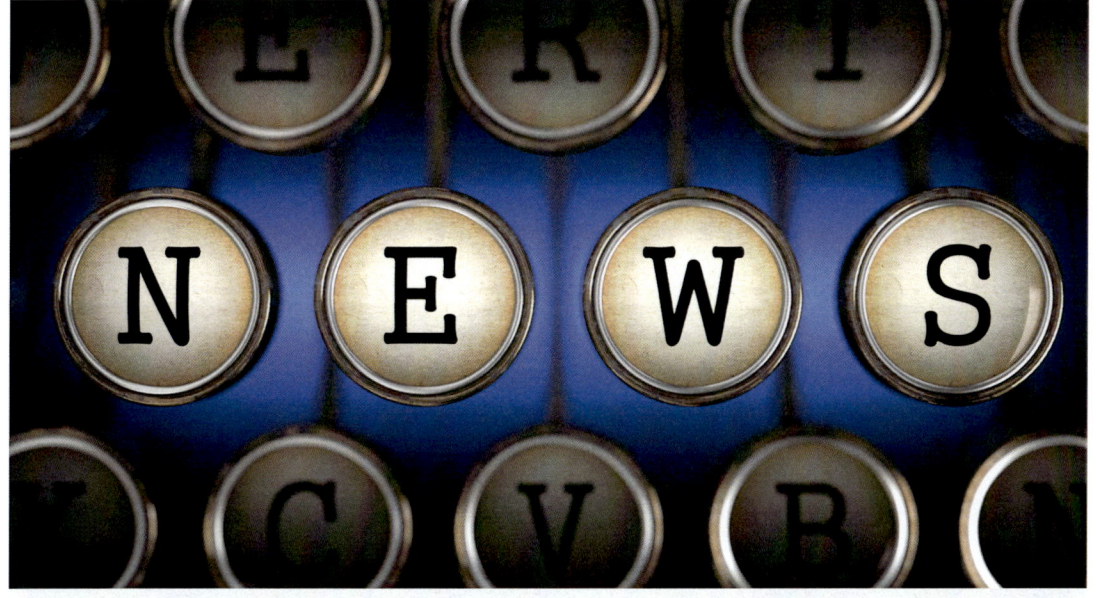

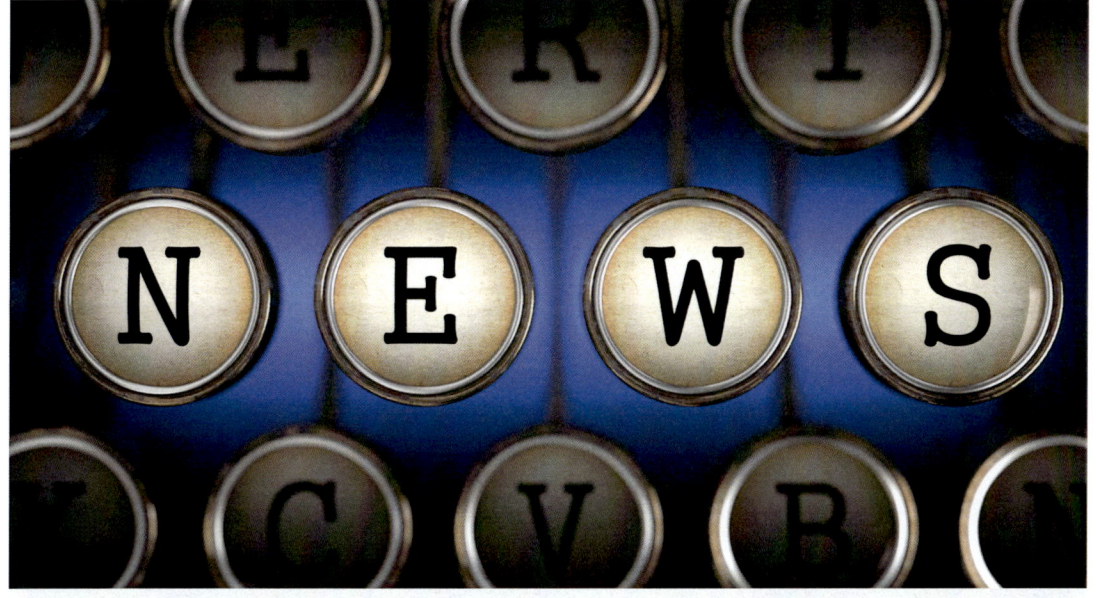

springer.com

Jetzt anmelden!

- Unser Neuerscheinungs-Service für Sie:
  aktuell *** kostenlos *** passgenau *** flexibel

Springer veröffentlicht mehr als 5.500 wissenschaftliche Bücher jährlich in gedruckter Form. Mehr als 2.200 englischsprachige Zeitschriften und mehr als 120.000 eBooks und Referenzwerke sind auf unserer Online Plattform SpringerLink verfügbar. Seit seiner Gründung 1842 arbeitet Springer weltweit mit den hervorragendsten und anerkanntesten Wissenschaftlern zusammen, eine Partnerschaft, die auf Offenheit und gegenseitigem Vertrauen beruht.

Die SpringerAlerts sind der beste Weg, um über Neuentwicklungen im eigenen Fachgebiet auf dem Laufenden zu sein. Sie sind der/die Erste, der/die über neu erschienene Bücher informiert ist oder das Inhaltsverzeichnis des neuesten Zeitschriftenheftes erhält. Unser Service ist kostenlos, schnell und vor allem flexibel. Passen Sie die SpringerAlerts genau an Ihre Interessen und Ihren Bedarf an, um nur diejenigen Information zu erhalten, die Sie wirklich benötigen.

Mehr Infos unter: springer.com/alert

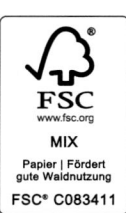